深田晶恵
Akie Fukata

住宅ローンはこうして借りなさい

改訂7版

ダイヤモンド社

はじめに　自分に合った、安心、おトクなローンを組めるようになる！

本書は2003年の初版以降、数年ごとに改訂を重ね、今回7版を発行することになりました。

過去6冊を振り返ってみると、その時々に流行しているローンやプランについて警鐘を鳴らしています。7版となる今回は、「不動産価格上昇で高まる〝借りすぎリスク〟で住宅ローン貧乏になってはいけない」というメッセージを加えています。

日銀のマイナス金利政策により住宅ローン金利は史上最低水準が続いています。「低い金利」で「長い返済期間」のローンを組むと、身の丈以上の金額を借りてしまうリスクがあるのです。家賃並みの返済額にだけ目を奪われると、ローン金額の多さに気がつかないものです。

60歳までに返済し終えることができないほどたくさん借りてしまうと、退職金の大半をローン返済にあてることになり、老後の生活に大きな影響を与えることになります。借り方によっては〝老後貧乏〟に陥る可能性もあります。老後を迎える前に〝住宅ローン貧乏〟に陥り、まったく貯蓄ができなくなるかもしれません。とても怖いことですね。

本書は初版以降一貫して「この本を読めば、自分に合ったローンを組めるようになる」ことを目標にしてきました。

住宅ローンを組む際に大切なことは、「安心して返済していけるプランを立てること。その上で、おトクなローンを選ぶこと」だと思っています。「おトクより先に安心」――これが、大事です。

60歳以降に大きな負担を残さない返済プランを土台とし、それをベースに有利な住宅ローン商品を組み立てていけば、安心かつおトクなローンを組むことができます。

今回は、共働き夫婦の住宅ローンの組み方のコツも大幅に加筆しています。また、すでにローンを組んでいる人の見直しについての章も設けています。金利の低下という追い風が吹いていますので、今借りているローンを「安心でおトク」なものに見直すことは十分可能です。

これからローンを組む人も、見直す人も、最後までお読みいただきプラン作りの参考にしていただけたらと思います。

２０１８年12月

株式会社生活設計塾クルー　ファイナンシャルプランナー　深田晶恵

※本書は２０１８年12月現在の金利、商品情報等に基づいて書いています。

いことは以下のページにアクセス！

おトクな住宅ローン選び・ローンのプランの立て方のコツ

「たくさんある住宅ローンからどう選べばいいかがわかる！」

銀行ローン、フラット35、それぞれ特徴があります。メリット・デメリットを知り、自分に合ったローン選びをしましょう。

「ケースで見つける自分にあった住宅ローンプラン」

基礎知識、ローンの種類がわかったところで、「どんな風にローンを組むのがよいのか」をケーススタディで見ていきます。共働き、今は片働き、シングル、土地購入後の建築プランなど多数のケースを用意しています。

「火災保険・地震保険の賢い入り方」

火災保険・地震保険は、加入前にしっかり選ぶと、イザというときに頼りになりますし、請求漏れもなく安心です。どの補償をしっかり付けるといいのかを見ていきます。

詳しくは➡第３章、第４章

すでに住宅ローンを組んでいる人がトクする見直し法

「見直し方法には３つある」

住宅ローンの見直し方法は「借り換え」「金利交渉」「繰上げ返済」の３つがあります。おトクかつ将来の安心を確保するための見直し方法を紹介します。

「禁断の“金利交渉”とは」

「借り換え」でもない、「繰上げ返済」でもない、おトクな「金利交渉」というワザがあります。上手に銀行に金利を下げてもらう交渉の手順を教えます。

「借り換えと金利交渉は、どちらがおトク？」

それぞれのメリットとデメリットを徹底比較しているので自分に合う方法が選べます。

詳しくは➡第５章

この本を
120%活用する！

住宅ローンについて知りた

この本でしか読めないこと

「住宅ローンのカラクリと落とし穴」

マイホームを探し始めると、はじめて目にする、耳にすることばかりです。不動産会社や銀行の言いなりでは、のちに後悔することも…。住宅ローンのカラクリと落とし穴を知っておきましょう。

「お役立ちシート」

自分にあったプランを立てるには、手を動かすのが一番！　巻頭と巻末にローン選びのチェックシートや繰上げ返済計画シートなど、オリジナル「お役立ちシート」を用意しました。ご活用ください。

「共働き夫婦の最適ローンの組み方」

共働き夫婦がローンを組むときのローンの組み方や、名義の入れ方の注意点など、知らないとソンをするポイントを紹介しています。

詳しくは➡巻頭付録、第1章、第4章、巻末付録

失敗しない資金計画のコツ

「住宅ローンの基本を知る」

金利タイプの選び方や返済期間の設定の仕方によって、トータルでの利息額は変わってきます。上手なローン選びをできるように基本を知りましょう。

「予算を立てる」

現在の家賃や貯蓄額から「無理のない借入額」を見つけます。貯蓄額から頭金に回せる金額がわかれば、物件価格の目安がわかります。ページをめくりながら予算を立てましょう。

「共働き夫婦の資金計画のコツ」

２人で働いていても、２人ともローンを組むかどうか迷うカップルが多いです。１人で組んだ方がいいか、２人で組むほうがいいのか、選択のポイントを紹介します。

詳しくは➡第２章

ール」はこうなる！

住宅ローンの
契約を結ぶ

ローンが実行され、
諸費用を支払う

**大きなお金の
動きはない**

**③ローンの諸費用、
残りの頭金を払う**

住宅ローンが実行されると鍵を渡され物件の引き渡し完了。ローンの実行日の前に住宅ローンの契約を済ませるケースが多い。特に新築の大型マンションだと、数ヶ月前に住宅ローン契約を済ませてしまうことが多い。この時点では書類のやりとりだけで大きなお金は動かない

住宅ローンが実行されると売り主にお金が振り込まれる。手付け金は頭金に充当されるが、さらに頭金を入れる場合は、この時に売り主に振り込む。銀行のローン事務手数料や保証料はこの時点での支払い

**住宅ローンは
ここで最終決定！
つまり、ここまで変更は可能**

住宅ローンで知っておきたい!

入居までの「お金スケジュ

物件価格の予算を立てる物件を見て歩く

お金の動きはない

「いくらの家が買えるのか」を検証して物件予算を決めてから、家探しをするのが理想的

物件が見つかり、購入申込みをする

①申込み金を払う（5万～10万円が一般的）

「これを買うつもりです」と不動産会社に意思表明をして、「申込み金」を払う。領収証は保管。キャンセルした場合は、返金されるお金であることを知っておこう

不動産の売買契約を結ぶ

②手付け金を払う（物件価格の5～10%が一般的）

物件を買う契約を結ぶ。その際に手付け金を支払う。不動産売買契約後にキャンセルすると手付け金は戻らない。100%ローンの場合、手付け金はないがキャンセルすると10～20%の違約金が発生するので注意

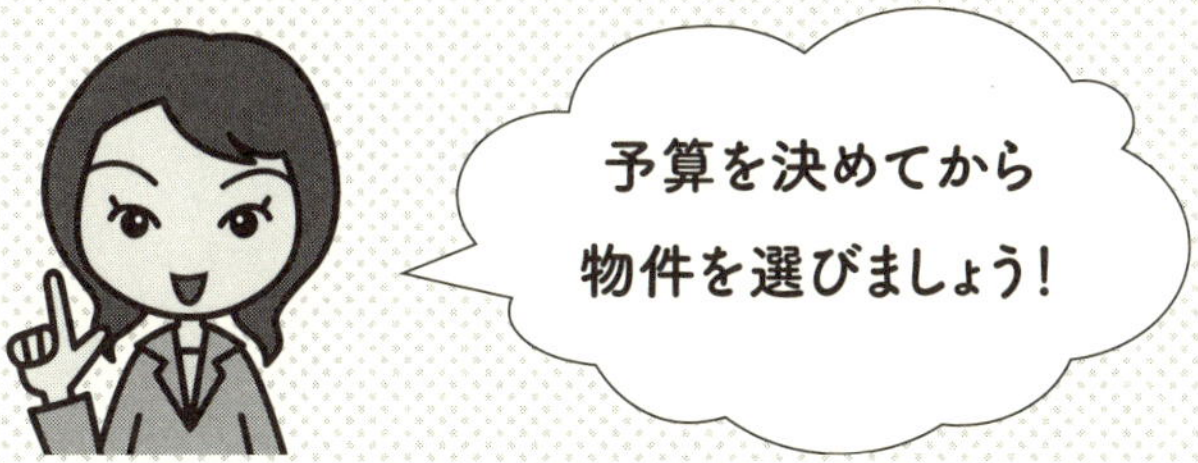
予算を決めてから
物件を選びましょう!

目次

第2章
自分で立てる資金計画編

第3章

賢く選ぶ！
住宅ローン編

あなたにピッタリの住宅ローンが見つかる！

種類も豊富、組み合わせもOK！ おトクで自分に合った住宅ローンの選び方

第4章 ローン選び 実践編

巻末特典

プロローグ

物件価格上昇で高まる〝借りすぎリスク〟「住宅ローン貧乏」にならないために知っておくべきこと

最新 News

物件価格上昇で高まる〝借りすぎリスク〟6000万円のマンションは購入してもいいのか？

歴史的な低水準にある住宅ローン金利の「悪い面」とは

日銀がマイナス金利政策を導入したのは、2016年2月のこと。以後、住宅ローン金利は歴史的な低水準で推移してきました。この本を手に取ってくださった人は、マイホームの購入や、すでに組んだ住宅ローンの見直しを考えていることでしょう。住宅ローン金利が歴史的な低さになっていると聞けば、「おトクに住宅ローンを組めるのでは？」と期待がふくらむかもしれません。

しかし、住宅ローン金利の低下には、実は「良い面」だけでなく「悪い面」もあります。金利が低いということは、毎月の返済額が少なくなるため、多額のローンを組むことができます。これは借り手にとって良いことに思えるかもしれませんが、「月々これくらいの額なら返せるだろう」と目先の負担感だけに気を取られ、つい**「借りすぎ」になるリスクがひそんでいるのです。**

実はこの数年、首都圏の物件価格は上昇傾向が強くなっています。左ページのグラフは「首都圏の新築マンション平均価格」の推移です。2000年代前半は4000万円前後でしたが、2013年頃から高騰し始め、2017年には6000万円近くに上昇しています。

私は20年以上にわたって住宅購入の相談を受け続けているので「6000万円のマンションは相当高い買い物」と感じますが、はじめてマイホームを購入する30代共働きカップルは「6000万円は高いけれど、手が出ないほどではない」と考える人が多いのです。これは昨今の共働きカップルが、結婚後に新生活を賃貸マンションでスタートしたときに「共働きだから」と比較的高額な家賃の物件を借りており、マイホーム購入を検討する際はその家賃をベースに返済額を考えるからです。

たとえば6000万円の新築マンションで頭金を500万円入れ、5500万円の住宅ローンを組むとします。変動金利0・625％、返済期間35年とすると、毎月の返済額は約14万6000円。家賃を16万円くらい払っている共働きカップルなら、管理費や修繕積立金を考慮しても「住居費は今までとそう変わらないか

図1　首都圏の新築マンション平均価格推移

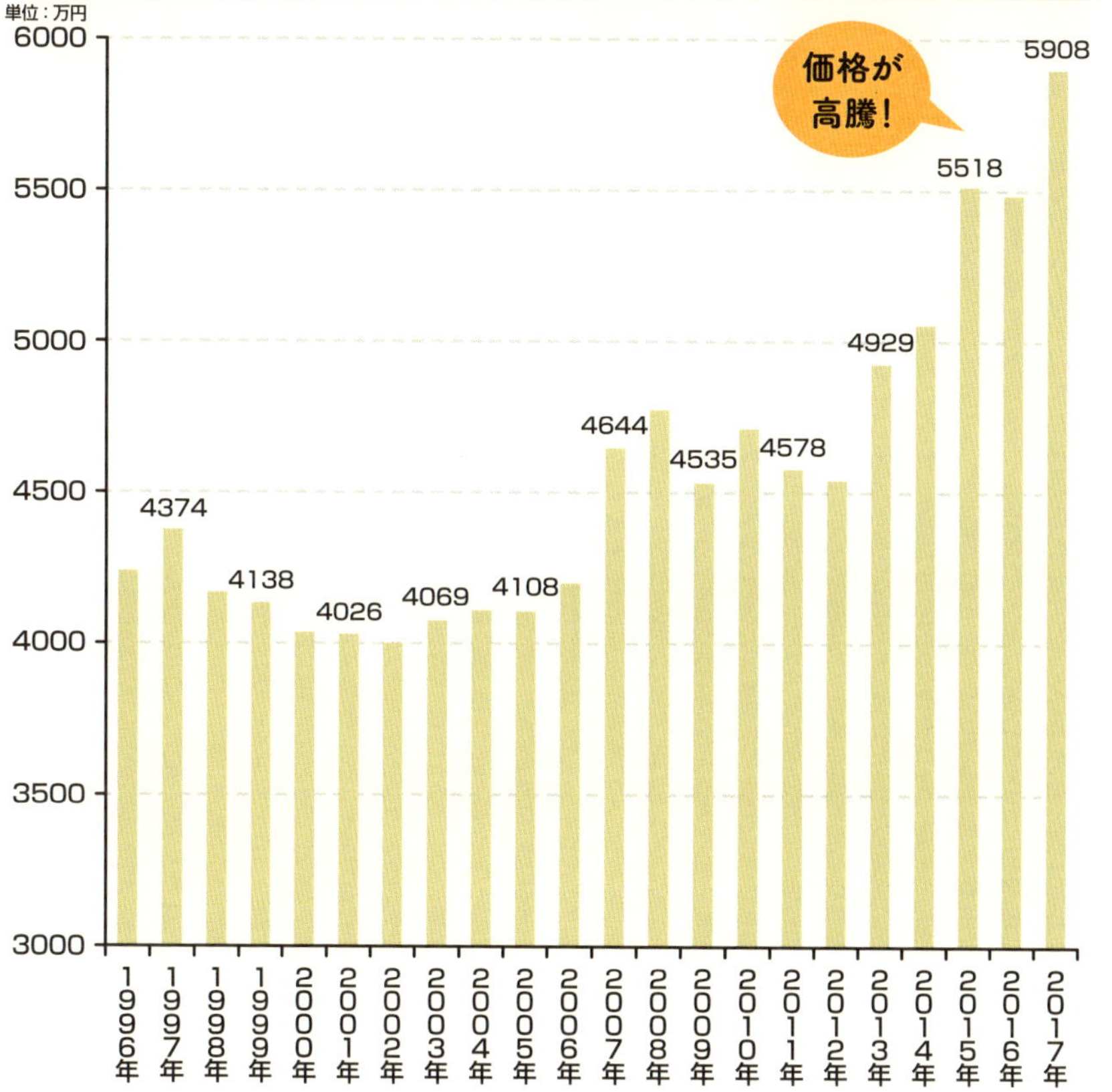

※出所:不動産経済研究所「首都圏のマンション市場動向総括表」より

ら買える」と判断するわけです。

住宅ローンを借りすぎれば老後を迎える前に貧乏に

物件価格が上昇、金利も低下して「借りすぎリスク」が高まる中、**私が心配しているのは「住宅ローン貧乏」に陥る人が増えるのではないか**ということです。

マイホームを購入する世代が置かれている状況は、楽観視できるものではありません。社会保険料や税金の負担は年々増しており、給与の手取り額は右肩下がり。給与年収700万円のケースでは、手取り額は過去15年間で50万円も減っていることをご存知でしょうか。厚生労働省の「平均貯蓄額推移」調査のデータを見ると30代の平均貯蓄額は右肩下がりとなっており、手取り収入の減少が家計に影響を与えている可能性は高そうです。

共働きカップルは世帯収入が多いため、

「手取り収入が多少下がっても返済できるだろう」と考えるかもしれませんが、妻の出産により収入がダウンすることも念頭に置いておかなくてはなりません。通常、妊娠すると残業を控えるようになるのでその分だけ収入は減ります。さらに産休・育休中は、原則として給与はストップします。社会保険から給付金を受け取ることはできますが、出産前の給料の3分の2程度しかカバーできませんから、収入の大幅ダウンは避けられません。さらに、産休・育休を乗り切ったとしても、育休明けに保育園のお迎えなどの都合で時短勤務を選択すれば、給与は出産前と比べて3割程度は下がると考えておく必要があります。

子どもが生まれれば、もちろん支出もアップします。おむつ代やミルク代その他で月2万円程度かかりますし、保育料も必要です。加えて、子どもの大学進学に備えるなら、教育費を計画的に貯めていくことも考えなくてはなりません。一般的には、子ども1人あたり大学進学までに300万円程度用意しておくのが目安です。高校卒業までの間の教育費を支出しながら貯蓄もしていくのは簡単ではありませんが、大学進学資金を作っておかなければ、子どもに奨学金の返済を背負わせる可能性が高くなります。

また、**30代で住宅ローンを組み、返済期間を35年とした場合、完済は65歳以降となることにも目を向けるべきです。**

最近は「70歳に雇用延長」の政策が話題になっていますが、仮に70歳まで働き続ける環境が整ったとしても、60歳以降は収入ダウンが避けられないでしょう（図2）。

さらにもう一つ、金利上昇リスクについても考えておかなければなりません。変動金利型ローンの場合、金利が上昇すれば利息額がアップしますから、家計の負担は重くなります。

家を買う時、住宅ローンについてはよく「途中で繰上げ返済していけば大丈夫」「最後は退職金で一括返済すればいい」などと言われます。しかし、子どもの教育費を捻出し、時には収入ダウンや利息額の上昇に耐えながら、繰上げ返済をしていくことはできるでしょうか？

教育費や老後資金を貯めることはできそうですか？　退職金で住宅ローンを一括返済したら、老後の生活資金が大幅に不足することにならないでしょうか？

住宅ローンの借り過ぎは、「老後貧乏」を招くリスクがあるのはもちろん、定年退職前に返済が難しくなれば、若くして「住宅ローン貧乏」に陥るおそれさえあるのです。これから住宅ローンを組む人は、まず住宅ローンの組み方が生活に大きな影響を及ぼすことを知り、「身の丈

図2　共働きカップルがハマりやすいワナ！ 知らずに老後貧乏になってしまう!?

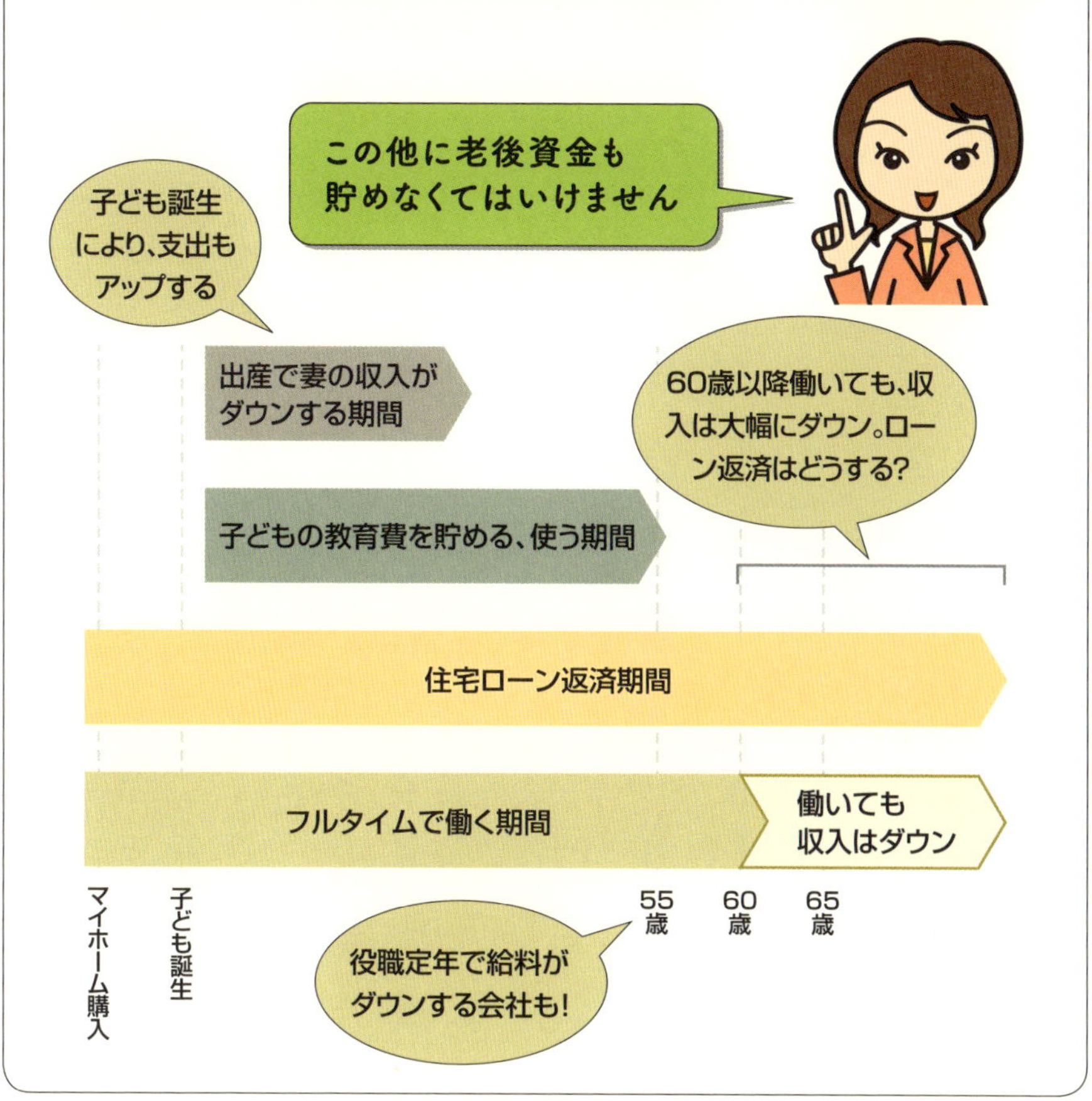

に合ったローン」を組むことが大切です。

自分でコントロールできること、できないことを整理する

人生には、自分でコントロールできることとできないことがあります。

住宅ローンに関連することで言えば、景気の動向や住宅ローン金利の動きは、コントロールすることができませんし、勤務先の業績が下がれば否応なく給料がダウンすることもあるかもしれません。

一方、マイホームを買う時期や物件の予算、ローンの借入額などは、自分で決めることができます（図3）。

このように「コントロールできないこと」と「コントロールできること」を整理してみると、住宅ローンという多額の借金をするにあたって、できる限りリスクを減らす方法が見えてきます。それは、「コントロールできないことを少しでも減らす」こと、そして「コントロールできる要素に適切に対処する」ことです。

たとえば、変動金利で住宅ローンを借りれば、金利上昇によって家計の負担が増すリスクにつねにさらされることになります。一方で、10年後、20年後の家計の状況は、正確には予測できません。給料がダウンしたり、転居を余儀なくされたりすれば、工夫や努力で乗り切るのには限界があります。

もし、こうした「コントロール不可能な事態」が一気に襲ってきたら——。

コントロールできない要素を増やすことは、自分の人生で博打を打つようなものと言っていいでしょう。

また、「自分でコントロールできること」については、意外に目が向きにくいものです。たとえば、家を買うタイミングは非常に重要なポイントであり、それは自分で選択することができます。頭金を十分に貯めてから買う、転勤の可能性が低い年齢になったら買うといった「適切な対処」で、住宅ローンのリスクはぐっと小さくできるものです。

「コントロールできないこと」と「コントロールできること」。これら2つの視点を持つと、住宅ローンと上手に付き合う方法がよりクリアに見えてきます。ぜひ頭の片隅に置いて本書を読み進めていってください。

安心して老後を迎えられる「理想の住宅ローン」は必ず見つかる

私はこれまでFP（ファイナンシャルプランナー）として20年以上にわたって3500件以上の家計を見てきましたが、2003年に出版した本書が改訂を重ねながらロングセラーとなったこともあり、家計相談の中でも住宅ローン関連の割合が高くなっています。

お受けしてきたご相談のなかにも、多額のローンを残して定年を迎えてしまい、打てる手がほとんどない残念なケースがありました。読者のみなさんをこのような危険な目に遭わせたくない、というのが私の強い思いです。ですから、みなさんが同じ轍を踏んでしまわないよう、本書では思い切って厳しいことも書いています。もしかすると、読み進めるうちに怖くなる人もいるかもしれません。

でも、この本は決して途中で読むのをやめないでください。読み通していただければ、ローンを組むことに不安を感じずにすむようになります。

私は、住宅ローンは「**老後はローンがなく、安心できる年金生活**」「**ローンを返済しながらも、貯蓄ができる**」「**金利変動でドキドキしないですむ**」**という3つのポイントを押さえるのが理想**だと考えています（図4）。そこで本書では、た

図3　コントロールできないことを認識する

コントロールできない要素を考慮して住宅ローンのリスクを減らしましょう！

✕ 自分でコントロールできないこと

- ☑ 住宅ローン金利
- ☑ 景気動向
- ☑ 日銀の金融政策
- ☑ 勤務先の業績や自分の給料
- ☑ 転勤
- ☑ 定年の時期
- ☑ 60歳以降の収入

○ 自分でコントロールできること

- ☑ 支出の見直し
- ☑ 世帯収入のアップ（妻も働く）
- ☑ 貯蓄額
- ☑ ローンの借入額
- ☑ 物件の予算
- ☑ マイホームを買う時期
- ☑ 金利タイプ選び

図4　この本を読めば「理想の住宅ローン」が組める！

「理想の住宅ローン」の3つのポイント

- **老後はローンがなく、安心できる年金生活**
- **ローンを返済しながらも、貯蓄ができる**
- **金利変動でドキドキしないですむ**

すでに住宅ローンを組んでいる人も、本書で見直せば、「理想の住宅ローン」にできます！

くさんのご相談を受けてきたリアルな経験を踏まえ、3つのポイントを押さえた「安心」で「おトク」な住宅ローン選びのコツやテクニックをご紹介しています。

　できる限りリスクを排除したプランが立てられるよう、資金計画のページには十分なボリュームを割きました。また、「60歳完済のローンでは毎月返済額が大きくなってしまう」という人も無理のないプランが組めるよう、返済期間が長いローンと短いローンを組み合わせる「期間ミックス」についても詳しく解説しています。これは銀行でも教えてくれないおトクな技。どの金利タイプを選べばよいのかも丁寧に紹介しています。

　本書を読み終える頃には、必ず「自分に合った、おトクで安心な住宅ローン」が見つかることを、お約束します。それではいよいよ、あなたにぴったりの住宅ローンを見つけに行きましょう！

第1章

住宅ローンカラクリ編

銀行も不動産会社も言ってはくれない！

誰も教えてくれない、住宅ローンのカラクリと落とし穴

モデルルームのセールストークと住宅チラシのウソにだまされるな！

売り手発信の情報は「物件を売るためのセールストーク」。マイホームを買いたいと熱くなっているときには要注意

ちまたにあふれる情報は「売り手発信」と「過去の常識」

家賃を払い続けるのはもったいないなと思ったとき、次のような広告のフレーズが目に飛び込んできます。

「頭金ゼロでもＯＫ」

「消費税10％になる前が買いどき！」

「マイナス金利は絶好のチャンス！」

毎月の返済額の例を見ると、今の家賃よりも低い金額なら、「買ったほうがトクかも」と思うのも無理はありません。

そこでマンションのモデルルームや住宅展示場に出かけて行くと営業マンから、

「年収から逆算するとこれくらいの物件はラクに買えます」

「頭金を貯めている間に金利が上がっていくので、超低金利の今のうちにローンを組んで買ったほうがおトクですよ」

と、購入をあおられます。

しかし、売り手発信の情報は「物件を売るためのセールストーク」にすぎません。マイホームを買いたい気持ちでいっぱいのときには、偏った情報であることになかなか気がつかないものです。

セールストークに乗せられて無理な購入をし、万一、ローン返済が困難になっても、住宅の売り手には何の責任も発生しないことを忘れずに。

マイホームは、多くの人にとって人生最大の買い物ですから、**「慎重かつ冷静」に情報を取捨選択し、資金計画を立てていかなくてはなりません。**

そのためには、「セールストーク」や「過去の常識」の落とし穴を知っておくことが必要です。あわせて、積極的に売り手以外の人の意見や考え方に触れるようにしましょう。

この章では、住宅の売り手やローンの貸し手がなかなか教えてくれないローンのカラクリやリスク、過去の常識や一般論の落とし穴を検証してみます。

図1　住宅チラシの売り文句にまどわされない

家賃並みの返済額で、一見おトクそうに見えるが……

ご返済例

3LDK
予定販売価格 4,500万円
※元利均等返済（35年）

頭金0万円でご購入の場合

当初毎月返済額 117,311円

ボーナス時返済額 0円

●借入金額／4,500万円●変動金利／年0.525%（平成30年10月5日現在）●取扱金融機関／地方銀行※ご購入の際には上記支払い以外に初期費用および毎月の管理費、修繕積立金等がかかります。※詳細は「提携ローンのご案内」をご覧ください。

チェックポイント①

「頭金ゼロ」

4500万円の物件に対して、頭金ゼロ！
借りた後のリスクが高すぎる！

チェックポイント②

「変動金利0.525%」

変動金利型は金利を約束するのは半年間だけ！
今後、金利が上がるとリスク大！

■概要

………………一部省略 ●管理費（月額）／13,268円～33,268円（予定）●修繕積立金／（月額）2,130円～5,800円（予定）●管理準備金／13,268円～33,268円（予定）●修繕積立基金（引渡時）／259,100円～703,100円（予定）………

チェックポイント③

「管理費・修繕積立金」

毎月の返済額以外にかかるランニングコスト。
修繕積立金は2～3年後にアップする場合が多い

チェックポイント④

「管理準備金・修繕積立基金」

引き渡し時に一括で支払うもの。このマンションの場合2つ合わせて27万～74万円程度。頭金がゼロでも、このお金は必要頭金ゼロの落とし穴！

頭金ゼロで家を買ってしまうと、売りたくても売れない「逆ざや」物件に！

新築物件の価格は買った直後に2割下がる。そのため、頭金ゼロ、つまり価格いっぱいのフルローンを組むと危険！

40代以上の人は、「頭金ゼロで本当にローンが組めるの？」と思うかもしれませんが、30代なら「頭金ってなぜ必要？」と考える人が多数です。15年くらい前までは、頭金を用意するのが一般的なことでしたが、住宅ローン獲得競争の結果、徐々に「頭金ゼロ・全額住宅ローンOK」とする銀行が増えてきました。ですから、若い世代ほど「頭金ゼロ」が当たり前に思えるのです。

頭金ゼロで借りることができるようになったとしても、**頭金は必ず用意してください。**長い返済期間の間には何が起こるかわかりません。万一、収入減や失業などにより、返済が困難になり、家を売却しようと思ったとき、**頭金がゼロで購入していると、売りたくても売れない状況に陥りやすい**のです。

頭金ゼロで購入すると万一のときに困った状況に

新築マンションを例に説明しましょう。販売価格には不動産会社のコストや利益が含まれており、一般的に購入後は2割程度値下がりします。頭金が少なく、ローンを目一杯借りてしまうと、ローン残高がマンションの時価を上回る状態（「逆ざや」と言います）が長い間続きます。この間に返済が困難になり、家を売却して、一括返済したいと思っても、差額の現金を用意しないと「売りたくても、売れない、返済もできない」状態になります。物件によっては、「逆ざや」は１０００万円以上になることも……。

この数年、２０２０年東京オリンピック開催の影響か、築浅の中古マンション価格が新築時よりも高くなっている物件もあります。しかし、長期の視点では現在の価格高騰は例外的と考えた方がいいです。厳しいことを言うようですが、貯蓄がない状況でマイホームを購入するのは無謀なことと認識しましょう。

図2　頭金ゼロだと売りたくても売れない「逆ざや」物件に!

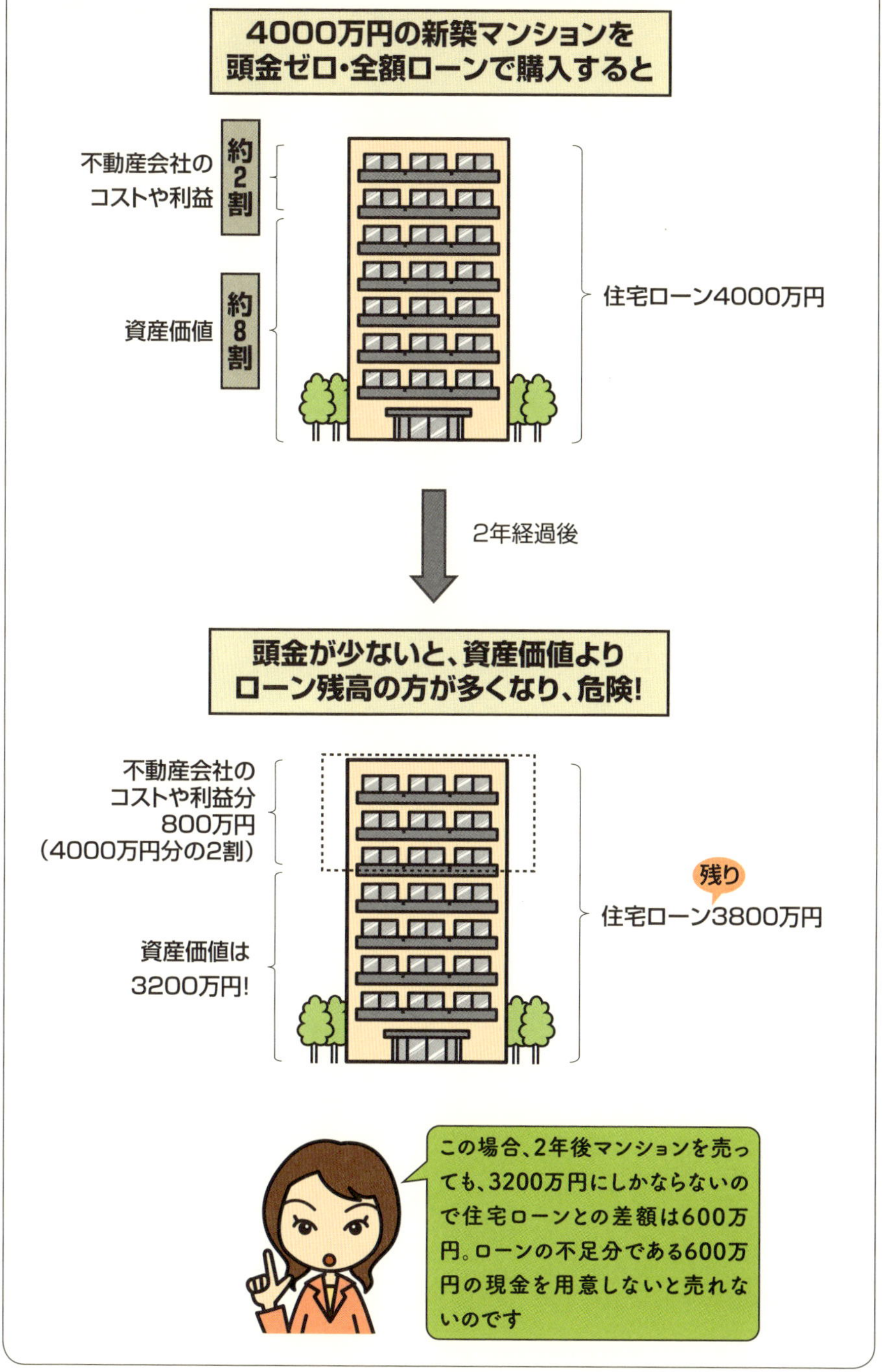
4000万円の新築マンションを
頭金ゼロ・全額ローンで購入すると
不動産会社の
コストや利益
約2割
資産価値
約8割
住宅ローン4000万円
2年経過後
頭金が少ないと、資産価値より
ローン残高の方が多くなり、危険!
不動産会社の
コストや利益分
800万円
(4000万円分の2割)
資産価値は
3200万円!
残り
住宅ローン3800万円
この場合、2年後マンションを売っても、3200万円にしかならないので住宅ローンとの差額は600万円。ローンの不足分である600万円の現金を用意しないと売れないのです

一般論を信じるな！

「ローン返済額が年収に対して25％以内ならＯＫ」という落とし穴

セールストークで使われるローン割合。普通のサラリーマン家庭が年収の25％もローン返済に充てると貧乏になる！

ＦＰという職業柄、保険料や住宅ローン返済額などの「収入に対する目安」をよく聞かれます。しかし、「収入の○％以内ならＯＫ」という判断の仕方は、家計管理をするうえでとても危険です。年収が４００万円の人と、８００万円の人とを同じような基準で目安を出すことができないからです。

住宅ローンなら「ローンの返済額は、年収の25％以内なら安心」という一般論をよく耳にしますが、**普通のサラリーマン家庭が年収の25％もローン返済に充てると、実はとても貧乏な生活を送らなくてはいけなくなります。**

「額面年収」ではなく「手取り年収」で見ないと危険

具体例で見てみましょう。Ａさんは、妻と子ども２人の４人家族で、年収は５００万円。年収の25％は１２５万円、月々だと約10万円強なので「これくらいなら払えそう」と思える金額です。

しかし、年収５００万円でも税金や社会保険料が約１０５万円引かれて、手取りは約３９５万円。さらに、持ち家になると固定資産税が発生しますし、マンションなら月々、管理費や修繕積立金もかかります。ローン以外の住居費も含めると、年間住居費は１６５万円にもなります。これは**実に年収の33％です！**

生活費、子どもの教育費、貯蓄に回すお金として使えるのは、残りの２３０万円、年収の46％。仮に月々の生活費と教育費に15万円、家電製品の買い換えや帰省費用で年間40万円の支出をみると、残りは年間でわずか10万円。予定外の支出があると、貯蓄できないどころか、赤字の家計に陥ってしまいます。

「一般論」や「目安」の割合で判断せずに、返済額とその他にかかる住居費を自分の暮らしぶりを反映させた家計に照らし合わせてみることが大切ですね。

図3　ローンは組めても、本当に返せる？

Aさん（会社員）のプロフィール
年収500万円
家族構成：パートをしている妻、小学生の子ども2人

月10万円の返済なら、年間120万円。
年収に対して25％以内だから
ラクラク返済できますよ！

ローン返済額以外の支出を含めると住居費は年収の33%にもなる！

額面年収500万円

使えないお金:約105万円
（所得税・住民税・社会保険料）

使えるお金

手取り年収
約395万円

不測の出費があったら、
家計は赤字になる！

【貯蓄に回せるお金:年10万円!】

【生活費:年220万円】
生活費・教育費:月15万円
家電製品の買い換えや
帰省費用等の特別支出:
年40万円

住居費は
ローン返済
以外にも
いろいろある

【住居費年165万円】
ローン返済:月10.5万円
管理費・修繕積立金:月2万円
固定資産税・火災保険料など:
年15万円

「変動金利型」が気になるなら複雑な仕組みとリスクを知っておく！

魅力の金利が約束されているのは半年間だけ。金利が上がれば返しても残高が減らないうえ、気付きにくいリスクが！

1%を切る変動金利は「借りすぎ」の危険が！ 仕組みをしっかり知る

金利が「0・625%」などと、1%を切る変動金利型ローンが人気を集めています。何となく「金利はまだまだ上がらないだろう」と深く考えずに利用している人が多いと思いますが、仕組みは他の金利タイプに比べ複雑で、使いこなすのは簡単ではないのです。金利は半年ごとに見直しされますが、金利の変動があっても、なぜか**返済額は5年間変わらない**ので、金利が上がったことを実感しにくい側面を持ちます（これはデメリットです）。

金利が上がると、利息額は増えますが、返済額は変わりませんから、元金に充当する金額が少なくなり、ローン残高の減りは当初より鈍くなります。

現在の変動金利型は史上最低の金利で、長い返済期間の間には金利上昇があると考えるのが自然でしょう。つまり、最低の金利のときに借り、その返済途中で金利上昇があると、当初借りた返済期間では残高はゼロにならないということ。どこかで繰上げ返済するか、最終回に残額を一括返済しないといけません。

また、「変動」金利のため、定年時のローン残高の試算がしにくい難点もあります。「全期間固定金利型」でない限り同じ問題はありますが、10年固定金利なら、10年間は金利が固定されるため、安定的に残高が減るので、変動金利型より将来の残高予測は現実的です。

もう一つの落とし穴は「借りすぎ」です。毎月返済額を11万円弱とすると、金利0・625%の変動金利型だと4000万円も借りられます（35年返済）。35歳で借りると、金利上昇を楽観的に見ても60歳時に1000万円以上のローンが残ります。**世帯年収600万円前後の会社員なら4000万円は借りすぎ**。毎月返済額だけでローンを組むのは危険です。

図4　変動金利型ローンはリスクがわかりにくい

金利が変わらないと、利息額は徐々に減り、元金充当額が増える

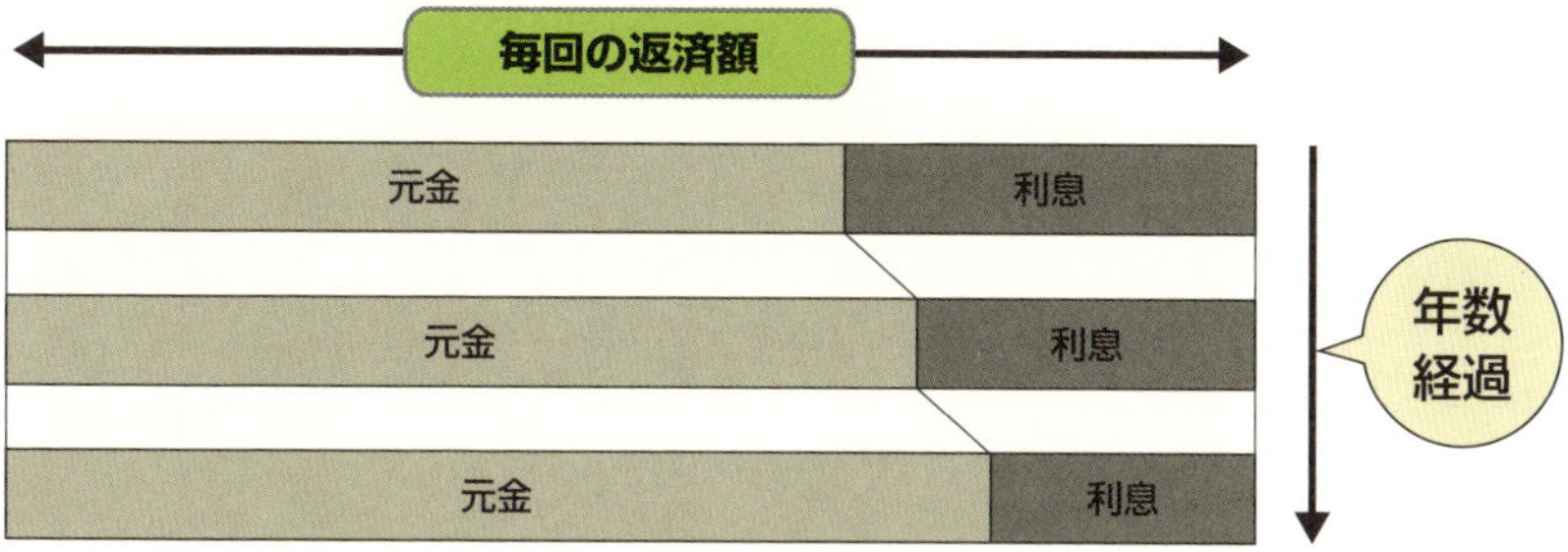

変動金利型ローンで徐々に金利が上がると、「利息額」が増える

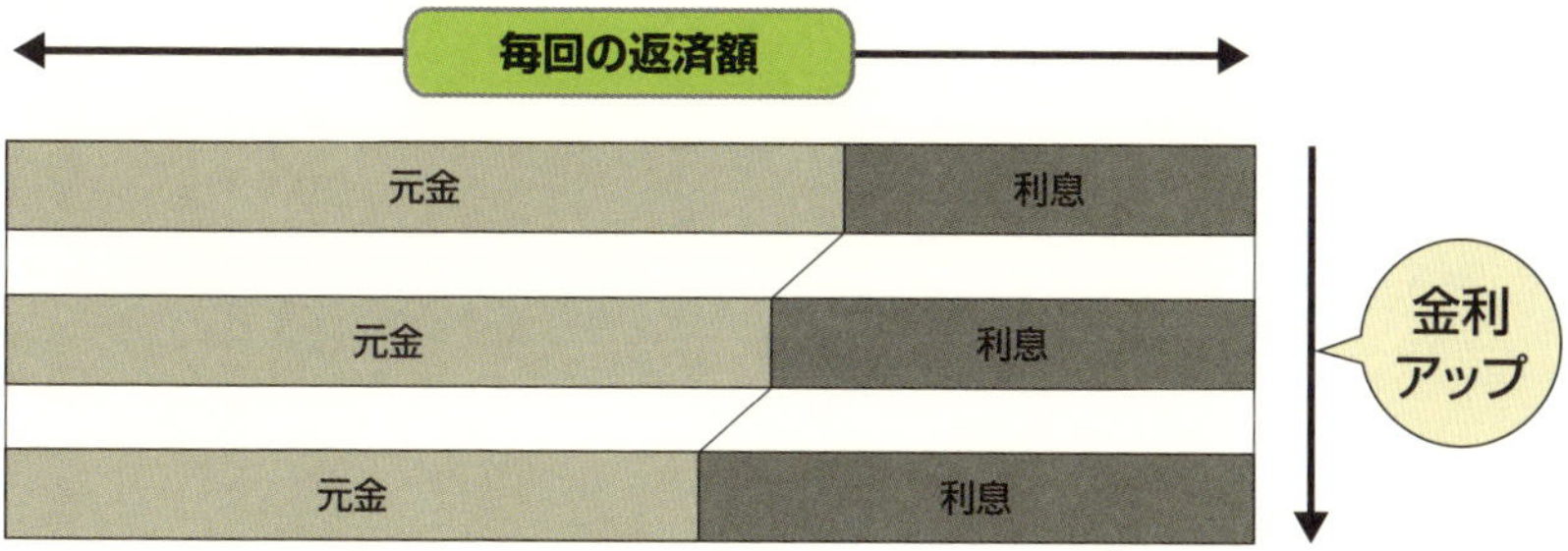

※返済額は変わらないので、
利息額が増えると、元金充当額が減る
（=残高減少のスピードが落ちる）

通帳だけチェックしていると、
返済額はそのままなので、
利息額が増えていることには
気がつきません

変動金利型は金利が低いので、
毎月返済額だけ見ていると、
たくさん「借りすぎ」てしまう
リスクもあります

ギリギリまで変動金利型を利用してトクするプランは実現が難しい

金利が低い間は変動、金利上昇直前に固定に切り替えようと考える人も少なくないですが、実現は困難です！

モデルルームで言われるセールストークに「当面は金利が低い変動金利を利用して、金利が上がる前に固定金利に切り替えればいい」というものがあります。しかし、実はこれ**実現性がかなり低いプラン**なのです。

変動金利型は、日銀が上げたり下げたりする金利に連動し、変動金利が上がるときは、その数ヶ月前から固定金利が上がりはじめるという経済の約束事があります（住宅ローン金利の決まり方は、120ページを参照してください）。このため、変動金利が上がってから固定金利に切り替えようとしても、すでに固定金利は上がっている可能性は大。

過去の例で見ると、2006年7月に日銀がゼロ金利を解除したときには、先行して6月頃から10年固定金利など長期固定のローン金利が急上昇しました。10月に上がった変動金利が返済額に適用されたのは2007年1月。かなりのタイムラグです。

「それなら、先行して上がる固定金利の動きをチェックしていれば、上がる前にうまく固定に切り替えできるのでは？」という質問もよく受けます。これに関しては、銀行のシステム上、実現が難しい。

通常、銀行の固定金利が発表になるのは月末で、その金利は翌月1日から適用されます。月末の金利発表を受け「来月から固定金利が上がるから、その前に変動から固定に切り替えよう」と手続きを始めても、適用になるのは翌月の高くなった固定金利です。

また、**固定に変えると変動金利の時より金利が高くなります**。つまり必ず返済額はアップしますから、変動金利の時の返済額が目一杯の金額だと、固定金利に切り替えたくても切り替えることができません。変動金利は変動金利のまま、10年程度で完済できる金額にとどめて借りなくてはいけないのです。

図5　固定金利は、変動金利よりも先に上がってしまう！

「ギリギリまで変動金利でトクするプラン」の落とし穴

モデルルームではこんなセールストークが…

日銀はまだまだ金利を上げないと思います。当面
「変動金利」で借りて、金利が上がる直前に「固定金利」にするといいですよ

セールストークを鵜呑みにしてはダメ！
固定金利は、変動金利より先行して動くため、「ギリギリまでトク」するプランは実現が難しい

固定金利は変動金利に先行して上がるメカニズムを知ろう

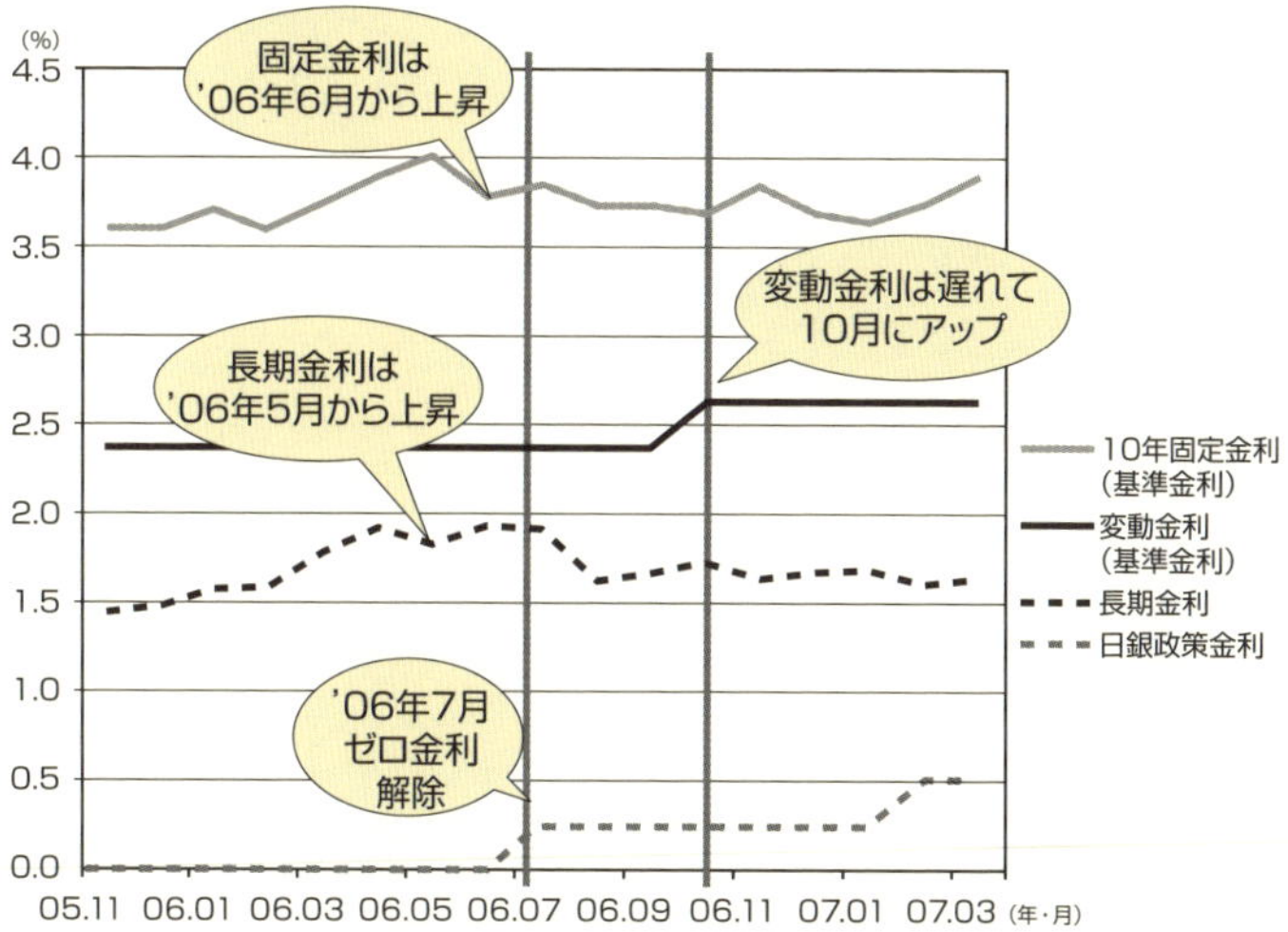

売り手側の情報に注意！

モデルルームや住宅展示場での専門家による「無料相談」のウラ側

モデルルームや住宅展示場での「無料相談」。ローン試算で大丈夫と言われても、それを鵜呑みにしてはダメ！

最近、モデルルームや展示場では、来場者に「無料FP相談」サービスを行っています。不動産会社のセールスが作成した資金プランや、購入者の収入や簡単な支出状況、家族構成などをもとに、FPの資格を持った人が相談に乗るというもの。相談時間や内容はそれぞれ異なるようですが、たくさんの人が利用しています。

無料で相談に乗ってもらえるとは、良いサービスに思えますね。しかし、「無料」の意味を考える必要があります。相談員はボランティアではなく、ちゃんと報酬を受け取っています。クライアントはモデルルームや展示場の運営会社ですが、そこにお金を払うのは、不動産会社等です。こうした仕組みのなかで、相談員はクライアントに不利になるアドバイスができるでしょうか。

購入のために危ないアドバイスも

私のもとに住宅ローンの相談に来られる人のなかにも、モデルルームで「無料相談」を受けた人は少なくありません。年収に対して借入額が多すぎるケースでも「奥さんが働けば大丈夫です」、「途中繰上げ返済して、残りは退職金で完済すれば大丈夫です」など「大丈夫」の根拠が不確実なアドバイスだったり、5000万円ものローンの全額を変動金利で借りるケースにも「大丈夫！」と言われたり……。

私なら、借入額を減らす（もしくは物件予算を下げる）提案や、借入額の一部を固定金利にするアドバイスをするケースです。もちろん、相談員のなかにはクライアントの利益に背くことになっても、購入者に厳しいアドバイスをする人もいると思います。でも、報酬の出所の仕組みを考慮すると、**無料相談のアドバイスには限界があること**を覚えておいたほうがいいですね。

図6　モデルルームの「無料FP相談」で太鼓判を押されても安心してはいけない

相談員が受け取る報酬の流れ

不動産会社
住宅展示場の運営会社
無料相談受付中
購入予定の夫婦
相談員

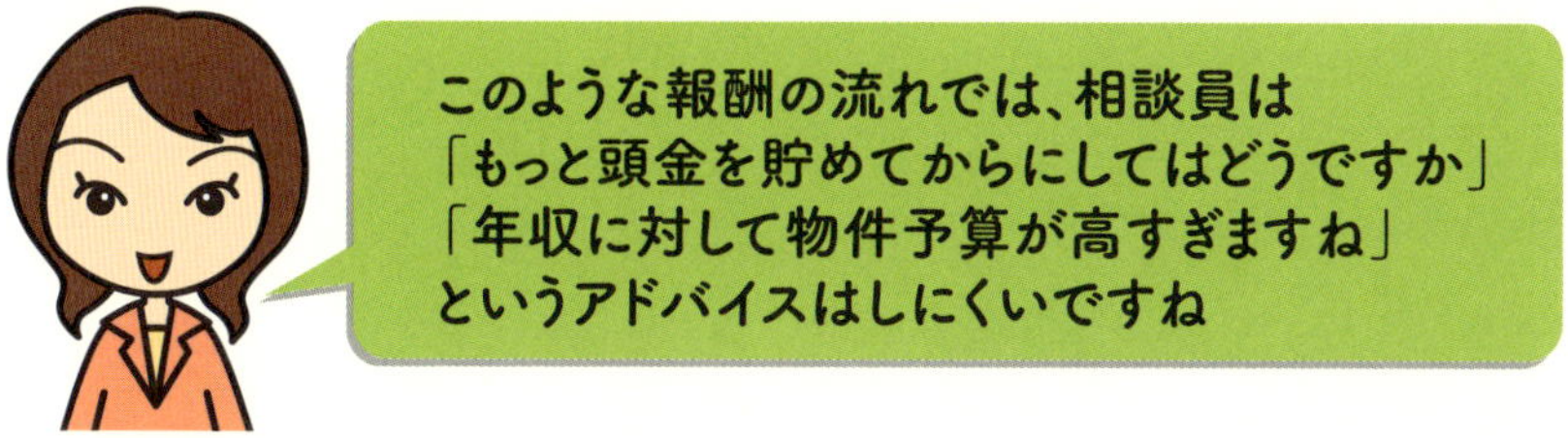

このような報酬の流れでは、相談員は
「もっと頭金を貯めてからにしてはどうですか」
「年収に対して物件予算が高すぎますね」
というアドバイスはしにくいですね

老後の安心は、住宅ローンの組み方次第！35年返済は禁じ手としよう！

将来が不確実な今、老後を安心なものにするには、退職金をアテにした住宅ローンを組まないことが必須です

長寿化が進んでいることにより、どの世代も老後に不安を持っています。一般の人からもマスコミからも「老後資金はいくら貯めると安心ですか？」とよく聞かれますが、いくら貯めても60歳時点で住宅ローンがたくさん残っているなら、安心は得られません。老後を安心なものにするには、退職金をアテにした住宅ローンを組まないことが必須です。

35年返済にすると老後に負担が重くなる

モデルルームで提案される返済プランは、ほとんどが35年返済。返済期間は長い方が毎月の返済額が少なくなり「これなら返せそう」と思わせることができるからです。しかし、返済期間は長いほど利息が増えますし、60歳以降も返済が続くケースも。「退職金で残りを一括返済すればいい」と考えるのはNG。昭和36年4月2日以降生まれの男性（女性は5年遅れで昭和41年4月2日以降生まれ）は、公的年金を受け取れるのは65歳から。年金がでない60代前半を働いたとしても収入はダウンするでしょうから、退職金は60代前半の収入減の備えや、その後の老後資金として取っておくべき。**ローンの一括返済に充ててはいけない**のです。

35歳で３０００万円を35年返済・金利１・５％で借り、途中一度も繰上げ返済しないと**60歳時の残高は約１０２３万円です**。退職金で一括返済すると老後資金が残らなくなるかも。60歳までに完済しようと繰上げ返済するなら、２〜３年に１回１００万円程度繰上げ返済しなくてはなりません。子どもの教育費や老後資金を貯めながら繰上げ返済をできるでしょうか。毎月1万円返済額が増やせるなら、返済期間は5年短くなり、30年にできます。60歳時残高は約５９８万円と、35年返済よりも約４２５万円も減らせることに。**35年返済は禁じ手**としましょう。

図7　老後、安心できる住宅ローンを組むポイント

老後の安心を確保する住宅ローンを組むポイント

- たくさん借りすぎない（60歳時点の残高を試算し、500万～700万円以内にする）
- 返済期間は長くても65歳までとする
- 65歳までの返済期間にすると毎月返済額が多くなりすぎるなら、「借りすぎ」。借入額の見直しをしよう

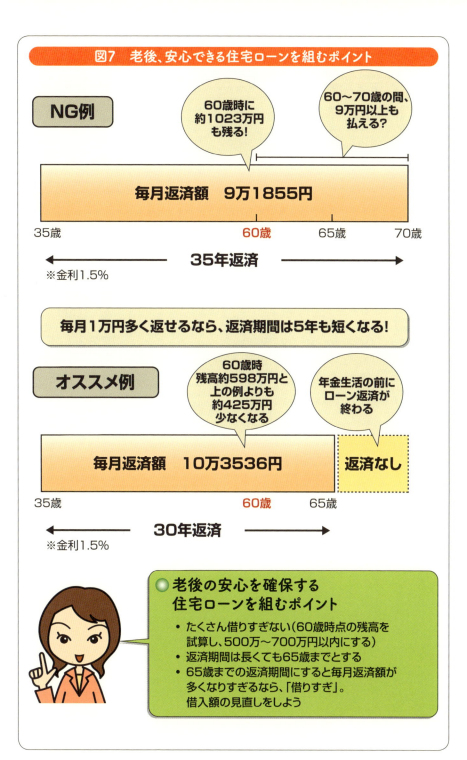

もし住めなくなったら？

「転勤になったら貸せばいい、返せなかったら売ればいい」の落とし穴

購入後はローン返済以外に、固定資産税や管理費・修繕積立金などもかかることを知っていますか？

転勤の可能性がある人が相談に来られると「転勤になったらローン返済はどうされますか」と尋ねてみます。すると、ほぼ100％「貸して、家賃を返済に充てればいいって聞いたから」との答え。「家賃収入＝ローン返済額でトントン」と考えていると、落とし穴にはまります。購入後にかかる**固定資産税や管理費・修繕積立金などを考慮していない**のです。

図8のケースでは、年間住居費は194万円ですから、赤字を出さずに家賃収入を得ようとすると、月額16万円強の家賃にしなくてはなりません。物件の広さ、利便性などにもよりますが、借りる人にしてみると、16万円もの家賃を払うなら買った方がいいと思うでしょう。そのままの家賃で借り手を探すのは難しいですね。かといって、家賃を下げると赤字になってしまいます。ローンがあって賃貸に出すと確定申告すれば税金が安くなるからその分トク、と言う人もいますが、たくさん税金を払っている人でない限りメリットはありません。

転勤後はローン減税がストップ？

おまけに転勤により家族で転居すると、住んでいない間はローン減税が受けられません。国内への単身赴任だと、減税を受けることができますが、せっかく家を買ったのに減税を受けるために単身赴任するなんて、あまりに悲しい……。

「ローンが返せなくなったら売ればいい」と考えるのも危険。28ページにある通り、ローン残高が住宅の売却価格を上回っていると、差額の現金を用意しないと売ることができません。ローンが返せなくなるくらいですから、差額の現金は用意できないでしょう。頭金が少なく、当初の借入金が多いと、貸すにせよ、売るにせよ、想定外のことが起こったときに、選択肢が少なくなることを覚えておいてください。

図8　転勤になっても貸せばいいってホント？

もし転勤になったら貸せばいいやと安易に考えるのはキケン！

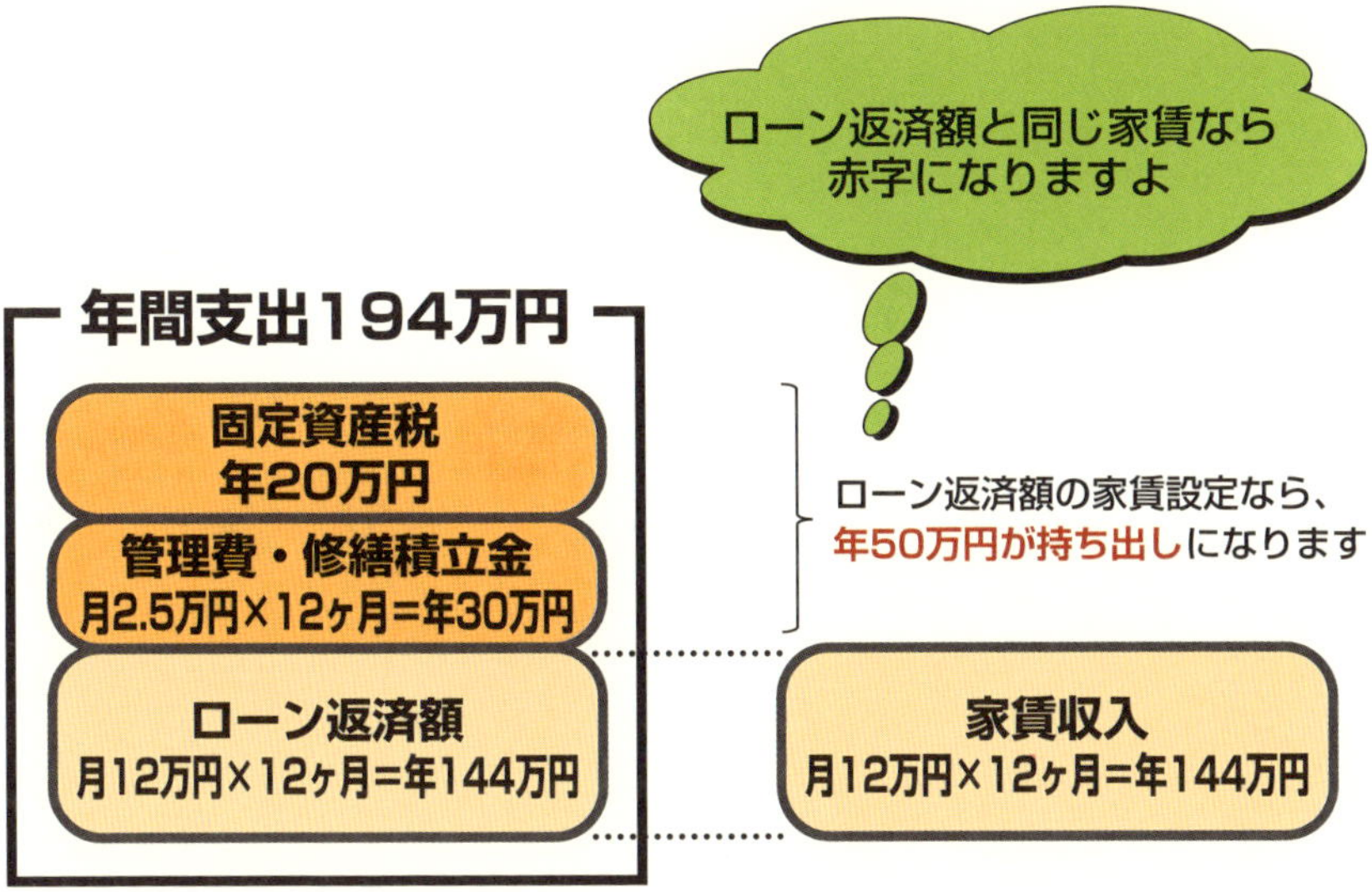
ローン返済額と同じ家賃なら
赤字になりますよ
年間支出194万円
固定資産税
年20万円
管理費・修繕積立金
月2.5万円×12ヶ月=年30万円
ローン返済額
月12万円×12ヶ月=年144万円
ローン返済額の家賃設定なら、
年50万円が持ち出しになります
家賃収入
月12万円×12ヶ月=年144万円

転勤になった場合、ローン減税の扱いは変わる！

	国内に転勤	海外へ転勤
家族みんなで引っ越し	× （住んでいない間は適用されないが、 戻って再度住むと残りの期間は再適用される）	
単身赴任	○	× （日本に戻ってきたらOK）

家を買うなら単身赴任を
覚悟だな…

消費税が10％になる前に買うのがおトク？

「どうせ家を買うなら、消費税が10％になる前に」と考えてしまいがちですが、本当の買い時は税制とは関係なし！

消費税は物件価格全体にかかるわけではない

消費税は、2014年4月1日に5％から8％になっています。次の引き上げで10％になるのは、2019年10月の予定です。

今後、10％になる時期が近づいてくると、住宅販売業者は「増税前に買いましょう」といったセールス攻勢をするでしょうし、みなさん自身も「どうせ買うなら、消費税が上がる前に」と考えるかもしれません。では、増税の影響を具体的に見てみましょう。

消費税は物件価格全体にかかるわけではありません。土地は非課税で、建物だけに課税されます。図9は消費税率が10％になった場合の税額試算です。

マンション価格（税抜き）4000万円のうち、建物価格部分を6割とすると2400万円が課税対象となります。引っ越し代や家具購入費、諸費用等で100万円かかるとして、トータル2500万円の消費税額は、現行の8％なら200万円、10％になると250万円で、その差は50万円。物件価格全体に課税されるわけでないので、増税の影響は思ったほど大きくありませんね。

税率が10％に引き上げられると、その救済策として住宅ローン減税が拡充する予定ですから、減税分で補てんできるくらいの金額といえます（ローン減税については82ページ参照）。

何より、**マイホームの本当の買いどきは「増税前」ではなく、「頭金が貯まって、家族構成がかたまったとき」です。**外的要因に振り回されないようにしましょう。

なお、個人（消費税課税業者の個人事業主を除く）から買う中古住宅には消費税がかかりません。メリットも多いので選択肢に入れるといいですね。次の項目で詳しく見てみましょう。

図9　消費税のアップの詳細をチェック！

本当の買いどきは、
「頭金が貯まって」「家族構成がかたまった」とき

消費税アップの影響は？「消費税が課税されるのは建物で、土地にはかからない」

4000万円（税抜価格）のマンションの
建物価格部分を6割として

2400万円

＋

契約にかかる諸費用のうち消費税が課税されるもの、
引っ越し代・家具購入費等で

100万円

消費税がかかる金額は、合計2500万円

2500万円の消費税額をざっくり計算してみると

	現在 消費税8%	将来 消費税10%
消費税額	200万円	250万円 （8%のときより50万円アップ）

10%になった場合
50万円程度の負担増

魅力ある中古物件も！

中古住宅は消費税がかからないのでおトク！物件選びに加えよう

住宅価格の高騰で、新築だけでなく、中古も注目され始めている！

中古

マイホーム選びをするとき、新築物件だけに絞る人が多数ですが、中古物件を選択肢に含めないのはもったいないです。

中古住宅の価格は、新築よりも割安なのが魅力。新築と同様の住宅ローンを使うことができます。

また、意外に知られていないのですが、売り主が会社員などの個人であれば、物件価格に消費税はかかりません。ですから消費税率が8％から10％になっても、大きな影響は受けないのです。

さらに未完成の新築物件と違って、部屋を内見することができるので住んだときのイメージができるのもうれしいですね。マンションの場合、子育て世代が多い、リタイア世代が多いなど、住んでいる人の属性を購入前に知ることができるのもメリットです。

中古は仲介手数料がかかる

逆にデメリットや注意点も知っておきましょう。住宅ローン減税や住宅資金贈与の特例の拡充策は、消費税増税後に不動産取引が冷え込まないための対策です。つまり、拡充された減税制度は、消費税がかからない中古物件は対象外ということ。詳しくは82ページにありますが、あらかじめ知っておきたい注意点です。

また、中古物件は不動産事業者の仲介手数料がかかるのが一般的。最大で物件価格の3％＋6万円の金額＋消費税です。

たとえば、4500万円の新築マンションの消費税は216万円（建物部分6割・税率8％）。同じ広さで4000万円の中古マンションがあったとします。こちらは消費税がかかりませんが、仲介手数料は約136万円です。総額では、中古が580万円少なくなります（図10）。

リフォーム代や減税効果も考慮する必要がありますが、新築物件が高騰している今、中古も視野に入れると選択肢は大幅に増えます。

図10　中古物件も選択肢に加えてみよう

中古住宅購入のメリット、デメリット

メリット	デメリット・注意点
■価格が新築よりも割安 ■売り主が個人なら物件価格に消費税がかからない （除く、消費税課税事業者の個人事業主） ■内見することが可能なので、住んだときのイメージがしやすい ■マンションの場合、どんな属性の人が多いか（年代など）、管理組合が機能しているかなどを購入前にある程度知ることができる	■消費税がかからない物件だと、ローン減税や贈与の特例などが少なめになる ■不動産の仲介手数料がかかる （最大（物件価格×3%+6万円）+消費税） ■リフォームが必要だと、リフォーム代がかかる

中古住宅でも
新築と同じ
住宅ローンが組める

総額ではどちらがおトク？

	4500万円の新築マンション	4000万円の中古マンション
マンションにかかる消費税（8%）	216万円 （課税対象の建物を物件価格の6割として）	ゼロ
仲介手数料	ゼロ	約136万円
総額 （物件価格+消費税または仲介手数料）	4716万円	4136万円

同じ広さで割安な
中古マンションのほうが
総額は580万円少なくてすむ！

意外に知らない!?

「夫婦の貯蓄」は税金面では存在しない!「口座名義＝その人の貯蓄」

住宅資金の頭金は、それぞれの口座で貯めたお金から出すべき

共働き夫婦の住宅ローン相談で「頭金はそれぞれいくら用意できますか」と尋ねると、「夫婦の貯蓄から○○万円」と答えるカップルがとても多いです。私が「頭金を入れるとき〝夫婦の貯蓄から〟というのはありえませんよ」と言うと、みなさんキョトンとした顔をされます。

共働きのカップルにとってみると、結婚前の貯蓄は「それぞれのもの」、結婚してから2人で貯めた分は「夫婦のもの」と考えるようです。しかし、税務署はそう考えません。頭金を出した「銀行口座の名義人の貯蓄」を見るからです。つまり、税金面では「夫婦の貯蓄」は存在しないということです。

税務署は銀行口座の名義人のお金と考える

なぜ「夫婦の貯蓄」がまずいのでしょう。マイホームの登記簿上の名義人が複数いるとき、共有名義として持ち分を入れます。持ち分は、頭金と住宅ローンをそれぞれ負担した割合に応じて決めます。

シンプルな金額の例で見てみましょう。4000万円の物件を、頭金2000万円、ローン2000万円で購入したとします。頭金もローンも2人で半分ずつ負担するから、夫婦は「持ち分は50％ずつ」と考えます。

頭金を「夫婦で貯めたお金」から出し、それが夫名義の銀行口座にあるものだとすると、税務上は「夫が頭金2000万円全額負担した」ことになり、ローンの負担も含め、夫75％、妻25％が正しい持ち分比率です。50％ずつで登記してしまうと、場合によっては夫から妻への贈与があったとみなされることも…。持ち分の決め方は172ページに詳しく解説しています。

2人の貯蓄として貯めた分は、収入比に応じて、それぞれの銀行口座に分け、そこから頭金を出すといいでしょう。

図11　税務署は銀行口座の名義で考える

4000万円の物件

頭金（夫婦の貯蓄から）
2000万円
（銀行口座は夫名義）

住宅ローン
夫1000万円
妻1000万円

頭金も
ローンも
半分ずつ
なので、
持分は
50%ずつと
考えた

頭金は夫の口座なので、税務署は
このように考えます。

夫75％（頭金2000万円＋ローン1000万円）
妻25％（頭金ゼロ＋ローン1000万円）

50％ずつで登記すると、
「夫から妻へ1000万円の贈与」と
見なされることに・・・

解決策

たとえば、夫の銀行口座

結婚してから
貯めたお金
（夫婦のお金と
思っている）

→

妻の銀行口座

2人の収入比率で
妻の分を計算して、
妻の口座に入れる

妻の頭金は
この口座から
出す

夫の口座から妻の口座に移すと「贈与では?」
と思うかもしれませんが、そもそも一部は
妻の貯金なので、「間違いを正す」と考えればいいのです
（妻に収入がある場合のことですよ）

COLUMN

銀行間の住宅ローン競争は激化。「いい競争結果」と「悪い競争結果」

銀行にとって、長期間にわたって利息収入が得られる住宅ローンは大切な収益源のひとつです。新規ローン、借り換えローンなど、新たなローンを獲得するため、激しいシェア争いが繰り広げられています。

1％に満たない変動金利、全期間固定金利でも1％半ばというのは、マイナス金利政策の実施前からの金利水準です。住宅ローンの超低金利化は、まさに銀行間の競争の結果によるもの。世の中の金利水準が下がっているだけでなく、金利の割引き競争が激化した結果、超低金利の住宅ローンが実現しています。

金利が低いと銀行は「儲け」が少なくなりますから、銀行にとってみると何とか「割引き競争」はやめにしたいのですが、競争から抜けるわけにはいかないので、この傾向は当面続くと思われます。金利の割引き競争は、借りる側のみなさんにとってはメリットですね。借りる金額と金利タイプの選び方さえ間違わなければ、このメリットを最大限生かすことができます。

「完済年齢」も競争の結果、変化が起こっています。長い間、ほとんどの銀行は「返済期間は70歳まで」としていました。ところが10年ほど前から「80歳まで」と相次いで引き上げられるようになりました。

これは、多くの人に35年返済を勧めたい不動産業界の大喜びとなる変更です。返済期間は長くすると毎月返済額が少なくなります。完済年齢が70歳までなら36歳を過ぎると35年ローンを組めなくなりますが、80歳なら45歳まで35年ローンを勧めることができます。

銀行にとってみると「80歳完済」は貸し出しリスクが高いので、「70歳完済」のままにしておきたかったというのが本音のようです。

最初はごく一部の銀行だけの引き上げだったのですが、競争に参加しないわけにいかないので、今ではほとんどの銀行が「80歳完済」になっています。

完済年齢の引き上げは、ローンを借りる人にとってみると「悪い競争の結果」です。70歳までのローンでも老後リスクが高いのに、80歳までローンを組むなんて論外です。不動産会社や銀行が80歳まで組めますといっても、利用してはいけません。

第 2 章

自分で立てる資金計画編

家を買うなら物件よりも先に「資金」をチェック！

新しくローンを借りるなら必読！絶対に失敗しない資金計画の立て方教えます

安心できる住宅ローンを組める！ニーズ別で読む、本書の読みこなし術

いよいよローン選び。この章では、それぞれの特徴と選び方のポイントを解説。自分に合ったローンは？

ニーズによって読む章を決めて

第2章から資金計画の立て方や住宅ローン選びのコツを紹介していきますが、その前にこの本の上手な使い方を紹介しましょう。本書は**「これからマイホームを購入する人」と「すでに購入済みで住宅ローンを持っている人」の両方の読者が対象です。**ニーズによって、読む順番を変えたほうが効率よくプランニングできます。

まず「これからマイホームを購入する人」、つまり新規で住宅ローンを組む人は、順番通りにプロローグから最終章まででしっかり読み込んでください。通読することでローンの基礎知識、資金計画のポイントを理解した上で、具体的な住宅ローン選びのコツがわかります。

新規ローンの人は、第5章の「ローンの借り換え」のページは飛ばしてもいいです。

共働きの人は、各ページの見出しの上に「共働き」マークがあったら、重点的に読みましょう。お役立ち情報を書いています。

中古物件を検討している人は、「中古」のマークのページを特に参考にしてください。ローンの組み方などは新築と同じです。

「すでにマイホームを購入済みで住宅ローンを持っている人」の見直し術は、第5章です。つい、第5章から読み始めてしまいそうになりますが、その前にプロローグと第1章を読んでおきましょう。

プロローグと第1章に目を通すと、住宅ローンの落とし穴や最近の住宅ローン事情がわかり、現在のローンの「失敗点」を把握できます。その後に第5章をじっくり読み、第2〜4章に戻って通読してください。

火災保険、地震保険を見直しするなら第4章を参照しましょう。

図1　本書の活用術

Ⓐこれからマイホームを購入する人

プロローグから最終章まで、しっかり読み込んでください。
飛ばしてもいいのは第5章の「借り換え」のページです。
通読すると、資金計画からローン選びまでプランが立てられます。

Ⓑ共働きの人は ページ見出しの上に

が 付いているところを特に参考にしてください

Ⓒ中古を検討しているなら

マークのページを重点的に

Ⓓすでに組んでいる住宅ローンを見直しする人

プロローグと第1章（ローンの落とし穴や最新状況がわかる）

↓

第5章（ローンの見直し編）

第1章まで読んだら、次に5章を読んでください。

↓

第2章と第3章（ローンの基礎知識と商品選びがわかる）

↓

第4章（ローンのプランニングの基礎知識とケーススタディを参考に）

↓

※火災・地震保険を見直したい人は、第4章の最後のページを参考にしましょう

重すぎるローンは将来、大変な状況に！まずは自分の予算を組むのが先決

ローンの借りすぎで将来困らないために、この章からは無謀な借り方を防ぐための資金計画のコツを紹介！

「物件選び」の前に「いくらの家が買えるか」予算を組む

第1章で住宅ローンの落とし穴やカラクリを取り上げました。次にマイホーム購入の全体像を見てみましょう。左の図にあるように、まず「いくらの家が買えるのか」を知ることから始めてください。そうすると、「借りすぎ」を防ぐことができ、住宅ローン貧乏にならずにすみます。

物件選びからスタートするのはNGです。モデルルームの「頭金ゼロでOK、家賃並みの返済額で買えます」といったセールストークで、身の丈以上のローンを組んでしまう結果になります。そうは言っても、読者のみなさんの中にも「物件選びからスタートしてしまったよ」という人も多いはず。大丈夫、「不動産売買契約」を結ぶ前なら、予算作りに戻ることができます。家の価格に家計を合わせるのではなく、先に無理のない予算を把握し、その予算に合わせて家を選ぶ。これが一番のポイントです。

将来にわたって安心できる資金計画のポイント

この章では、「絶対に失敗しない資金計画の立て方」をお伝えします。最も大事なポイントは次の3つです。

①**資金計画、住宅ローン選びは「自分」でする**――「不動産会社」にお任せではいけません。

②**購入後も貯蓄できるかチェック**――返済額を決めるとき、ローン以外の住居費（固定資産税、管理費、修繕積立金、火災保険料、地震保険料など）を考慮し、貯蓄ができるかチェック。

③**60歳時のローン残高は、多くても700万円以内に**――退職金をアテにせずに60歳時の残高もあわせて確認する。

では、詳しく見ていきましょう。

図2　予算を組んでから、物件を選ぶと安心！

失敗しないマイホーム購入までの流れ

物件選びの前に「予算」を考えるのが先決！

	資金面での注意点
①いくらの家を買えるか予算を組む	□ 貯蓄額からマイホーム購入にいくら使える？ □ 無理なく返済できる金額をチェック □ 頭金に回せる額と返済額から物件の予算を見積もる □ 住宅ローンの基礎知識を持っておく
②予算に合った物件選び	□ 予算内の物件を見に行く □ 「おうち欲しい病」にかかっても、クールダウンを心がける。冷静に、冷静に
③物件が決まったら、不動産会社と「不動産売買契約」を結ぶ	□ 不動産売買契約の前に住宅ローンの仮審査を申し込む □ 物件価格の5％前後の「手付け金」を用意する □ 「諸費用」の一部もここでかかる □ 住宅ローンの借り先を決め審査を申し込む（仮審査が通った借り先から変更してもいい） □ ローンの借り方を決める
④住宅ローンの契約＆物件の引き渡し	□ 銀行と住宅ローンの契約 □ ローンを借りるための「諸費用」がかかる □ 火災保険、地震保険の契約

入居までの流れを知る！

こんなはずでは…と後悔しないよう、契約スケジュールをチェック！

住宅購入は業者任せで先の工程・作業を知らないと、間違った選択をして後悔する人も少なくない。スケジュールは大切！

「家を買う、建てる」ことは、一大作業です。物件探し・施工業者探しから、契約入居までの間に「探す・調べる・選ぶ・契約する」といったさまざまな作業が繰り返し発生します。業者や金融機関から「いつまでに決めておいてくださ い」と言われますが、他者任せで作業を進めていくと、目先のことしか見えなくなってしまいがち。先の工程・作業を知らないために、間違った選択をする人も少なくありません。

入居までのスケジュールをケース別にまとめましたので、全体像を把握しておきましょう。

新築マンション・建て売り住宅編

住宅を「購入する」ケースは注文住宅を「建てる」ケースに比べ、作業はラクだと言えます。

新築や未完成の物件の場合と、中古（完成済み）物件の場合がありますが、まずは新築のケースから見ていきましょう。引き渡しまでのスケジュールは、左の図3の通りです。

未完成の物件を買う場合は、「金利変動」に注意しましょう。銀行ローンやフラット35（108ページ）は、引き渡し時期に行われる住宅ローン契約のときの金利が適用になります。一方、新築マンションの多くは完成前に売り出され、売買契約から引き渡しまで半年から1年というのが多く、タワーマンションの中には完成が2年以上先というのもあります。ローン契約までの間に金利が大きく上昇すると、売買契約前後に立てた資金計画の練り直しをしなくてはなりません。ですから、返済額を試算する際の金利は少し高めに見ておく必要があります。現時点の金利プラス0・2〜0・5％で試算して、金利が上がっても返済可能かどうかを確認しておくと安心です。

図3　契約スケジュール【新築分譲住宅（マンション・建売住宅）編】

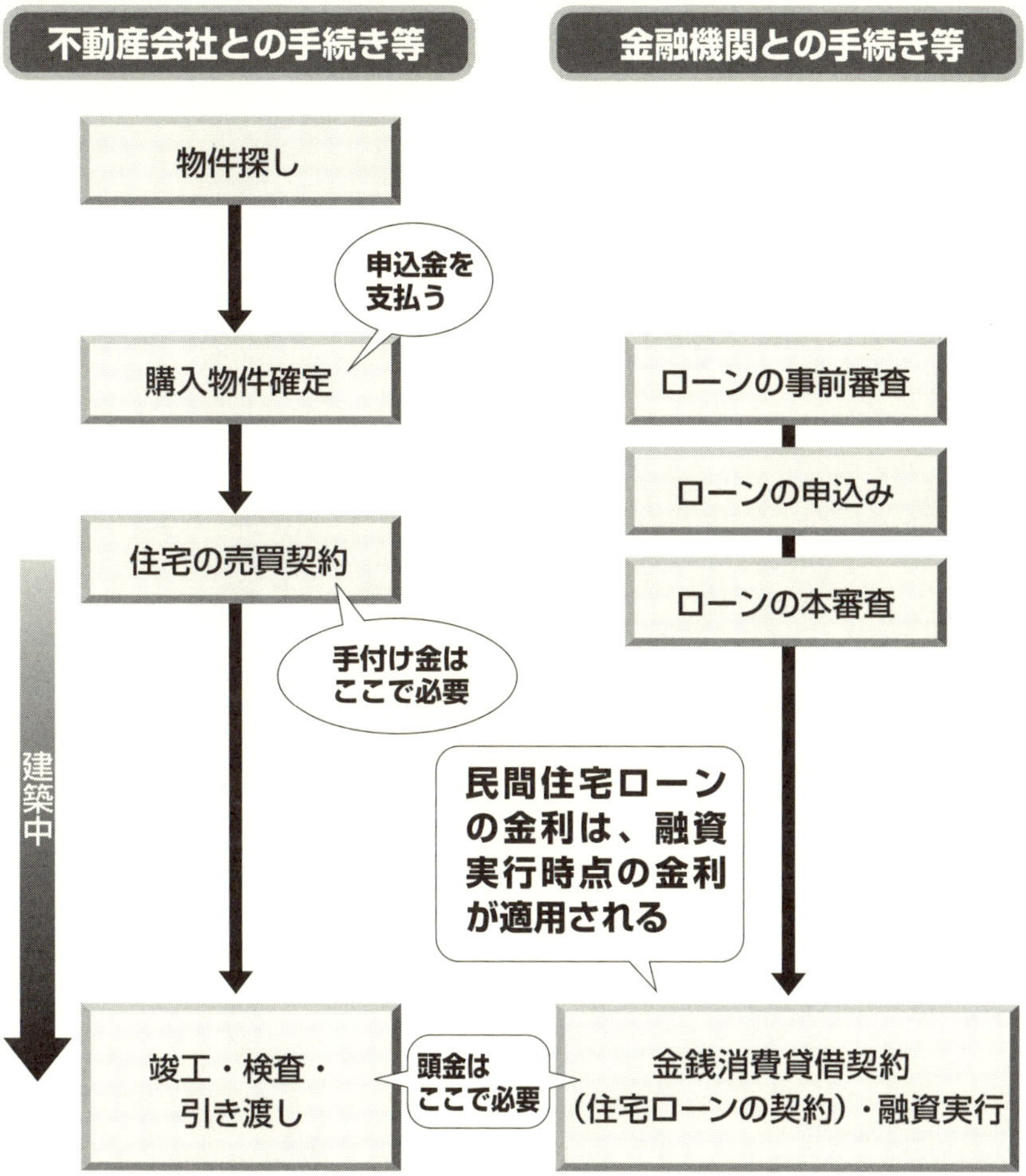

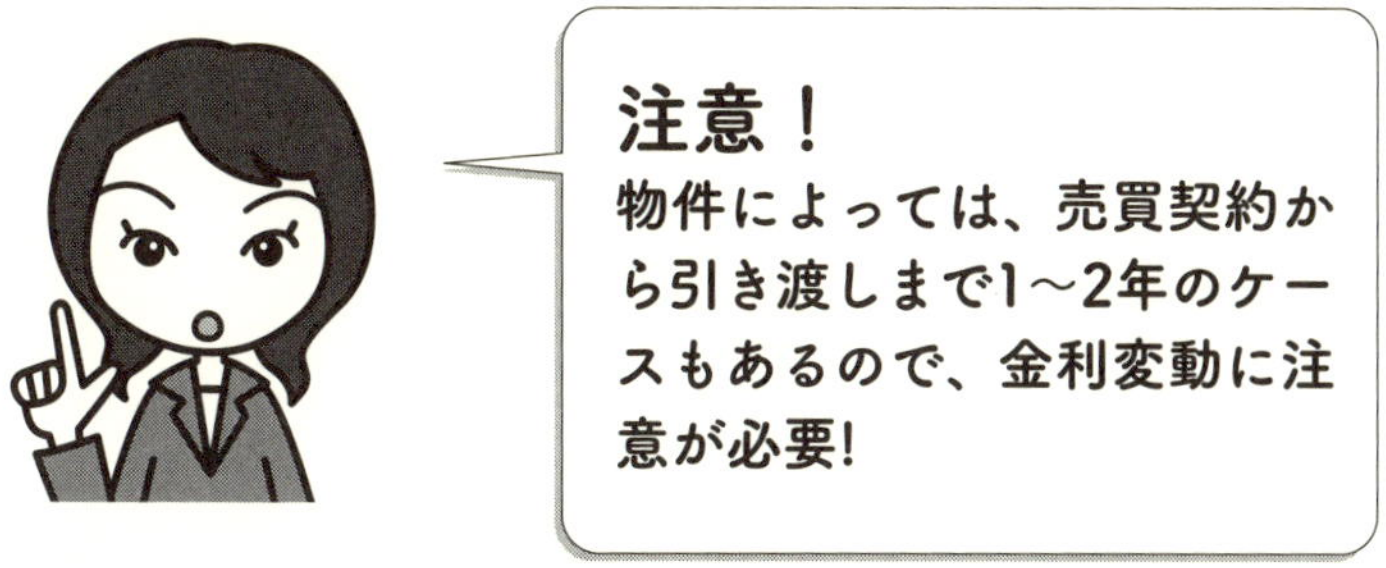

中古住宅（マンション・一戸建て）編

中古住宅購入のスケジュールは、新築住宅を購入するケースの期間を短縮する形になり、それほど複雑ではありません（図4参照）。メリットは、売買契約から引き渡しまでの期間が短いため、金利上昇リスクが低いことです。

中古物件は、最大で「（物件価格×3%＋6万円）＋消費税」の仲介手数料がかかります。売買契約時に現金で支払うものなので、覚えておきましょう。

中古物件を購入し、入居前にリフォームする場合、リフォーム費用は現金で用意できるのがベスト。

でも、リフォーム費用まで現金を用意できないという人は、リフォーム費用を物件購入資金と一緒に「住宅ローン」として融資してくれる銀行を探しましょう。**リフォームローンは金利が高めですから、住宅ローンとして借りられるなら、金利面でのメリットが大きいですね。**力を入れているのは、みずほ銀行。他にも最近は取り扱う銀行が増えてきました。

一戸建て注文住宅（建築士に設計を依頼する）編

最後に取り上げるのは、家を「建てる」ケースです（59ページ図5参照）。窓口ベースで分けると、大きく建築士に設計を依頼するケース、工務店に直接依頼するケース、ハウスメーカーと契約するケースの3つがあります。また、すでにある土地に建てるケースと土地探しから始めるケースでも、資金面での注意点が異なります。作業が煩雑で大変な順番からいうと、「建築士に設計を依頼」「工務店に依頼」「ハウスメーカーに依頼」で、「土地あり」より「土地探しから」の方が大変です。

マンションを「購入する」ときは、建てるための費用の資金繰りをする必要はありませんが、自分で「建てる」となると、完成までの資金繰りの負担が建て主にかかってきます。

たとえば、建築士に設計を依頼する場合、建築士が「資金繰り」、つまり、材料費や人件費の立て替え払いをすることは原則ありません。施主が工務店に対して、材料費、中間資金、引き渡し時の残金決済などを、分割で支払うのが一般的。3回に分けて払うことが多く、なかには5回分割というケースもありました。

分割支払いの回数は、建築士のやり方によってさまざまですが、仮に、材料費と中間資金で2回、25%ずつ、残り50%が引き渡し時決済というケースで、選んだ住宅ローンが引き渡し時決済にしか使えないローンだとすると、最初の2回分について現金の持ち合わせがないといけ

図4　契約スケジュール【中古住宅（マンション・一戸建て）編】

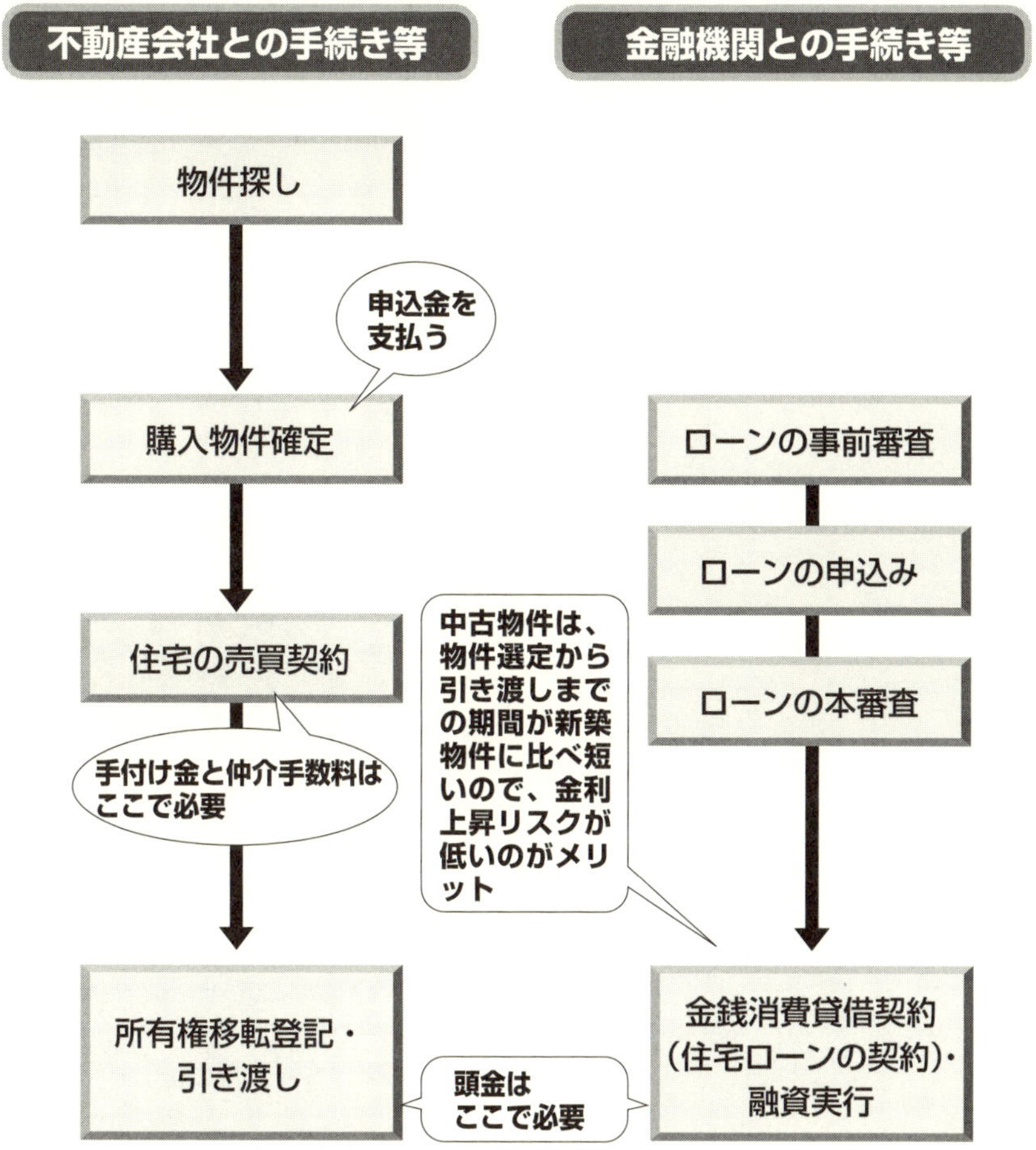

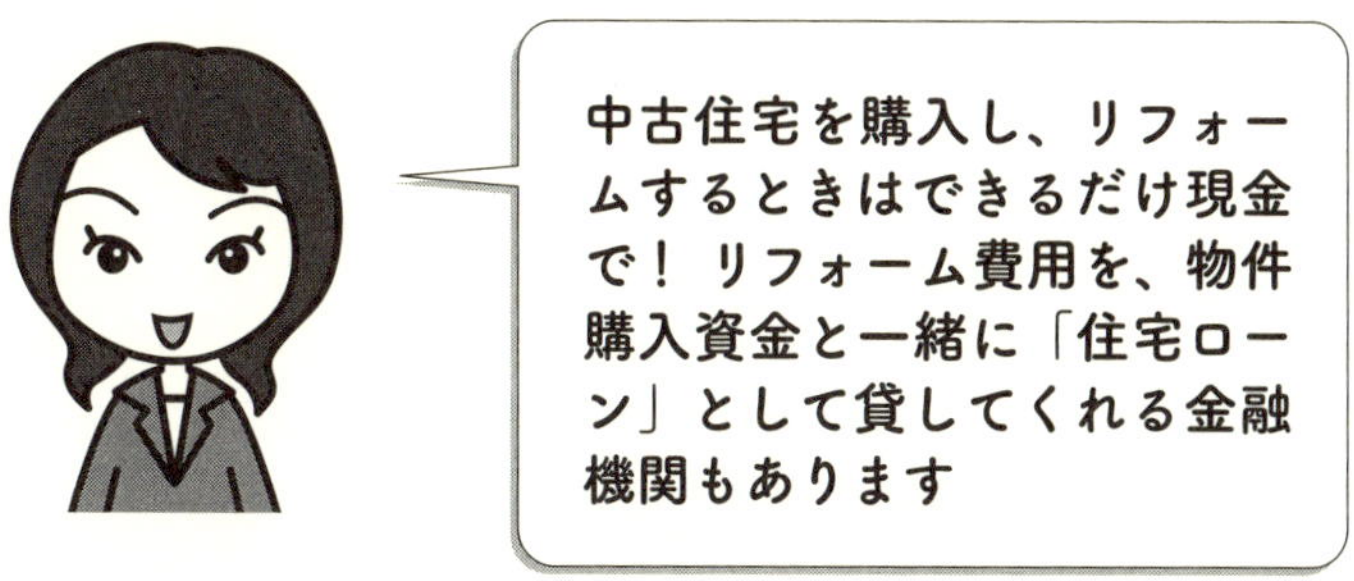

ません。工務店や大工さんに依頼する場合も同様で、3回くらいに分けて支払うケースが多いです。このように建て主が資金繰りを負担することになるので、自己資金で手当てできない限り、スケジュール管理と住宅ローン選びがことのほか重要になります。

建築資金の分割支払いのカギは銀行選び

建築途中の支払い分を住宅ローンで対応したい場合、頼れる銀行選びが重要。すべての銀行が対応できるわけではありませんし、対応できる分割回数や仕組みも銀行により異なります。HPにもパンフレットにも書いてないので、支店やローンセンターに問い合わせるのが一番でしょう。資金分割実行のローンには、店舗を持たないネット系の金融機関はおすすめしません。手続きが煩雑なので顔を合わせずにコールセンターやメールだけでスムーズな対応はむずかしいからです。**資金分割実行のローンは、ノウハウを持っている銀行、そして担当者でないと、借りる側が引き渡しまで大きなストレスを抱えることになります。**実際に銀行に足を運び、信頼できる担当者に出会えたところで決めるのがベストです。

「土地先行取得ローン」は店舗のある銀行で借りる

土地を購入して、そこに注文住宅を建てようと考えている人は、さらに全体のスケジュール把握が重要です（図5参照）。原則として、土地だけの購入には住宅ローンは使えませんが、土地購入後一定期間内に建物を建てるなら「土地先行取得ローン」という形で、住宅ローンが利用できます。ただし、取り扱う銀行は限られていますから、事前リサーチが必要です。土地を仲介した不動産会社に聞いてみるのも一法でしょう。

土地を先行取得する場合の注意点は、ローンを使うタイミングです。土地取得の際にローンを使わずに現金で購入し、自己資金が少なくなると、建物建築の資金繰りでお金が足りなくなる可能性が出てきます。これを防ぐためには、土地取得のときの住宅ローン割合を高め、建物建築の資金繰りのために現金を残しておきます。しかし、その場合、現在住んでいる住居の家賃を支払いつつ、ローンの返済も開始するので、家計のチェックもあわせて必要となります。

そもそも自己資金に余裕がない人は、「土地を買って、家を建てる」ことは資金繰り的に無謀だということを覚えておきましょう。165ページで「一戸建て建築」のローンの組み方を取り上げていますので、ご一読ください。

図5　契約スケジュールをチェック！【一戸建て注文住宅編】の一例

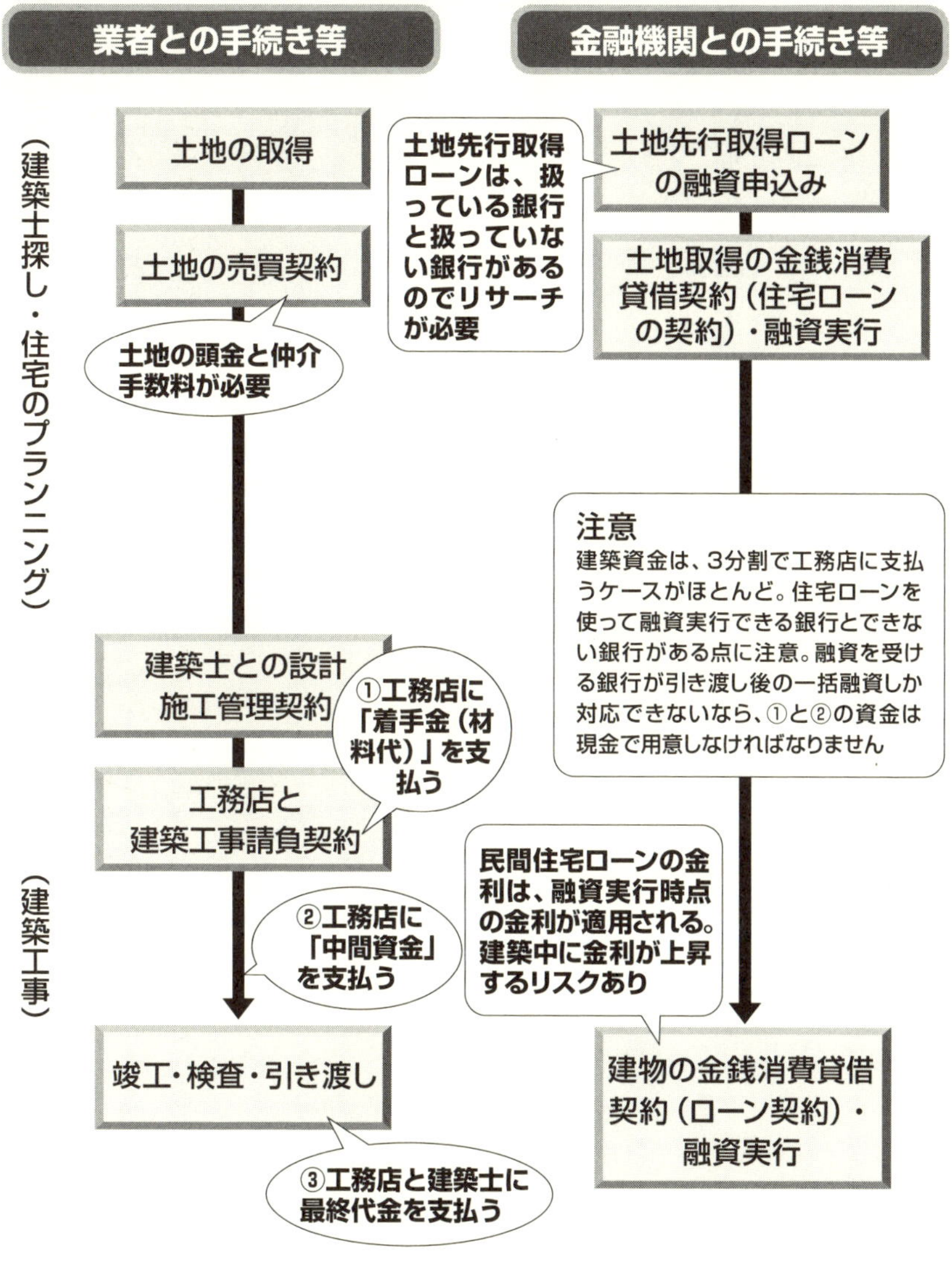
業者との手続き等
金融機関との手続き等
（建築士探し・住宅のプランニング）
（建築工事）
土地の取得
土地の売買契約
土地の頭金と仲介手数料が必要
建築士との設計施工管理契約
①工務店に「着手金（材料代）」を支払う
工務店と建築工事請負契約
②工務店に「中間資金」を支払う
竣工・検査・引き渡し
③工務店と建築士に最終代金を支払う
土地先行取得ローンは、扱っている銀行と扱っていない銀行があるのでリサーチが必要
土地先行取得ローンの融資申込み
土地取得の金銭消費貸借契約（住宅ローンの契約）・融資実行
注意
建築資金は、3分割で工務店に支払うケースがほとんど。住宅ローンを使って融資実行できる銀行とできない銀行がある点に注意。融資を受ける銀行が引き渡し後の一括融資しか対応できないなら、①と②の資金は現金で用意しなければなりません
民間住宅ローンの金利は、融資実行時点の金利が適用される。建築中に金利が上昇するリスクあり
建物の金銭消費貸借契約（ローン契約）・融資実行

◎ハウスメーカーの注文住宅のケース

ハウスメーカーで注文住宅を建てる場合は、中間金が必要なところと、そうでないところとでは対応が異なりますから、事前に確認することが大切です

住宅ローンの毎月返済額は「金利」「借入額」「返済期間」の3つで決まる!

住宅ローンで大事なのは総返済額をいかに少なくするか。毎月の返済額が少ないことが利息を少なくすることではない!

ローンの毎月返済額は、「金利」「借入額」「返済期間」の3要素で決まります。返済額は少ない方がラクなのですが、それだけに重点を置いてはいけません。支払う利息をいかに少なくするかが大切。そのためには**「低い金利」**で**「少ない金額を借り」**、**「短く返す」**のが基本です。

金利は低い数字ではなく「期間に対して割安な金利」を選ぶ

「低い金利で借りる」のがいいと書きました。現在0・625%の変動金利は確かに低いのですが、半年という短い期間だけしか金利を約束していないため、後々金利が上がると、結果的に「ソン」する可能性があります。それに対して10年固定金利は、執筆時点で1%前後。半年間しか約束しない変動金利と20倍の期間を約束する10年固定金利が0・3%程度の差ならかなり「割安」といえます。金利タイプ選びについては、次の62ページで詳しく解説します。

借入額は、単純に少ないほど支払う利息は少なくなります。**30代の世帯年収（600万~700万円）だと、借入額は3000万円までに抑えること。**3500万円、4000万円以上も借りると、60歳までに完済できない可能性が大きいからです。頭金を貯めてから購入する、物件予算を下げるなど、借入額を減らす手段を検討しましょう。世帯年収の高い共働きでも借入額は4000万円以内に抑えたいです。

「返済期間」は、長くすると毎月返済額は少なくてラクですが、トータルで支払う利息が増えるので注意。今、ラクを取ると老後が大変になるので、家計に無理のない程度に1年でも2年でも短くするように心がけてください。「このくらいなら返せるかな」と感覚的に決めるのではなく、購入後の家計を年間で予想したうえで、考えると失敗が少なくなります。

図6　金利、借入額、返済期間は「低・少・短」で

毎月の返済額を決める3つの要素

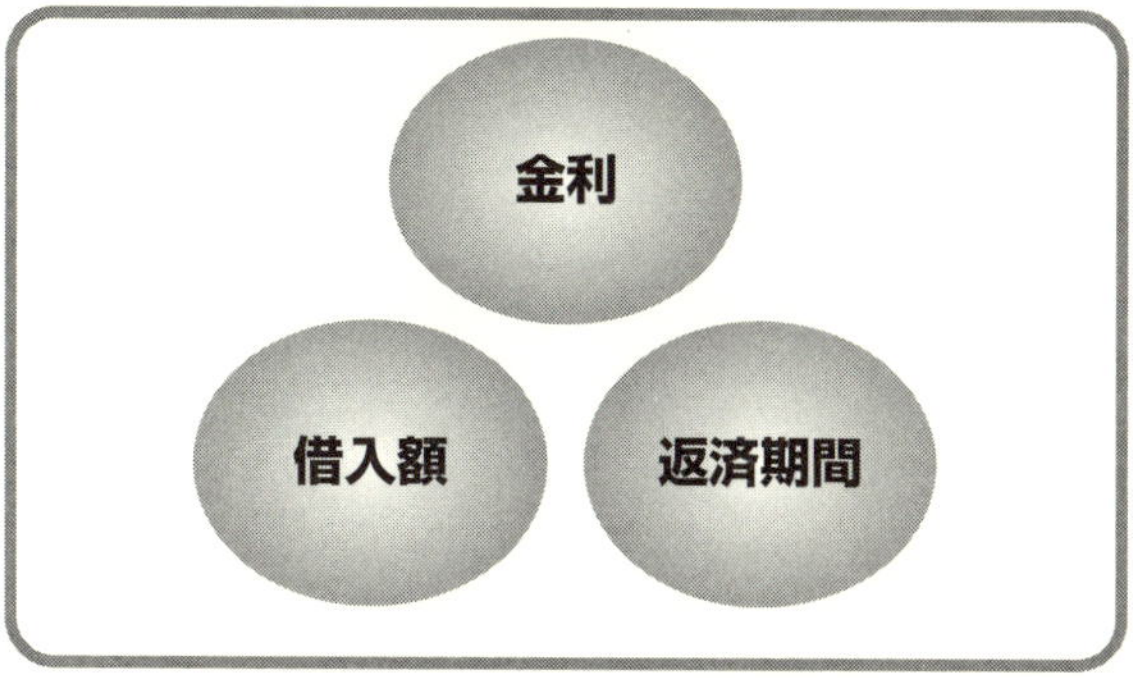
金利
借入額
返済期間

毎月の返済額が少ないと、買いやすいよね？
借入額が多いのに、返済額が少ないと、トータルで払う利息が多くなるのですよ！

支払う利息を減らすための返済額の決め方

- 金利→「数字が小さい」だけでなく「期間に対して割安な金利」である「10年固定金利」等を選ぶ
- 借入額→少ないほどよい
- 返済期間→長くするほど毎月は少ない返済額になるが利息が増えるので、「1年でも2年でも短い返済期間」にする。目安は「65歳－ローン返済開始年齢」

金利タイプを決める！

ローンの金利タイプは「全期間固定」か「10年固定金利」がオススメ

金利タイプは主に3種類。固定金利型でも5年や10年、35年と期間はいろいろ。おトクなタイプは全期間固定と10年固定！

住宅ローンの金利タイプは、返済期間中の金利があらかじめ決まっている「全期間固定金利型」、5年、10年など借り入れ当初の一定期間の金利が決まっている「固定金利選択型」、6ヶ月ごとに金利を見直す「変動金利型」の3種類です。

さらに「金利割引」の仕組みも知っておきましょう。ほとんどの銀行では住宅ローン金利の割引を行っています。銀行のHPや不動産広告に書いてある金利は「適用金利」といって、実際に借りる際の金利。これは「もとの金利（基準金利や店頭金利という）」から「金利割引」の分を引いたあとの金利です。基準金利は、景気など経済の動きによって上下し、金利割引は銀行のその時々の戦略が大きく影響します。適用金利だけではなく、**割引幅も合わせて比べてみることが大切です。**

今、10年固定金利が超割安！

現在、金利が低いのは「変動金利型」で、0・625％程度とかなりの低水準です（2018年12月現在）。

一方「全期間固定金利型」は、30年以上の長い金利を約束するため、6ヶ月しか金利を約束しない変動型に比べると、高く見えますが、執筆時点では1・6％前後と歴史的に見てもかなり低い水準で魅力的です。

「固定金利選択型」のなかでも1％前後の「10年固定金利」は、とても魅力的。図7にあるように変動金利型に比べて割引幅も大きく、金利を約束する期間も長い。つまり、**「期間に対して割安」ということですね。**

どこの銀行でも扱っているため競争が激しく、金利割引の幅が拡大しています。変動金利とほぼ同じ金利なら10年固定の方が魅力的。安心もおトクも両方とれます。**今なら、10年固定か全期間固定がオススメです。**

図7　住宅ローンの金利割引の仕組みを知る

適用金利だけでなく金利割引幅も合わせてチェックしよう

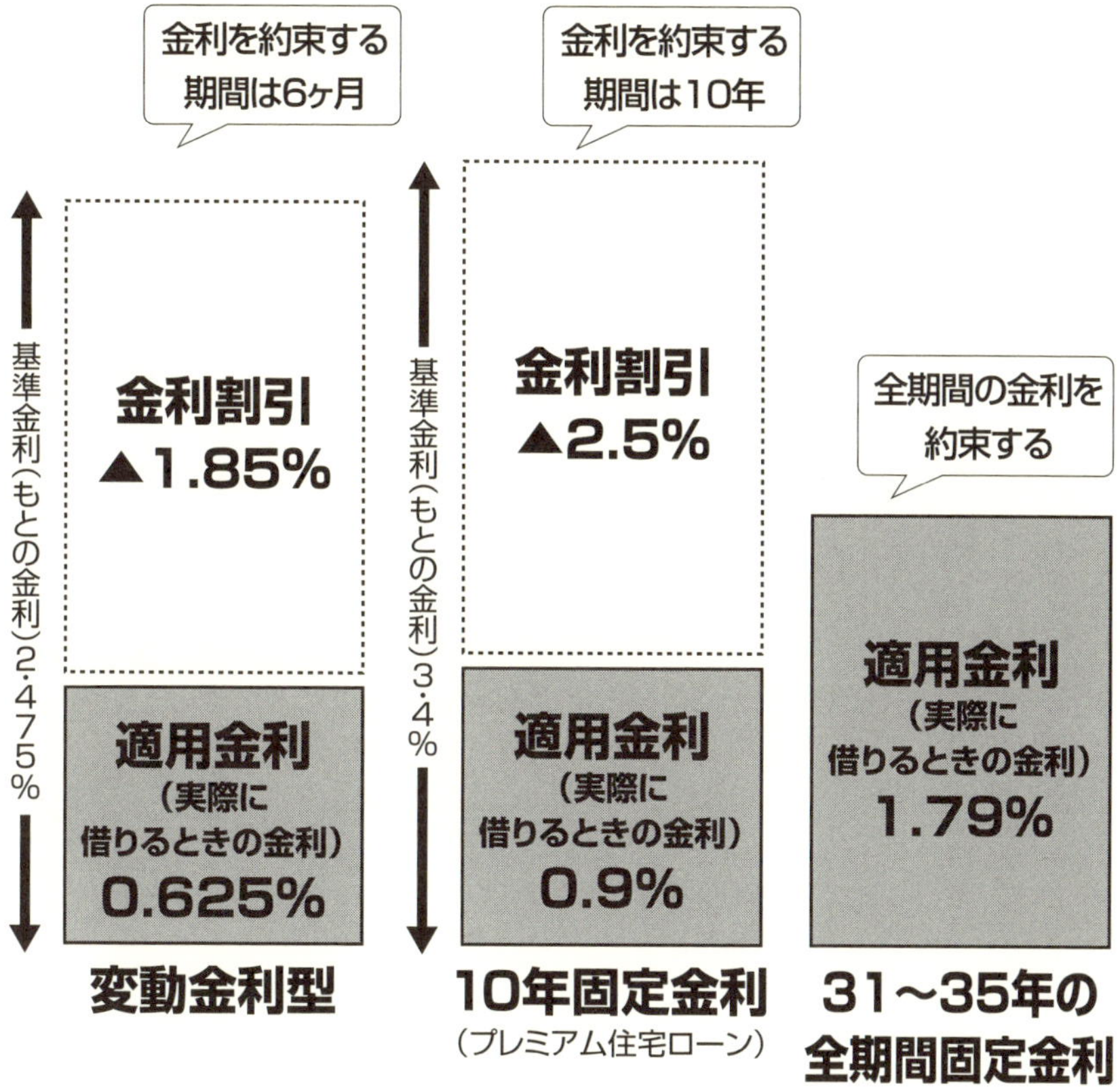

※2018年12月の三菱UFJ銀行の例

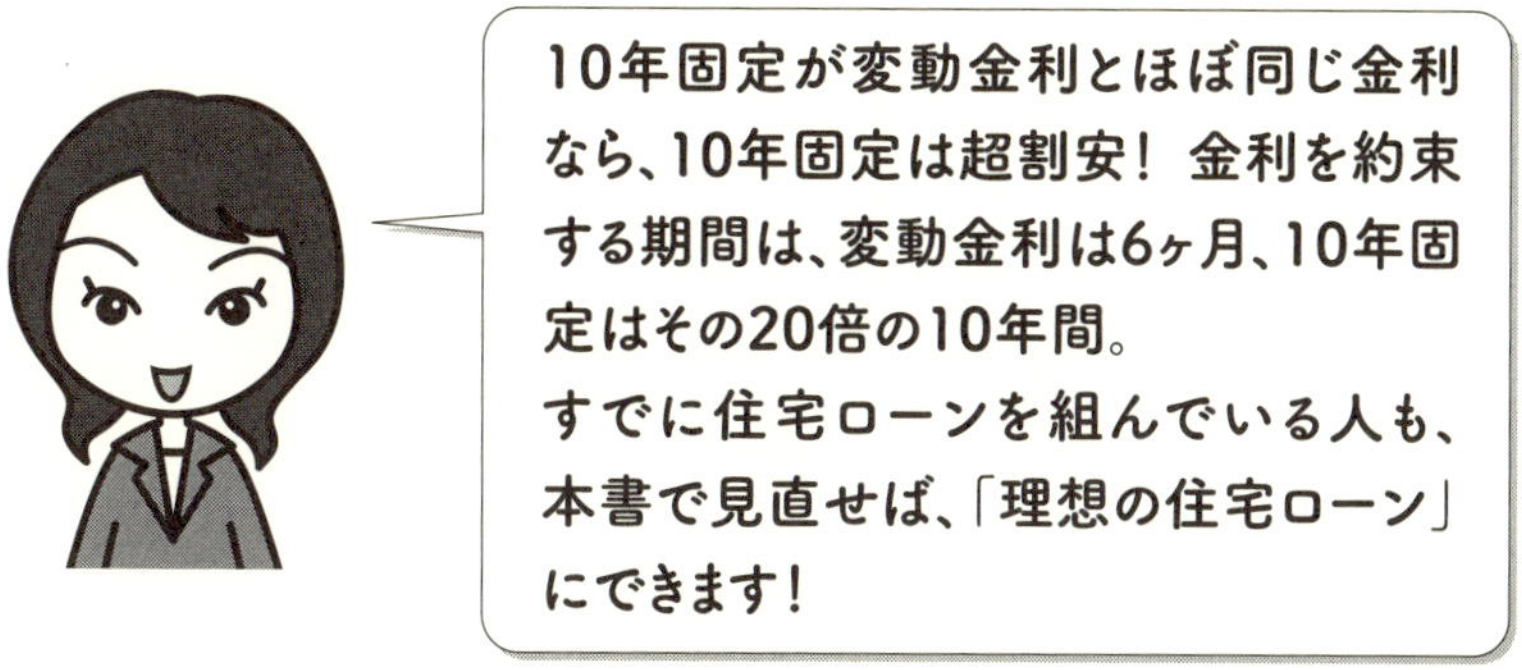

老後の安心を確保

老後貧乏を防ぐには、「定年までに完済」が理想。返済期間は長くても「65歳まで」にする！

定年以降、必ず収入はダウンする。だから、60歳完済を目指す。

定年以降は「収入ダウンの崖」が2回ある！

「老後の安心」と「住宅ローンの返済期間」は密接な関係があります。モデルルームなどでは最長の35年を提案されますが、35歳で借りたとしても完済は70歳。長すぎます。

老後に大きな負担を残さない返済期間は「65歳−ローン返済開始年齢」で求めましょう。**ローン契約時は65歳までのローンを組み、貯蓄をしながら60歳完済を目指すのが老後貧乏を防ぐためのプラン**です。

図8のように定年以降は「収入ダウンの崖」が2回あります。定年後、65歳まで再雇用で働いたとしても、給与は50代の3分の1程度にダウンすると思っていたほうがいいでしょう。

そして65歳から年金だけの生活になると、収入はもう一段階ダウンし、200万～240万円程度になります。住宅ローン返済がなかったとしても家計収支は赤字になるケースがほとんどです。

退職金は年金収入を補完する老後資金として取っておくべきで、ローンの一括返済に大半を使ってはいけないことをしっかりと覚えておいてください。

70歳までのローンを組むと返しきれない！

マイホームを購入する際、ほとんどの人は「毎月の返済額」だけで買えるか買えないかを判断します。

たとえば、モデルルームで提案されたプランの返済額が「毎月10万円」だとします。家賃並みで無理なく返せそうに思えますね。

しかし、毎月10万円前後の返済額で70歳までの返済額にすると、60歳時点でおおむね1000万円以上のローンが残ります。子どもの教育費を捻出しながら、

図8　60歳以降は「収入ダウンの崖」が2回ある

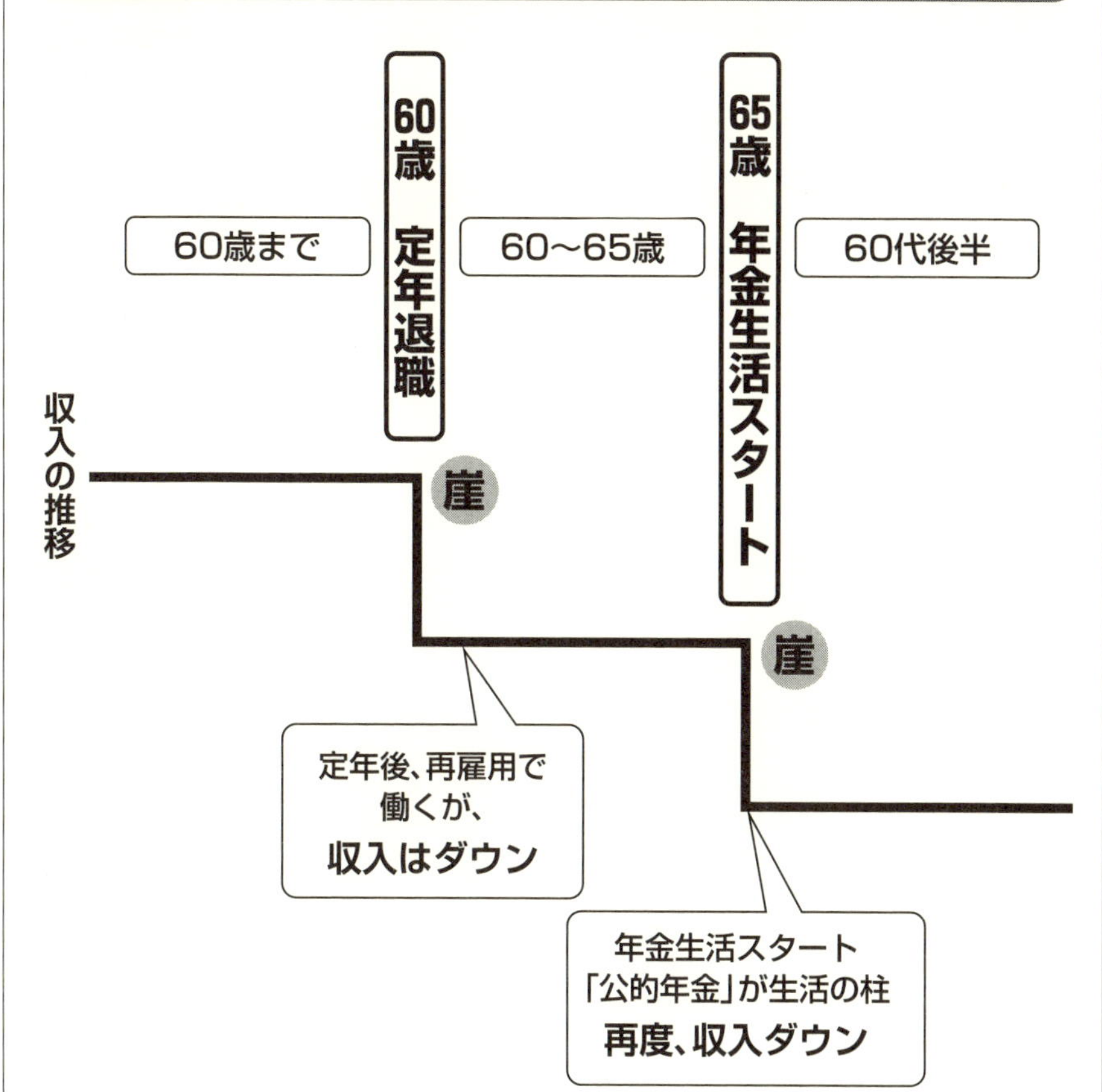

60歳までに返済し終えるのは容易なことではない金額です。

「毎月返済額」だけに目を向けて判断すると、「いくら借りるのか」「いつまで返済が続くのか」という視点が抜けてしまう落とし穴があるのです。

一方、同じ月10万円の返済で65歳までの返済期間にすると、60歳時の残高は約600万円。このくらいの金額なら、貯蓄や退職金の一部でなんとか60歳で完済できそうですね。

ですから、返済期間は長くても65歳まで。借りようと思った金額を65歳完済の返済期間で計算すると毎月の返済額が多くなりすぎる結果になったら、それは「借入額が身の丈以上」というシグナルです。物件の予算を見直したり、頭金を増やしたりと、冷静になって資金プランを再考する必要があります。

将来を予測してローン2本組

金利や期間を組み合わせる「ミックス返済」を活用してラクラク返済

「金利」や「期間」をミックスしてローンを2本に分けるメリットとは「1本を先に完済できる」こと

住宅ローンを金利や返済期間を組み合わせて「2本組む」方法があります。2本になると、印紙税などの諸費用が多少かさみますが、メリットを考えると利用価値大。ローンを借りる人が1人でも、共働きで2人でも有効な方法です。

たとえば、図9のように全期間固定金利を2000万円、10年固定金利を1000万円借りて、繰上げ返済する際は、少なく、短く借りた10年固定金利のほうを積極的に返していきます。

仮に子どもたちの教育費のピークが15年後とすると、その時期までに10年固定を返し終えると、残りは1本。教育費の増える時期に毎月の返済額が少なくなるのはありがたいですね。残りが全期間固定だけですから、返済額アップの心配もなくなります。

家計が苦しくなりそうな時期をラクに乗り越えるための「ミックス返済」

片方のローンを集中的に繰上げ返済することで、家計が苦しくなりそうな時期の前に1本完済させてしまうことが「ミックス返済」のメリットです。60歳以降まで続くローンで、60歳までに全額を繰上げ返済するのが難しそうなら、2本に分けて片方だけでも60歳までに返済し終えるプランを取るといいですね。

「ミックス返済」の上手な活用法は、片方のローンを繰上げ返済で早めに完済しやすいように金額を少なく借りることです。また、10年固定を2本、もしくは全期間固定を2本というように、同じ金利タイプを組み合わせる方法もアリです。

銀行によっては、複数ローンを組んだとき返済期間を別々に設定できるところもあります。前述の全期間固定で2000万円、10年固定で1000万円借りる例なら、全期間固定を30年返済、10年固定を20年返済のように「期間ミックス」するのもいいでしょう。

図9　金利や期間を組み合わせれば「いいとこ取り」ができる！

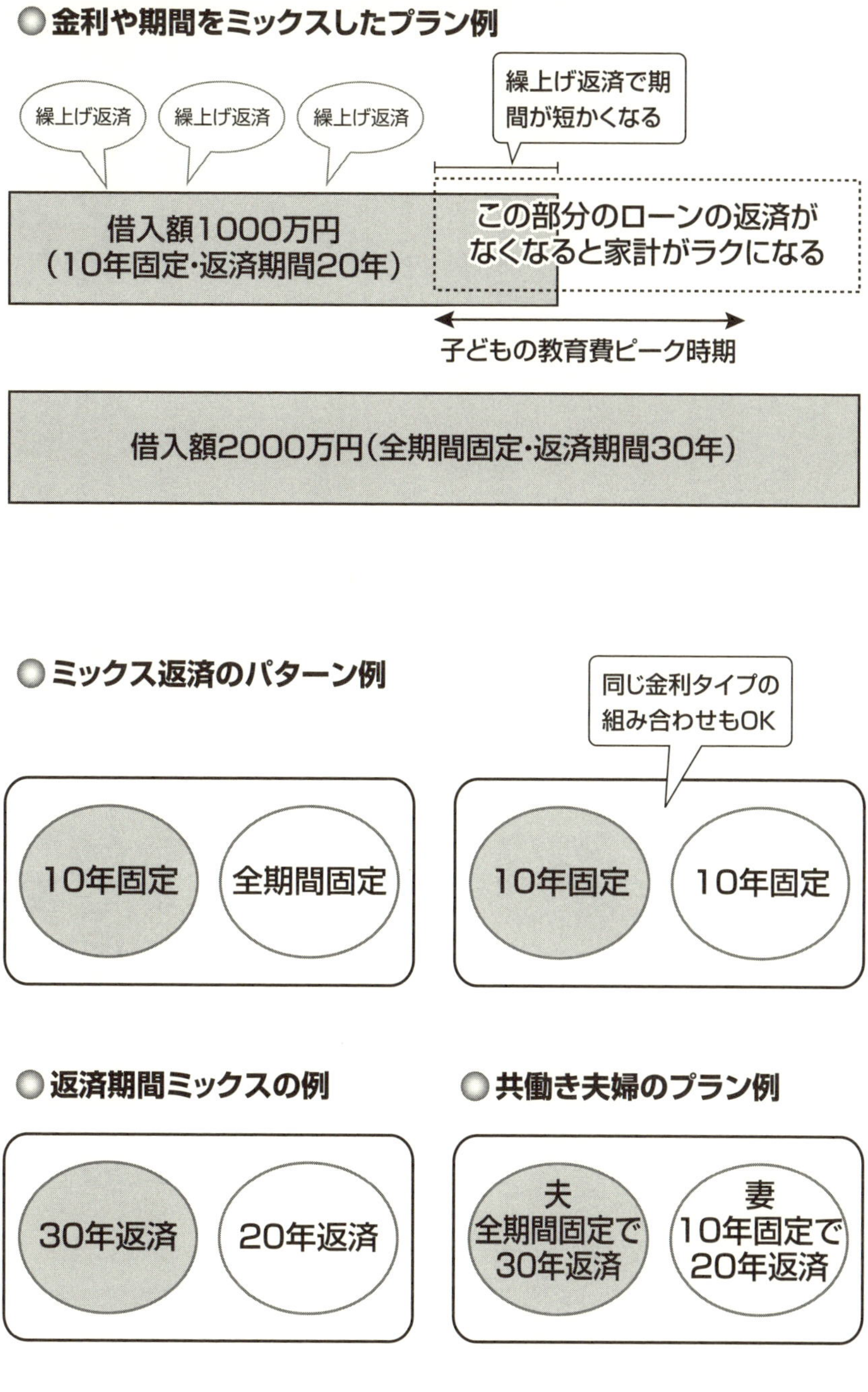

自分に合った額がわかれば将来も安心！「無理のない返済額」はこうして見つける

頭金の有無、貯金グセがあるかどうかで、毎月どのくらい返済できるか＝どのくらい借りられるかがわかる

「家賃並みの返済額で〝買える〟と思ってはいけない」と繰り返し述べてきました。住宅ローンの長い返済期間を無理なく返していける返済額は、「ローン以外の住居費（固定資産税、火災保険料や地震保険料、マンションなら管理費・修繕積立金）」や、購入後の「年間貯蓄額」を差し引いて見つけます。

まず、現在の年間家賃と1年間に貯蓄している額を足します。家賃が月額12万円、年間貯蓄額が100万円なら、合計は244万円です。ここから「ローン以外の住居費」を引きます。物件や地域によって異なりますが、予算を考える段階では、マンションなら年間40万～50万円、一戸建てなら15万～20万円程度を見積もっておきましょう。ここでは、マンションを例に50万円差し引きます。

マイホーム購入後の貯蓄額は少なくとも年間50万円、共働きなら70万～100万円が目安です。最低限このくらいの貯蓄をしないと、不測の事態が起こったとき家計は簡単に赤字に転落するからです。

この2つを引いた残りが「無理のない返済額」の目安で、購入後の貯蓄額を年60万円とすると、年間返済額は134万円となり、ボーナス返済をしないなら、1ヶ月あたり約11万円となりました。現在の家賃より少ない金額ですね。

今まで貯蓄してなかったら、返済額はわずかになる

頭金作りをせずに、年に30万円しか貯蓄していなかったケースを図10の計算式に当てはめてみると、無理なく返済できる額は年40万円という結果に……。マイホームを購入するために頭金を貯める期間があったことは、購入後の家計に余力を生みますし、ローンを順調に返していくトレーニングにもつながるのです。定期的に貯蓄をしてこなかった人は、購入時期を先に延ばすことも検討しましょう。

図10　無理のない返済額はこうして見つける

無理のないローン返済額の見つけ方

現在の年間家賃
12万円×12＝
144万円

＋

現在の年間貯蓄額
（ボーナス込み）
100万円

＝ **(A)**
244万円

(A)
244万円

－

ローン返済
以外の
年間住居費
50万円

管理費・修繕積立金・固定資産税、火災保険料・地震保険料など

－

購入後の
年間貯蓄額
60万円

少なくとも
年間50万円を
貯めよう

＝

年間返済額の
目安
134万円

意外に少ない
金額となる

1ヶ月あたり
約11万円が
無理のない返済額

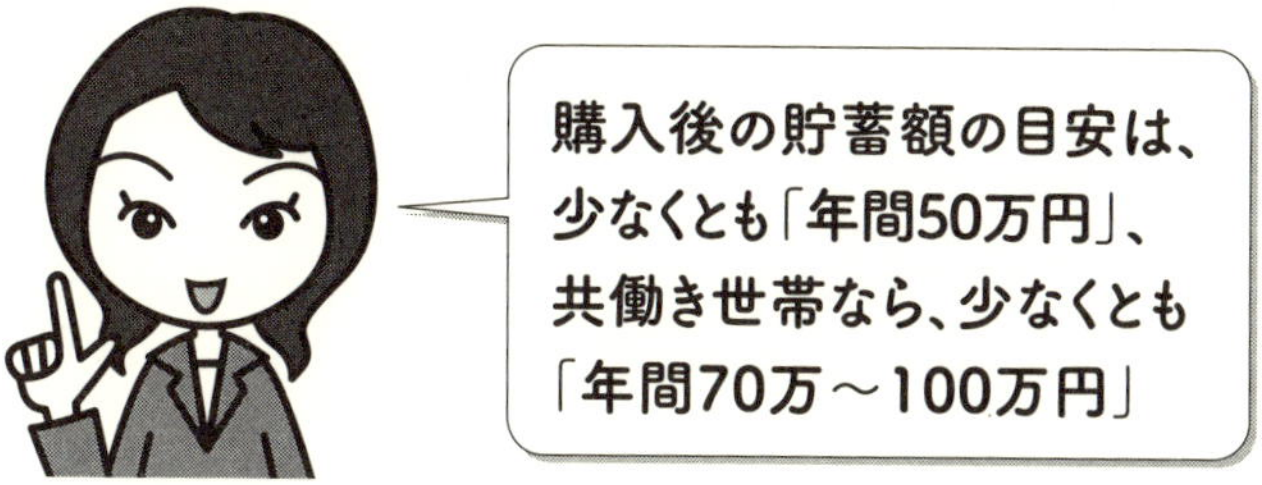
購入後の貯蓄額の目安は、少なくとも「年間50万円」、共働き世帯なら、少なくとも「年間70万～100万円」

無理のない返済額から、買える物件の価格がわかる！

無理のない返済額がわかったら次はそれをもとに、いくらの物件だったら買っていいかを計算

「えー、自分で考えていたより、1000万円も少ない！」という結果の人も多いはず。モデルルームのプランは「家賃並みの返済額」「貯蓄額を考慮しない」「1％未満の変動金利」「どんな年齢でも35年返済」で試算するため、4000万円以上も借りられることになるのです。**でも、4000万円は「借りすぎ」です。**本書の目標は、読者のみなさんが望む暮らしを実現しながら、滞りなく返済を続け、60歳以降の生活に負担の残らないローンを組むことです。厳しい話も出てきますが、フォローもしますので、どんどん読み進めていってください。

長い目で見ると、そのときの全期間固定の金利以上で考えるのが安心です。

返済期間は、「60歳－現在の年齢」がベストですが、そうすると毎月の返済額が多くなり、厳しくなるケースがほとんど。その場合は、65歳までの年数を返済期間としてみましょう。

左の例では、無理なく返せる借入額は、約3191万円となりました。無理なく返せる借入額に頭金を足したのが買える物件価格の目安です。頭金が800万円用意できるなら、安心して買える物件価格はローンと合わせて約3991万円となります。約4000万円ですね。

安心して買ってもいい家はいくら？

68ページで無理のない返済額がわかりました。それをもとに「無理なく返せる借入額」と「物件価格の目安」を計算してみましょう。

計算式は図11の通りで、「借入額100万円あたりの年間返済額」は、下の表から想定金利と返済期間がクロスした数字を入れます。金利も返済期間も「仮置き」で結構ですが、いくつかのパターンで試算してみることをオススメします。金利は低めに見ると、「借りすぎ」を引き起こすので、1・6％と仮定します。

図11　安心して買える物件は予想とは1000万円も違うことも

無理なく返せる借入額の見つけ方

下表参照
「想定金利」と「返済期間」がクロスした数字を入れる

無理なく返済できる金額の目安（年額）
69ページより134万円

÷

借入額100万円あたりの年間返済額
（30年返済・金利1.6％）
4万1988円

× 100万円 ＝

無理なく返せる借入額（B）
約3191万円

物件価格の目安は?

無理なく返せる借入額（B）
約3191万円

＋

頭金
800万円

＝

購入できる物件価格の目安
約3991万円

ネットでも試算できるけれど
自分でも計算してみよう!

借入額100万円あたりの年間返済額（元利均等返済、単位円）

	20年	22年	25年	27年	30年	33年	35年
0.50%	52,548	48,000	42,552	39,600	35,892	32,868	31,140
0.70%	53,592	49,056	43,608	40,656	36,960	33,936	32,220
0.90%	54,648	50,112	44,676	41,724	38,040	35,028	33,312
1.00%	55,176	50,652	45,216	42,276	38,592	35,580	33,864
1.20%	56,256	51,732	46,308	43,368	39,708	36,708	35,004
1.40%	57,348	52,836	47,424	44,496	40,836	37,848	36,156
1.60%	58,452	53,952	48,552	45,624	41,988	39,012	37,332
1.80%	59,568	55,080	49,692	46,788	43,152	40,200	38,520

60歳までにローン完済！

ローンは定年までに完済を目指す！借りる前に60歳時残高をチェック

退職金をできる限りアテにせず、住宅ローンを60歳までに完済できるかどうかが、老後の安心のカギに！

今の30代は年金支給が65歳から。60歳以降にローンが残るのは不安

老後の生活のベースとなる公的年金の満額支給開始は65歳からです。60代前半も働いたとしても、50代のときに比べると収入ダウンが予想されるので、退職金をできる限りアテにせず、住宅ローンを60歳までに完済できるかどうかが、老後の安心のカギとなります。

実際にローンを借りる前に、70ページで算出した「無理なく返せる借入額」の60歳時残高をチェックしておきましょう。

60歳時残高は、電卓で計算することができないので、インターネット上のシミュレーターが便利です。個人情報は送信されないのでご安心を。

74－75ページにみずほ銀行のシミュレーション画面を載せています。返済額や諸費用も試算できるので活用してください。借入額や返済期間の入力画面に数字を埋めていき、誕生日を入力すると、60歳時残高が試算できます。固定金利終了後の金利は少し高めに2％程度に仮置きしておくといいでしょう。

返済期間は長くても65歳までとするのが安心です。月々の返済額が10万～12万円程度で65歳までのローンなら、60歳時の残高は、600万～700万円くらいとなります。これを60歳までに完済するプランを考えます。

たとえば、35歳で借り、60歳時点での残高が700万円なら、2年に一度50万円前後を繰上げ返済すると、60歳までに完済できる見通しができます。

ただし、子どものいる人は、昨今の大学進学費用の高騰に備え、教育資金作りを優先します。子ども一人につき300万円を18歳になるまでに貯めるのが目安。教育資金が用意できたタイミングか、子どもの卒業以降に繰上げ返済は実行します。

図12 60歳時のローン残高を知って、計画的に完済を目指す

①当初は65歳完済で組む

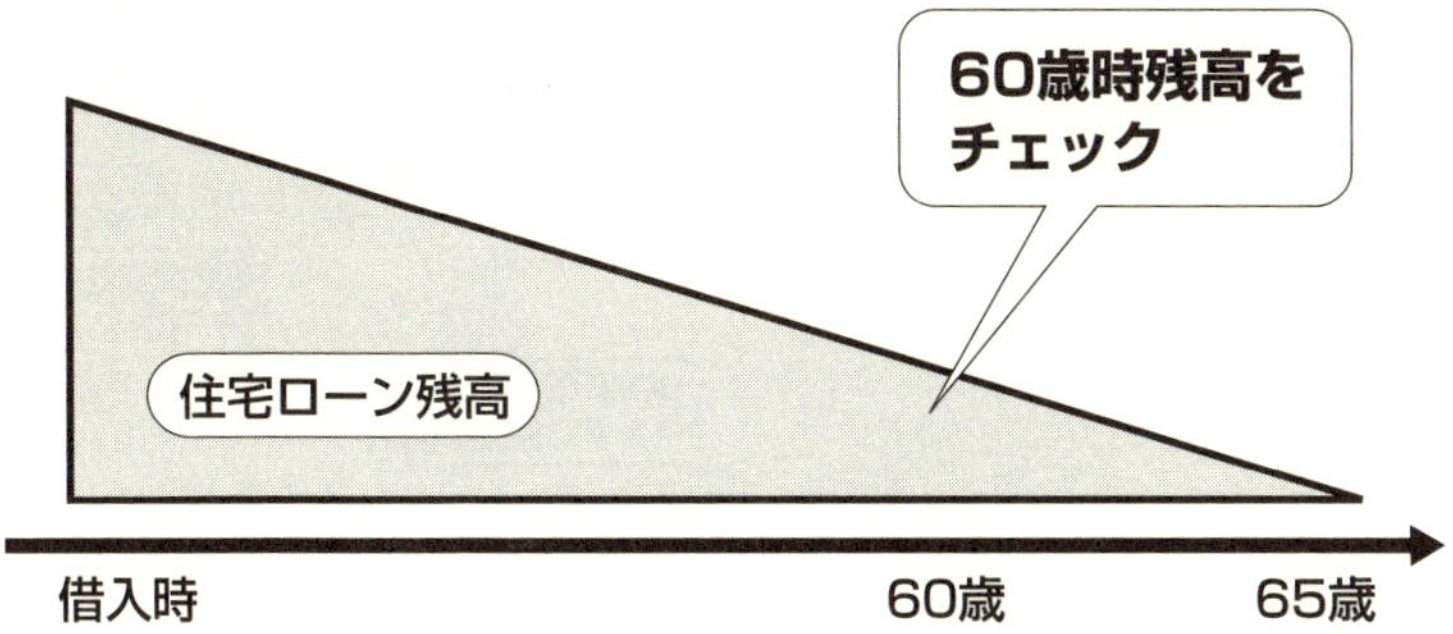

②計画的に繰上げ返済して60歳完済

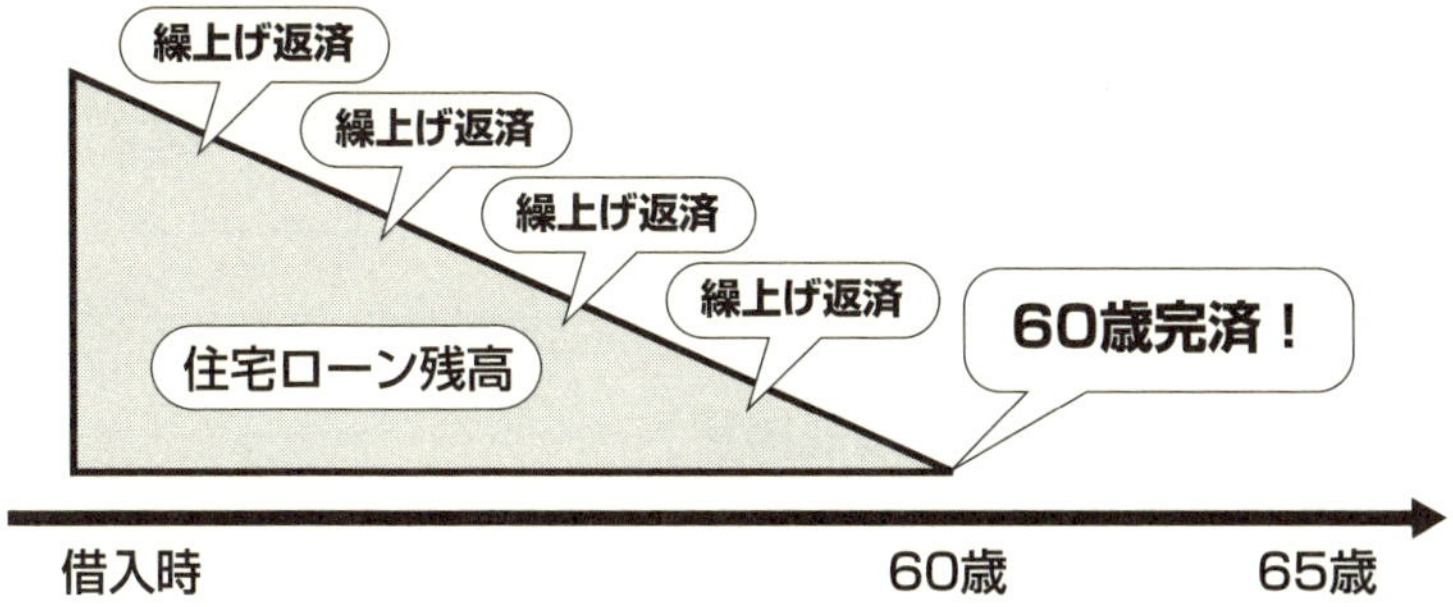

子どもがいる人は、教育資金作りを優先しましょう。
繰上げ返済したつもりで、お金を貯めていくといいですね。
プランの立て方は第5章の198ページをご覧ください。

❷ 試算結果（返済額）

返済額試算

■シミュレーション結果

お借入期間	お借入金利	毎月のご返済額	ボーナス月のご返済額	年間のご返済額	総返済額
1年～10年目	0.900%	95,120円	95,120円	1,141,440円	
11年～30年目	2.500%	110,669円	110,669円	1,328,028円	37,974,960円

残高推移表を見る

60歳時残高はここを押す。結果は❹

❸ 試算結果（住宅ローンにかかる諸費用の概算額）

■諸費用

抵当権設定関係費用	65,530円	登録免許税等、抵当権の設定に関して司法書士へお支払いいただく金額の概算です。 登録免許税については、住宅の新規取得時に一定の条件で適用される軽減税率である1/1000で計算しています。 なお、軽減税率の対象外の場合や、既存住宅ローンのお借り換え等の場合は4/1000が適用されるため、計算結果とは大幅に異なることがございます。
保証会社事務手数料	32,400円	ローンのお借り入れに関する保証会社の事務手数料です。
保証会社保証料	574,110円	保証会社にお支払いいただく保証料です。
印紙税	20,000円	ローンの契約書に関する印紙税です。
固定金利手数料	10,800円	当初の金利を固定金利にされる場合の手数料です。
合計	702,840円	

諸費用もわかって便利！

❹ 試算結果（将来のローン残高推移）

残高推移表　❷より

年月	あなたの年齢	ローン残高	ご家族の年齢1	ご家族の年齢2
2019年3月	35歳	30,000,000円	－	－
2024年3月	40歳	25,544,955円	－	－
2029年3月	45歳	20,884,932円	－	－
2034年3月	50歳	16,597,463円	－	－
2039年3月	55歳	11,739,704円	－	－
2044年3月	60歳	6,235,872円	－	－
2049年3月	65歳	0円	－	－

返済期間を2～3年短くして再試算してみると60歳時残高はもう少し減る

金融機関HPの「住宅ローン返済シミュレーション」を活用しよう

インターネットで「住宅ローン　シミュレーション」などと検索すると、たくさんのサイトが表示されますが、ダウンロードするタイプだとウイルスが心配ですし、何より正確な結果が出るシミュレーターかどうかがわからないかと思います。一般的に金融機関のものなら、安全性、信頼性が高く、そのなかでも使い勝手がいいものをご紹介します。借入額・金利・返済期間を入力すると、毎回の返済額や60歳時残高を試算することができますし、諸費用の概算も知ることができます。

みずほ銀行のシミュレーターを使ってみる

みずほ銀行の「ローンシミュレーション」
（住宅ローンのページの中にあります）
http://www.mizuhobank.co.jp/cgi-bin/loan/payment_top.cgi

① 条件入力

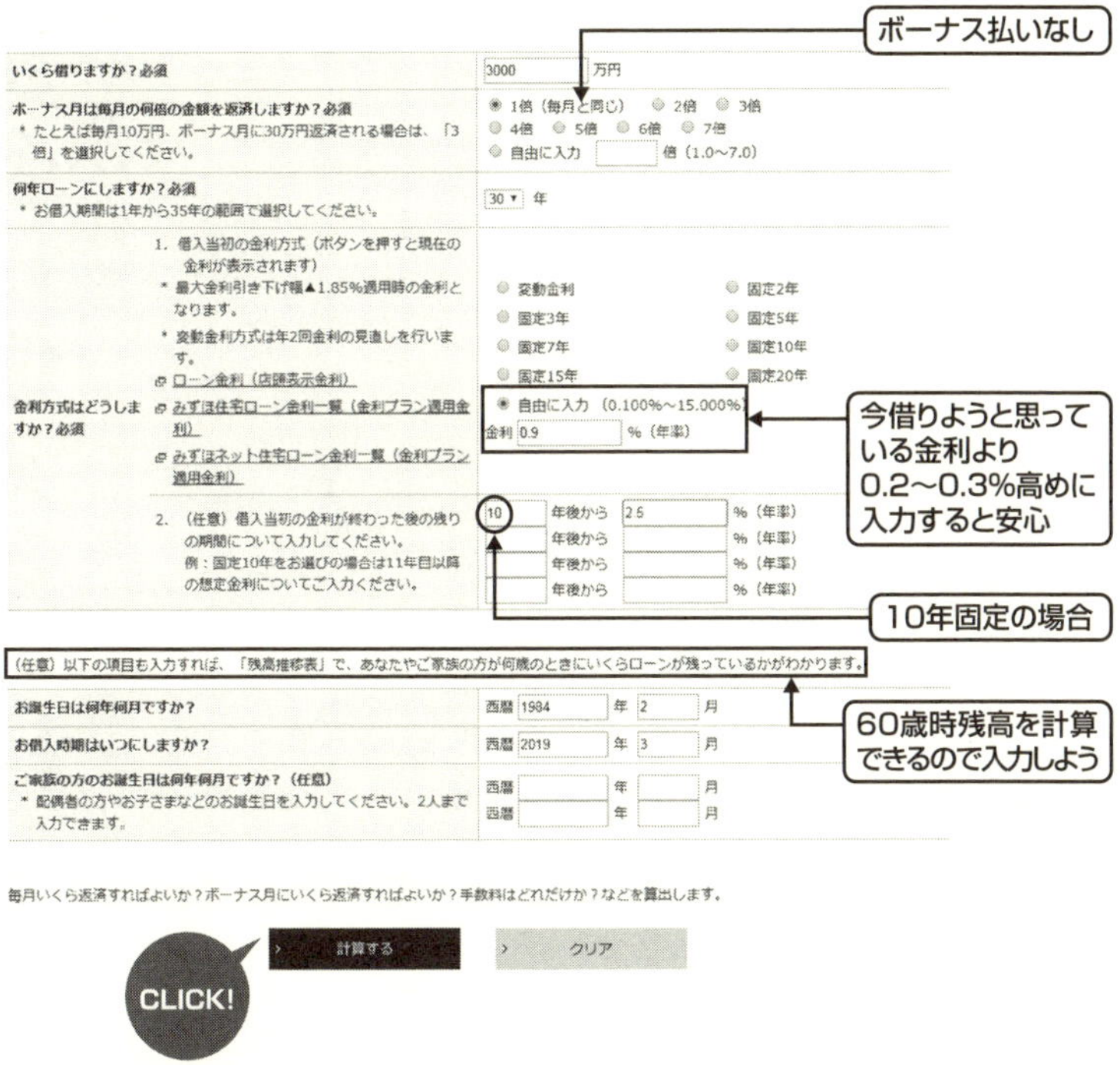

自己資金はいくら必要？

「貯金の全額＝頭金」ではない！ 1000万円あっても頭金に使えるのは半分

多ければ多いほどいい頭金ですが、貯金全額を頭金にできると思うのは間違い。諸費用も含めると使えるのは？

頭金について「今ある貯蓄額が頭金に回せる金額」と勘違いする人が少なくありません。仮に1000万円の貯蓄があっても、頭金として使えるのは、半分くらい。家を購入するには、登記費用やローンの保証料などさまざまな諸費用がかかります（詳しくは78ページ）。目安は、新築なら引っ越し代も含めて、物件価格の5〜7%、中古の場合は仲介手数料がかかるため10%程度です。

4000万円の新築物件なら、200万〜280万円程度、中古なら400万円程度ということ。結構な金額ですね。また、新築一戸建てのケースでは、地鎮祭や上棟式の費用を見積もる必要がありますし、水道引き込み・外構工事費用が別途かかることもあります。これらの費用が当初の見積もりに含まれているかどうかを、窓口となるハウスメーカーや工務店によく確認しましょう。まとまった金額になるため、後になってからでは現金の工面に苦労することになります。

イザというときの貯蓄を200万円は確保する

さらに、給与ダウン、失業、家族の病気など「イザというとき」に備えた貯蓄も確保しておかなくてはなりません。家計の状況にもよりますが、**少なくとも200万円は残して**おきましょう。諸費用を工面したら、頭金はゼロ、イザというときの貯蓄は100万円もないという人は、購入時期を先に延ばして、自己資金を貯めなくてはなりません。

新築マンション購入にあたって、貯蓄が1000万円あっても、諸費用が200万〜280万円かかり、イザというときの貯蓄200万円を差し引くと、頭金に充当できるのは500万〜600万円ということですね。両親から資金援助を受けられるラッキーな人は、その金額を頭金に回すことができます。

図13 「貯金額＝頭金」ではない

頭金はいくら用意できますか？
（貯蓄が1000万円貯まったから…）1000万円です
それは違いますよ

● たとえば、4000万円の新築マンションを購入する場合、1000万円のうち頭金に回せる金額は？

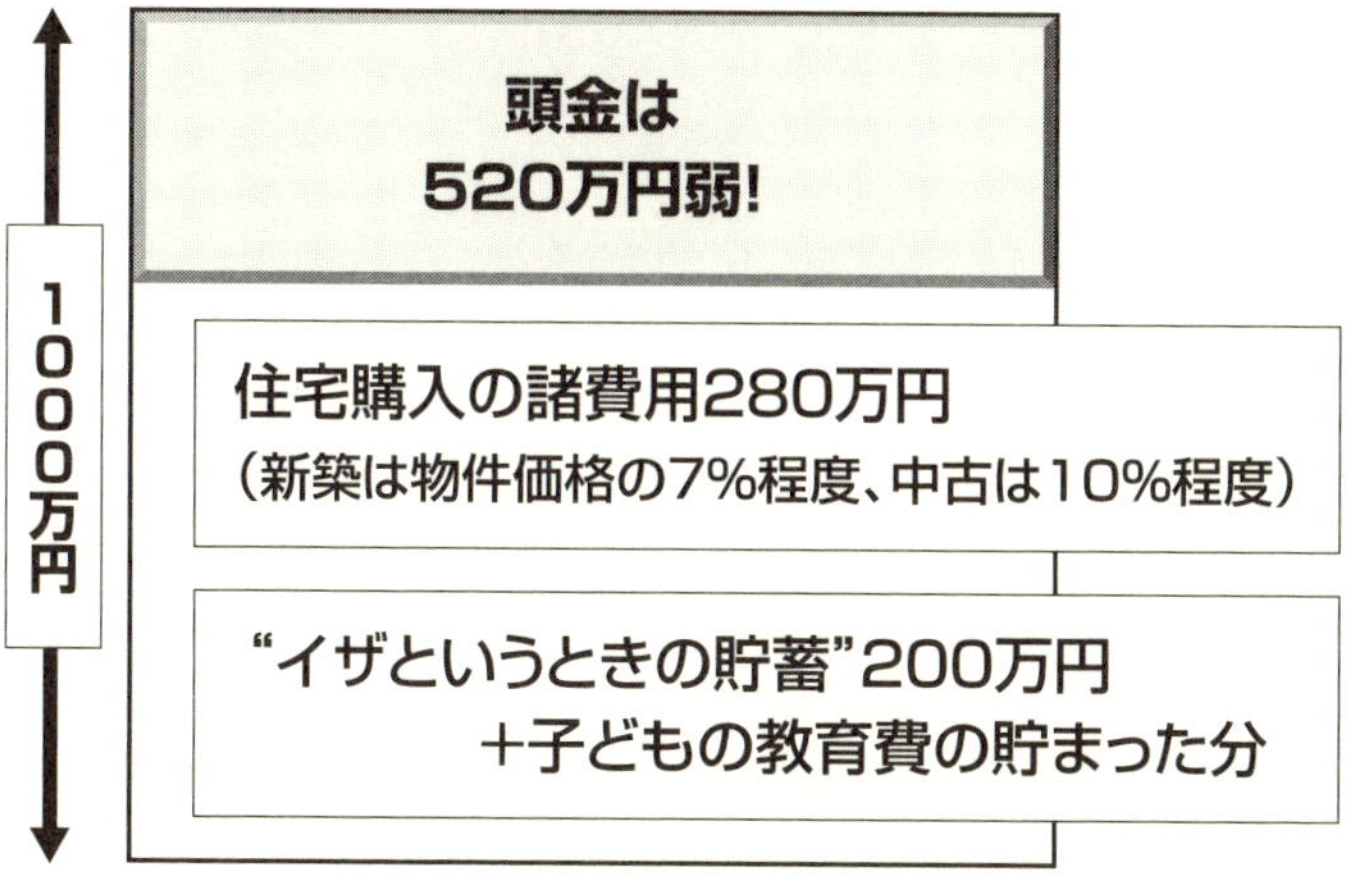
頭金は520万円弱!
住宅購入の諸費用280万円
（新築は物件価格の7%程度、中古は10%程度）
“イザというときの貯蓄”200万円
＋子どもの教育費の貯まった分
1000万円

諸費用ってどんなもの？

物件価格の最大10％かかる諸費用は現金で用意する

家を買うには、購入代金以外にも「諸費用」がかかる。中古の場合は10％もかかる場合もあり、それも用意！

家の購入代金以外にかかる「諸費用」は、現金で支払います。「諸費用ローン」もありますが、借入額をさらに増やすだけですから、利用してはダメ。諸費用すら貯まっていないなら、購入を先延ばししないと、将来が不安です。

さて、諸費用には図14のようなものがあり、「家を買うことでかかる費用」、「住宅ローンを組むことでかかる費用」、「その他」に分けられます。前述のように、引っ越し代・家具購入費用等も含めて、**新築なら物件価格の5〜7％、中古の場合は仲介手数料がかかるため10％程度が目安。**おもな費用は図14にまとめましたが、不動産会社から受け取った一覧表で内容が不明な費用については、販売担当者に尋ねてみてください。

節約したいなら、火災保険は自分で比較検討などの方法も！

不動産会社が損害保険の代理店をしていると、その会社から火災保険や地震保険の加入を勧められるかもしれませんが、自分で補償を吟味し、割安にインターネットで契約できる保険もあり、そちらをオススメします（174ページ参照）。

諸費用一覧表の中に「住宅ローン取り扱い手数料」なるものがあったら、ちょっと注意。ローン申込みを不動産会社に任せるための手数料で、3万〜10万円＋消費税の例がありますが、自分で住宅ローンを選び、申し込めば支払わずに済ませることもできます。住宅ローンは、不動産会社が勧める銀行のローン（提携ローン）を借りなくてはいけないと思っている人も多いのですが、そんな決まりはなく、自由に選んでいいのです。**自分で手続きすれば、「ローン取り扱い手数料」（図14参照）は払う必要はありません。**

似たもので「ローン事務手数料」がありますが、これは銀行等に払うものでローンを組むなら必ずかかります。

図14　諸費用は新築だと物件価格の5〜7％程度、中古は10％程度が目安

「家を買う」ことでかかる費用

- 契約書に貼る印紙代
- 不動産登記等にかかる費用（登録免許税、登記費用、司法書士報酬等）
- 注意 マンションの修繕積立金基金（50万〜70万円の一括払いのケースもあるので心づもりを）
- 中古物件なら仲介手数料（{物件価格×3％+6万円}＋消費税）
- 注意 不動産取得税（入居してから忘れた頃に納付書が送られてくるので注意）
- 注意 火災保険料・地震保険料（不動産会社経由での契約は勧めない。詳しくは174ページ）

「住宅ローンを組む」ことでかかる費用

- ローン事務手数料（銀行や銀行系列の保証会社に支払う）
- 注意 ローン取り扱い手数料（不動産会社に支払う。銀行に直接ローンを申し込むなら、払う必要がないお金。3〜10万円+消費税）
- 契約書に貼る印紙代
- 抵当権を登記するためにかかる費用（登録免許税、登記費用、司法書士報酬等）
- ローンの保証料（保証人に代えて保証会社に保証を付けてもらうときに払うお金。保証料がかからない銀行もある）
- 「フラット35」の場合は、団体信用生命保険料の初年度分（銀行ローンは団信保険料を銀行が持つのでかからない）

その他

- 引っ越し費用や家具購入費用
- 注意 新築一戸建ての場合は、地鎮祭・上棟式の費用、水道等の引き込み工事費用等は、意外に金額がかさむので心づもりを
- 建て替えの場合は、仮住まい費用

キャンセルすると「申込金」は返金されるが、「手付け金」は戻ってこない

「申込金」と「手付け金」の違いをよく知っておこう。金額が大きいので違いに注意！

家を買うのは、一生に1度か2度のことですから、初めて聞く言葉がたくさんあります。なかでも「申込金」と「手付け金」の違いは、よく理解しておく必要があります。購入したい物件が見つかったら、意思表示のために不動産会社に5万～10万円程度の「申込金」を支払います。**購入を見送り、売買契約に至らなかったときには、全額返してもらえる**ことを知っておきましょう。買うのをやめたら、申込金は戻ってこないと思っている人が少なくないのですが、それは思い違いです。支払う際に、契約しなかったら返金される種類のお金であることを確認したうえで「預かり証」を発行してもらいましょう。

購入を決めたら「不動産売買契約」を結びます。新築物件で未完成であったとしても、買うことを決めた段階で契約することになっています。このときに支払うのが「手付け金」で、契約のための「内金」のようなものです。金額は、法律には物件価格の20％までとありますが、**実際には5％程度が主流のようです。**それより高い金額のときは、理由を聞いてみましょう。物件価格が3000万円で5％なら、150万円ですね。通常、このお金は物件の引き渡しのときに家の購入代金の一部、つまり頭金に充当されます。

売買契約後にキャンセルすると「手付け金」は戻ってこない！

売買契約を結んだあとに、買い主が購入をキャンセルすると、「手付け流し」といって**手付け金は返還されない**ので、契約は慎重にする必要があります。また、自己資金がない人向けに「手付け金は50万円でOK」としていても、契約後にキャンセルすると「違約金を物件価格の10％払うこと」と契約書に書いてあるケースもあります（キャンセル防止策です）。契約前に必ず確認すべき事項です。

図15　申込金と手付け金の違いは?

「この物件を購入したい」と決めたときに支払うのは

申込金
相場は5万～10万円

契約しなかった場合は、返金されることを知っておきましょう。「預かり証」をもらっておくこと!

購入の意思確認や買い主としての順位を保全するためのお金。契約すると申込金は手付け金に充当されることが多い

売買契約をするときに支払うのは

手付け金
一般的には
物件価格の5%が目安

売買契約後に買い主がキャンセルすると、このお金は戻ってこないので注意!

契約の際に支払うお金。購入代金を決済する時（＝引き渡し時）に頭金の一部に充当されることが多い

【住宅ローンが通らなかったときの手付け金の扱い】

手付け金を支払い、不動産売買契約を結んだ後に、住宅ローンの審査が通らなかった場合は、契約書に「住宅ローン特約（住宅ローンの承認を受けられなかった場合に契約を白紙解除できるものとするという条項）」があれば、手付け金が返還され、契約を解除することができます。ローンが通らなかったために購入を見送ったのに、手付け金が戻ってこなかった、などのトラブルを防ぐためには、**売買契約書に「住宅ローン特約」の条項**があるかどうかを必ずチェックしましょう

ローン減税で最高額を見込んではダメ。「すまい給付金」にも期待は禁物

住宅の種類や借入額によって減税額は大きく変わる。年収が低い人ほど多い額をもらえる可能性が！

中古

住宅ローンを組んでマイホームを購入した人向けに、減税制度があります。消費税が8％になる救済策として減税額が大幅に拡充しました。対象となる借入額は一般住宅で4000万円、認定住宅（長期優良住宅または低炭素住宅）なら5000万円です。控除率は年末残高の1％ですから、年最大40万円、認定住宅は50万円。まず、所得税から減税額を差し引き、引き切れなかった分は住民税が最大13万6500円安くなります。

税金が安くなるのは、誰にとってもうれしいこと。ただし、限度額目一杯の減税を受けられる人は限られていることに注意しましょう。たとえば、長期優良住宅を購入すると、10年間で最大500万円の減税額ですが、フルに受けられるのは**「10年間、毎年末のローン残高が5000万円以上あり、毎年50万円以上の税金を納めている人」**です。当初7000万円以上借りた人なら10年後も5000万円残っているかもしれませんが、そもそもそんなにたくさん借りている人はめったにいません。最大額の減税を受けられると思わないのが肝心です。

消費税がかからない中古住宅を購入した人は、2014年3月までの旧制度が適用になりますので注意してください。

すまい給付金はちょっとした「引っ越し祝い」程度に考えよう

ローン減税による税金の戻りが少ない人向けに「すまい給付金」制度があります。年収が低いほどもらえる給付額は多くなります。注意点は、登記上の「持分割合」により給付額が決まること。妻が頭金を出し、ローンを組むのは夫だけなら、夫は給付基礎額の全額ではなく持分割合のみ、妻は50歳未満なら給付額はゼロとなります。給付基礎額の全額を受け取れるケースは少ないので、救済策といえるほどの制度ではありません。

図16　家を購入したら使いたい「減税」と「給付金」とは？

住宅ローン減税の概要（2020年12月末日までに入居の場合）

住宅の種類		対象となる借入額	控除率	控除期間	当初10年間の控除額の上限
消費税非課税の中古住宅（旧制度が適用）	一般住宅	2000万円	年末残高に対し1％	10年間	20万円
	長期優良住宅または低炭素住宅	3000万円			30万円
消費税8％で取得した住宅	一般住宅	4000万円			40万円
	長期優良住宅または低炭素住宅	5000万円			50万円
消費税10％で取得した住宅※1	一般住宅	4000万円	年末残高に対し1％（11〜13年目は※2参照）	13年間	40万円
	長期優良住宅または低炭素住宅	5000万円			50万円

※1 消費税10％で取得した場合の減税は、2019年税制改正可決後に施行されます
※2 11〜13年目は建物価格の2％÷3の額かローン残高の1％のいずれか少ない方

すまい給付金は初年に1回だけもらえる制度

消費税率が８％時

収入額の目安	給付基礎額
425万円以下	30万円
475万円以下	20万円
510万円以下	10万円

消費税率が10％時

収入額の目安	給付基礎額
450万円以下	50万円
525万円以下	40万円
600万円以下	30万円
675万円以下	20万円
775万円以下	10万円

消費税のかからない中古住宅はすまい給付金の対象外です

自分の世帯にとって、安心なローンか「年間決算シート」でチェック

家計予測のチェックポイントは、購入後も一定のペースで貯蓄ができるかどうか。夫婦で一緒に書いてみましょう

68ページで、ローン以外の住居費とマイホーム購入後の貯蓄額を考慮して「無理のない返済額」を算出しました。その返済額を使って、購入後の家計を予測してみましょう。

ポイントは収入も支出も「年間ベース」で考えることです。支出は、毎月の固定費以外にも、ボーナスに頼ることが多い帰省費用など特別支出もありますから、それらを見落とさないようにするためです。これまで相談を受けてきた経験上、貯蓄体質の人は収入も支出も「月単位」ではなく「年単位」で考えることができています。みなさんも慣れるとできるようになりますから、がんばって！

家計簿がなくても大丈夫！

左のシートを見て「家計簿をつけていないから、決算なんて無理……」と思う人も大丈夫。口座引き落としやクレジットカード払いなど、明細が残っているものから順に埋めていけばいいのです。

基本生活費の①は口座引き落とし等ですから通帳を見ると記入できます。基本生活費②は、食費、日用品などお財布から出す現金でくくります。内訳はわからなくても、1ヶ月にお財布から支出する現金の合計額を記入すればOKです。他の項目も、何らかの明細が残っていたり、大きな出費であれば覚えていたりするので、どんどん埋めていきましょう。図17は記入例で、巻末に白紙のシートを用意していますのでご活用ください。

記入後のチェックポイントは、**購入後も一定のペースで貯蓄ができるかどうか**です。「貯蓄可能額」が多いほど、「ゆとりのある家計」で不測の事態に備える力があります。購入後は、少なくとも年50万円、共働きなら年70万~100万円の貯蓄ができる家計を目指しましょう。ご夫婦の共同作業で作ると、予算のコンセンサスがとれていいですよ。

図17　マイホーム購入後の年間家計を予測しよう

年間決算シート

（※巻末214ページの白紙シートに自分で記入していこう）

光熱費等は年間支出から月平均を出そう

(A×12ヶ月)+B

項目	内容	毎月(A)	年数回(B)	年間
基本生活費①	公共料金、通信費、新聞代など、口座引き落としなどで金額が把握できる支出	4万円		48万円
基本生活費②	食費、日用品などお財布支出	7万円		84万円
住居費	家賃や住宅ローン、固定資産税、管理費・修繕積立金、火災・地震保険料など	13万円	15万円	171万円
教育費	子どもの教育費	4万円	5万円	53万円
車維持費	駐車場代、税金、ガソリン代、自動車保険料、車検費用等	2万円	10万円	34万円
保険料	生命保険、医療保険などの保険料	4万円		48万円
その他の支出	冠婚葬祭や夫婦のこづかい、趣味等にかかる費用、旅行費用、耐久消費財など	4万円	40万円	88万円
	支出合計額（C）	38万円	70万円	526万円

	毎月(A)	年数回(B)	年間
世帯の手取り収入（D）	39万円	100万円	568万円
貯蓄可能額（D）－（C）	1万円	30万円	42万円

年42万円の貯蓄は、やや少ない

チェックポイントは「年間貯蓄額」

マイホーム購入後も貯蓄できそうですか?

【最低限の貯蓄額】
専業主婦世帯：年50万円以上
妻はパートの世帯：年70万円以上
フルタイムの共働き世帯：100万円以上

私が所属する「生活設計塾クルー」のHPで年間決算シートが無料ダウンロードできます。記入ポイントやセルフチェックポイントもあります。
http://www.fp-clue.com

新婚カップルへのアドバイス

結婚後すぐにマイホームを買ってはいけない。子どもの小学校入学前が本当の買いどき

子どもができると家計に大きな変化が！　子どもにかかるお金を実感してから買うのがベスト

超低金利、頭金不要の住宅ローンが登場してから、結婚とほぼ同時にマイホーム購入に踏み切る若いカップルが増えています。頭金ゼロで多額のローンを組むこともリスクのひとつですが、子どもが生まれた後の家計状況の変化を念頭に置いていないことも重大な不安要素です。

まず、今は共働きでも出産を機に妻が仕事を辞めると世帯収入はダウンします。共働きを続けたとしても、産休、育休の間は収入が大幅ダウン。育休明けも残業ができないと出産前ほどの収入は当面見込めません。さらに保育園時代の家計のやりくりがとても大変です。保育料は世帯収入で決まるケースが多く、共働きだとそれなりにかかります。外せない仕事のときはシッターさんを頼むこともあります。夫婦2人の収入で「返せる額」を決めるのではなく、少なめに1・5人分の収入で「無理なく返せる額」を算出したほうが安心です。

子どもにかかるお金と教育費の積み立ても忘れずに

子どもが生まれた後は支出面も変化します。生まれたばかりの赤ちゃんでもおむつ代やミルク代その他で月2万円くらいの出費がありますし、幼稚園・小学校時代も月に3〜4万円程度は見込んでおかないといけません。子どもが2人だと、2倍です。そのほか、大学進学に備え教育費の積立貯蓄もスタートすると、家計における「子ども費」が占める割合は結構なものになるでしょう。

ローンの返済額を決める際に、子ども誕生後の家計の変化を想定しているカップルはとても少ないのが現状です。結婚生活を何年か続けていくと、収入や支出の変化に対応する力も経験も少しずつついていくものです。焦って買わずに、じっくり**「自分たちの買いどき」を見極めましょう。**

図18　収入面、支出面の両方から、家の購入時期を探る

共働き夫婦の「買い時」は、子どもが小学校に入る前

結婚

第1子出産

第2子出産

収支が悪化する時期

マイホーム購入を避けたほうがいい時期

●収入：妻の出産により世帯収入は当面ダウン

●支出：子どもにかかるお金、妻が仕事を続けたとしても保育料やシッター代が発生する

子どもが小学校に入る前の時期に購入しよう

第1子小学校入学

第2子小学校入学

収支が安定する時期

●収入：共働き妻は、時短勤務からフルタイム勤務に、専業主婦の妻もパートなどで働きやすくなり、世帯収入が増える

●支出：保育料がかからなくなると、子どもにかかる支出が大幅減

結婚間もない時期に買うのは賛成しません。子どもの小学校入学前が「住宅の買いどき」です。それまでしっかり頭金を貯めて、貯蓄の習慣を身につけましょう

共働きは知っておきたい！

共働き夫婦は「保活」を踏まえて、マイホーム購入計画を立てよう！

絶対に入れたい保育園。それを計算に入れた住宅購入スケジュールのウラワザ！

都心に近い便利な場所で賃貸住まいをしている共働き夫婦で、マイホーム購入を決意したとき「保育園縛り」で、現在住んでいるエリアから離れることができなくなるカップルが増えています。都心近くの物件は高額です。「こんなに高い物件を買いたくないけれど、せっかく苦労して入ることができた保育園の権利を手放したくない！」と言います。首都圏の保育園事情は、「保活」（保育園に入れるために綿密に情報収集して備え、動くこと）という言葉が生まれるくらい、厳しいものがあります。

ターミナル駅から郊外に向かって電車で数十分も乗れば、物件価格は1000万円以上安くなることも珍しくありません。思い切って、今住んでいるところから、子育てに向いているエリアに移り、ローンの金額を減らすことも考えてみましょう。

10月までに契約を済ませておくのがポイント

２つのケースで見てみます。まず、これから第1子を出産予定のケースです。4月に保育園に預け、職場復帰したいなら、前年10月までに物件を見つけ、売買契約を結びましょう。入園申込みは6ヶ月前くらいから開始するので、「3月に引っ越し予定です。契約も済んでいます」と明記して新居近くの保育園に申し込みます。中古物件や新築完成物件ならすぐに引っ越せばいいでしょう。

一方、すでに保育園に通っている子どもがいるなら、契約後すぐに引っ越してしまうと、4月までの預け先がなくなってしまいます。この場合は「3月引き渡しの新築」狙いです。そうすると、今の保育園に3月まで通うことが可能です。「今のエリアじゃないと」と縛られずに、戦略で乗り越えることにトライしてみるといいでしょう。

図19　共働き夫婦の保育園縛りはこうして乗り越える！

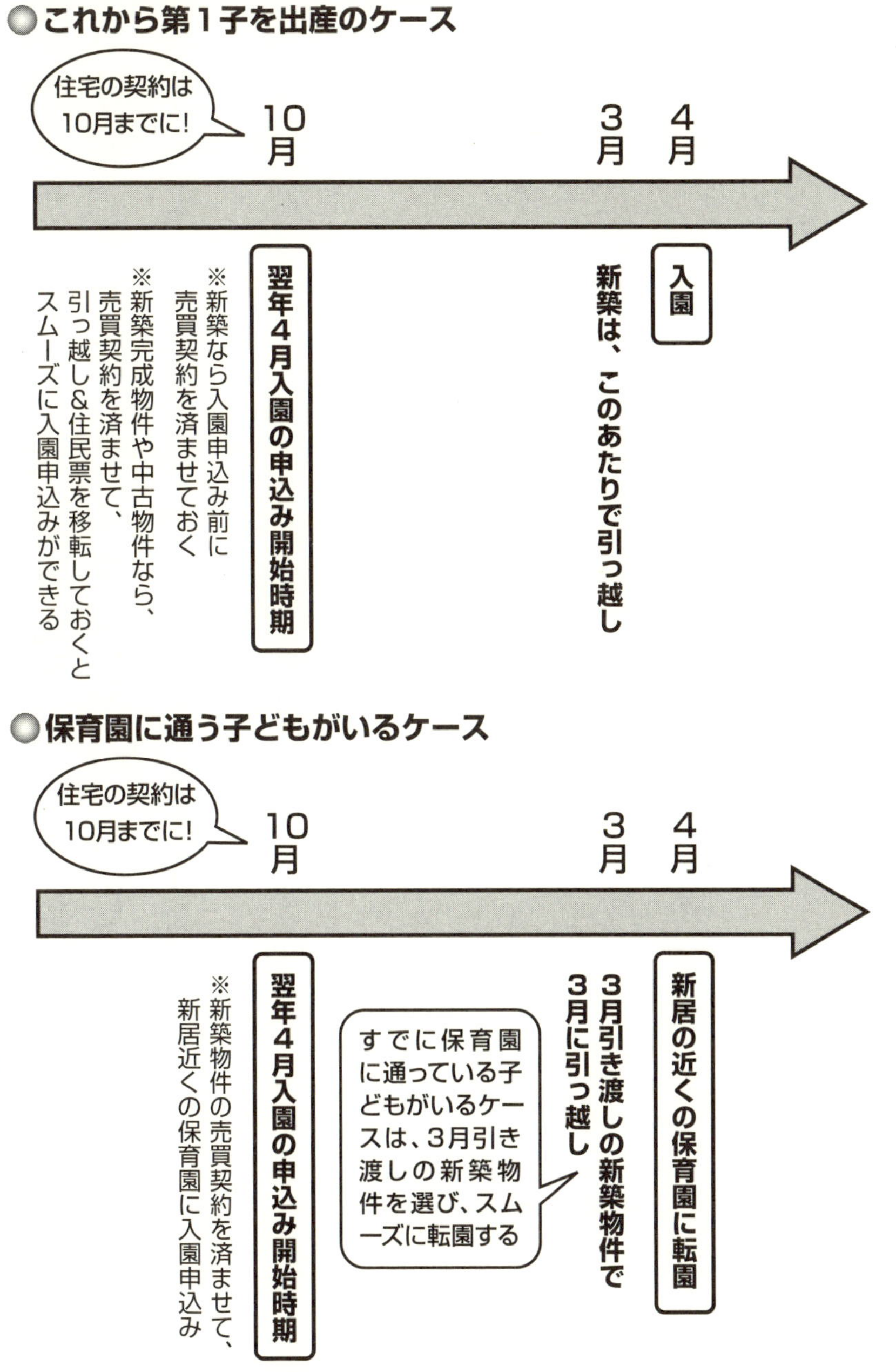
これから第1子を出産のケース
住宅の契約は10月までに!
10月
3月
4月
入園
新築は、このあたりで引っ越し
翌年4月入園の申込み開始時期
※新築なら入園申込み前に売買契約を済ませておく
※新築完成物件や中古物件なら、売買契約を済ませて、引っ越し&住民票を移転しておくとスムーズに入園申込みができる
保育園に通う子どもがいるケース
住宅の契約は10月までに!
10月
3月
4月
新居の近くの保育園に転園
3月引き渡しの新築物件で3月に引っ越し
すでに保育園に通っている子どもがいるケースは、3月引き渡しの新築物件を選び、スムーズに転園する
翌年4月入園の申込み開始時期
※新築物件の売買契約を済ませて、新居近くの保育園に入園申込み

※現住所と異なる自治体の保育園に申し込む場合は、現住所の自治体を通じての申込みになるケースもあるのであらかじめ確認を。

共働き夫婦が2人でローンを組むメリットとデメリットを知っておく

2人でローンを組んでも、物件予算の大幅アップは禁物。将来まで考えて冷静に判断したい

最近は共働き夫婦が増えてきたので、妻もローンを組むべきか、質問を受けることが多くなりました。ひとくちに共働きと言っても、夫婦の収入差がほとんどないカップルもいれば、妻の収入は夫の半分に満たないカップルもいます。さまざまなケースがあるので、答えはひとつではありません。まずは「2人ともローンを組む」ことのメリットとデメリットを見てみましょう（図20参照）。

まずメリットですが、妻もローンを組むと、妻も住宅ローン減税を受けることができ、夫だけのケースより世帯で減税額が増える可能性があります。また、ローンを組むと仕事を辞めずにがんばろうとモチベーションが高まるようです。

2人でローンを組むと、より高い物件を買えるかもと考えがちですが、予算は慎重に決めたほうがいいでしょう。何らかの事情で妻が仕事を辞めても、ひとりの収入でも返済できるようなローンを組むのが安心です。

妻が仕事を続けられるかどうかが最大のポイント

デメリットは、妻が仕事を辞めてしまうと、返済負担が重くなることと、夫が代わりに返済していくと、税務上「贈与」とみなされる可能性があることです。

家計の役割分担もちょっと面倒です。妻もローン返済があると、「夫は住居費担当」、「妻は生活費担当」といったシンプルな家計分担がしにくいのが難点。ただし、これは返済開始前にそれぞれが担当する支出と金額を決めておけば、解決できます。

「妻もローンを組むかどうか」を決める際の一番のポイントは、仕事を続けられる環境であるかどうかです。出産後も続ける意志はあっても、職場環境が良くなく続けられなかったという人も少なくありません。冷静に見極めましょう。

図20　共働き夫婦の妻もローンを組むメリットとデメリット

メリット

- 妻も住宅ローン減税を受けることができる
- 「ローンの支払いがあるから、仕事を辞めずに続けよう」というモチベーションにつながる

デメリット

- 妻が仕事を辞めることになると返済負担が重くなり、夫が肩代わりすると、夫から妻への贈与とみなされる可能性がある
- 妻もローン返済があると、「夫は住居費担当」、「妻は生活費担当」といった家計分担がしにくい

決定のためのポイント

妻が仕事を続けられる環境かどうか

2人でローンを組むと、より高い物件が買えると考えがちですが、妻が仕事を続けられないと、返済は家計に大きな負担となります。2人でローンを組んでも、物件予算を大幅にアップしないのが安心！

共働きのローンは？

共働き夫婦の組み方のコツ！ それぞれローンを組むペアローンがオススメ

夫婦でローンを組むなら、契約を分けてそれぞれローンを組む方法がオススメ。減税を受けられ、見直しもラク

共働き夫婦が2人でよく検討した結果、妻もローンを組むと決めたとします。その際、2通りの方法があります。ひとつ目は夫がローンを組み、妻は夫の「連帯債務者」になる方法。この場合、ローン契約は1本で、団体信用生命保険（団信）は夫だけが入ることになりますから、妻に万一のことがあっても団信は1円もおりません。

もうひとつは「夫婦ペアローン（それぞれ1本ずつローンを組む）」方法。2人とも団信に加入するので、どちらかが返済途中に死亡、または高度障害状態に陥ったら、その人の分のローンがなくなります。

夫婦でローンを組むなら、後者の「ペアローン」の方法がオススメです。契約を分けておけば、金利や返済期間を組み合わせることができますし、団信もそれぞれに付くので保障設計がしやすくなります。契約が1本の方法より、印紙代や登記費用など、費用面でやや割高になりますが、使い勝手の面では契約2本に分配が上がります。

銀行ローンは「夫婦ペアローン」が主流です。ただし、三井住友銀行は「連帯債務者」方式をとっています。これは、三井住友銀行独自の「クロスサポート」という任意で付ける団信の商品設計のためです。これは夫婦のどちらかに万一のことがあった場合、ローンが全額ゼロになるというもの。別途保険料はかかりますが、合理的な商品といえます。

出産後は妻の収入が大幅ダウンすることを考慮しよう

妻が出産前なら、妻の借入額は少なめにしておくのが安心です。産休から育休にかけて給与は原則としてストップしますし、育休が明けて復帰しても、時短勤務や残業ができない環境になるため収入は大幅にダウンするからです。

図21　夫婦でローンを組む際の選択肢

こちらがオススメ

契約スタイル	連帯債務※	夫婦ペアローン
ローン契約	夫のみ1本	夫、妻それぞれの契約。計2本
住宅ローン控除	夫、妻、いずれも適用	
登記簿上の名義	夫、妻の共有名義	
団体信用生命保険の被保険者	夫のみ（妻が死亡の際は、保険金は出ない）	夫、妻それぞれが自分のローン契約で加入
備考	「連帯債務」方式は取り扱いしていない銀行が多数（フラット35はこの契約形態）	独立したローンを夫婦でそれぞれ組む仕組み

※夫が主たる債務者のケース

深田オススメは、「夫婦ペアローン」。ただし、妻が仕事を続けられるかどうか慎重に考えましょう

頭金を増やす方法は4つ

頭金が少ない場合の選択肢は「貯める」「予算を下げる」「贈与を受ける」「親に借りる」

新築マンションなど、物件の引き渡しまで時間がある場合はこの4つの方法で頭金を増やすことも可能

頭金を増やせないなら、物件価格を引き下げるのも一法

ここまで読み、実際に試算してみると「頭金がもう少しあったら……」と思った人は多いことでしょう。頭金が増えるとローンの負担が減るからです。**頭金を増やす方法は4つあります。**

まず**「貯める」**。期間によって貯められる金額はさまざまですが、未完成の新築マンション等の購入なら、家計を見直して完成・引き渡しまでの間に必死で貯める。ローンの審査申込みをしたときよりも、頭金が増えた分だけ借入金額が減るのは問題ありません（借入額が増える場合は、銀行の再審査が必要になることがありますので注意してください）。

不動産の売買契約が済んでいないなら、物件の**「予算を下げる」**、買う時期を延ばしてお金を貯めるといった選択肢もあります。予算を下げるには、価格が割安な中古物件を視野に入れることも検討するといいでしょう。ご近所またはマンションのコミュニティを確認できるメリットもあります。

3つ目は親から**「贈与を受ける」**。その際に気をつけなくてはいけないのが「贈与税」で、基礎控除額110万円（年間）を超えると贈与税の対象となりますが、住宅取得のための贈与はいくつか特例が設けられていますので、それらを上手に活用しましょう。次の96ページで詳細を見てみます。

4つ目は**「親から借りる」**。あとで返すつもりでも、客観的に返していることが証明できないと、税務署から「贈与では？」と疑われてしまいます。注意点などは100ページを参照してください。

「贈与を受ける」「借りる」場合に注意したいのは、「名義」のこと。登記簿上の持ち分は、実際に贈与を受けた人や借りた人の持ち分を入れることになります。

図22　頭金が少ないときの対処法は4つ！

貯める

- ☑ 物件の引き渡し日（＝ローンの契約日）まで貯める
- ☑ ボーナスから貯める
- ☑ 生命保険料など家計の固定費を見直す
- ☑ 預け入れ金融機関が複数なら、もう一度かき集めて残高を計算してみる

予算を下げる

- ☑ 物件の予算を下げる
- ☑ 中古物件も視野に入れる

贈与を受ける

- ☑ 贈与税の非課税枠を上手に利用する
- ☑ 贈与額が年間110万円を超え、特例等を使うときは、税務署に申告が必要
- ☑ 贈与の特例は次ページ参照

親に借りる

- ☑ 親などから借りて返済
- ☑ 返済していることが客観的に証明できることが肝心
- ☑ 詳しくは100ページ参照

中古物件を購入する際、リフォーム費用を同時に借りることができる銀行も増えています

親から贈与が受けられるラッキーな人は贈与の特例を活用する

住宅資金の贈与の場合には、いくつか非課税になる特例や制度があります。これらを上手に活用しましょう！

資金面で応援してくれる親がいるなら、甘えてみるのもひとつの手。頭金を増やすことができます。**本来、年間で110万円を超える贈与には贈与税がかかりますが、住宅資金の場合にはいくつか非課税になる特例や制度があります。**

特に左ページで紹介している「住宅取得等資金の贈与税の非課税の特例」は、使い勝手が良く、おトクな特例です。要件を満たすと、基礎控除の１１０万円と別枠に両親または祖父母から非課税で贈与を受けることができます。

非課税の限度額は、住宅業界などからの要望やその時々の景気状況を鑑みながら、税制改正で3〜4年分くらい決まります。

現在の限度額は、２０１５年度の税制改正により決まったものです。住宅の売買契約の締結時期により限度額が変わる点に注意しましょう。

なお、消費税10％で住宅購入する場合の買い控え対策として、２０１９年4月以降の契約は非課税限度額が拡大されることが決まっています。

翌3月15日までに税務署に申告が必要

「特例」ですから、この非課税枠を活用するには翌年3月15日までに税務署に申告が必要となります。贈与をする人、受ける人、住宅の仕様などの要件があり、おもなものは図23に記しましたが、詳細は国税庁のＨＰ「タックスアンサー」で確認するか、税務署に電話で問い合わせるといいでしょう。

床面積が50㎡台の物件には注意が必要です。パンフレットに記載の数字は「壁心（かべしん）」といって壁の中心線からの面積ですが、特例を受けるには「登記簿上の床面積（壁の内側の面積）」です。契約前に登記簿上の床面積を確認しましょう。

図23　条件に当てはまれば、かなりおトクな贈与の特例を活用できる

贈与の非課税額は、「贈与を受けた年」と「住宅の種類」によって決まる

住宅資金贈与の非課税の枠は？ ＝ 基礎控除額110万円 ＋ 「住宅取得等資金の贈与税の非課税の特例」（下表参照）

「住宅取得等資金の贈与税の非課税の特例」の限度額

取得する住宅＼契約年月	2016年1月～2019年3月	2019年4月～2020年3月	2020年4月～2021年3月	2021年4月～12月
	上段：一般住宅　下段：（質の高い住宅）			
消費税率8%の住宅または消費税のかからない中古住宅	700万円（1200万円）	700万円（1200万円）	500万円（1000万円）	300万円（800万円）
消費税率10%の住宅		2500万円（3000万円）	1000万円（1500万円）	700万円（1200万円）

特例の主な要件と注意点

贈与する人	父母または祖父母
贈与を受ける人	・原則として、贈与を受けた翌年3月15日までにその家屋に居住すること、または居住することが見込まれること ・20歳以上で、贈与を受けた年の所得税の所得金額が2000万円以下であること
住宅のおもな要件	・家屋の床面積は登記簿上50㎡以上240㎡以下で、かつ50%以上が居住用のものであること ・中古住宅の場合は、鉄骨・鉄筋コンクリート造で築25年以内、木造その他で築20年以内、かつ「耐震基準適合証明書」または「住宅性能評価書の写し」が発行されていること
その他	贈与を受けた翌年3月15日までに税務署に申告が必要

2500万円までの特例もある！

「相続時精算課税制度」を利用するなら、親に相続税がかかるかどうかチェックしてからにしよう

「住宅取得等資金の贈与税の非課税の特例」を超える贈与が可能な人は、まず親の相続について考えよう

前ページの「住宅取得等資金の贈与税の非課税の特例」を超える贈与を受けられる人は、「相続時精算課税制度」を利用して、税金がかかる時期を先送りする方法があります。

これは「親から子への贈与について2500万円まではとりあえず非課税とし、後に相続が発生したときに贈与財産と合算して相続税の計算を行う」という税務上の制度です。日本全国で見ると相続税がかからない人の方が多く、課税を先送りにしたとしても、結果として税金がかからない人が多数です。

ただし、2015年1月より相続税が強化されたことにより、首都圏では相続税がかかる人が増えました。親の自宅が一等地にある一戸建てで敷地が広い、アパートを持っているなど相続税の心配がある場合は、相続財産全体を見た対策が必要となりますから、この制度を利用する前に税理士さんに相談した方がいいでしょう。

前ページの「住宅取得等資金の贈与税の非課税の特例」をまず利用し、限度額を超えた額について、「贈与税の基礎控除110万円」か、この「相続時精算課税制度（特別控除額2500万円）」を選択します。特例の金額から2500万円を引いた残りについて、20％の税率で贈与税がかかります。詳細な要件は、国税庁のHP「タックスアンサー」を参照してください。この制度の利用の際も翌年3月15日までに税務署に申告が必要となります。

贈与を受ける人の名義を入れる

前ページの贈与の特例も、相続時精算課税制度も、「自分の」親や祖父母からの贈与が対象です。妻の両親から資金援助を受けた場合は、夫の名義ではなくて「妻の名義」として、持ち分を登記しなくてはいけない点に注意してください。

図24　贈与税の特例で2500万円まで贈与税がかからない！

住宅取得資金の援助を受けたときに利用できる特例のイメージ図

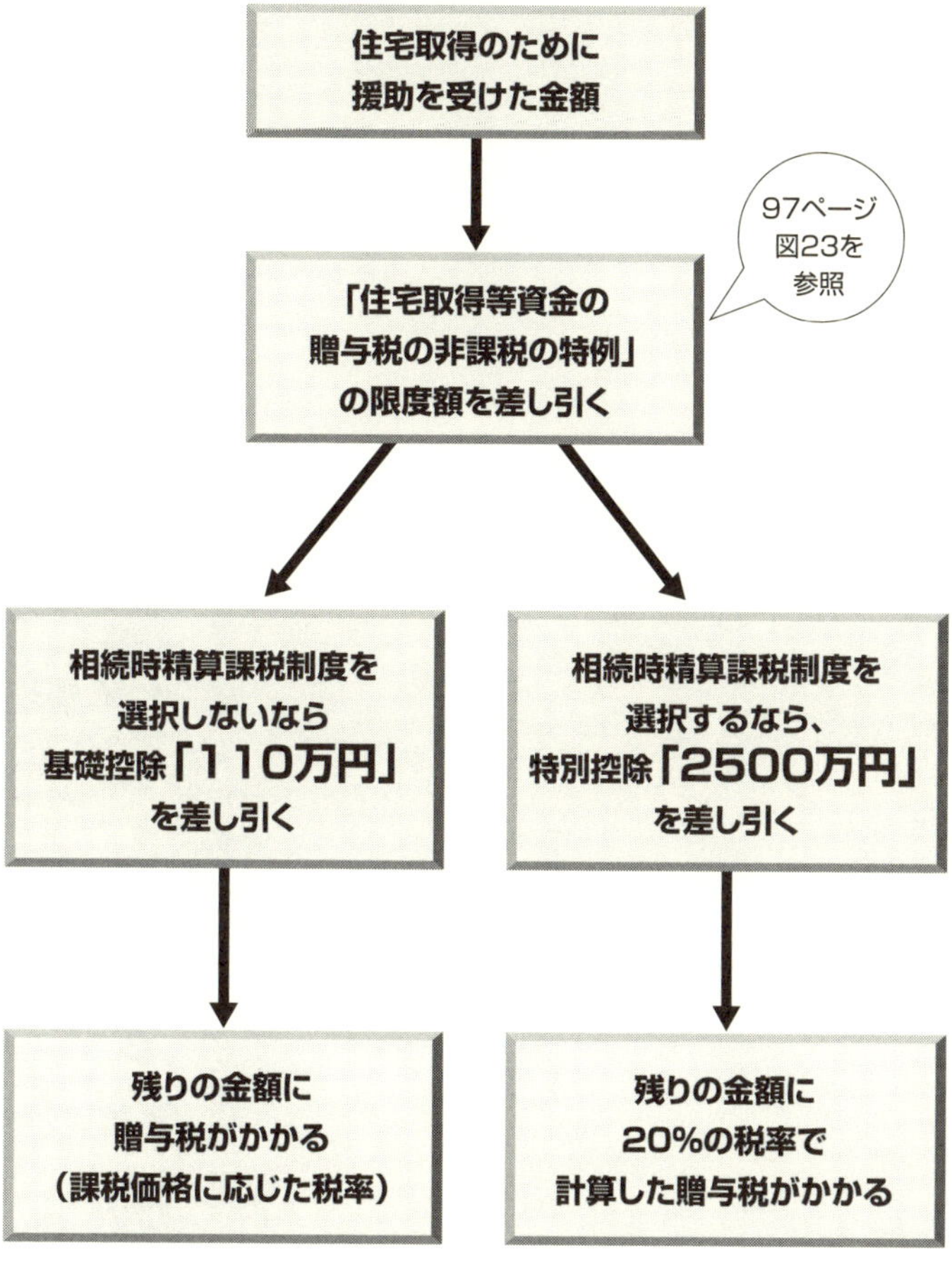

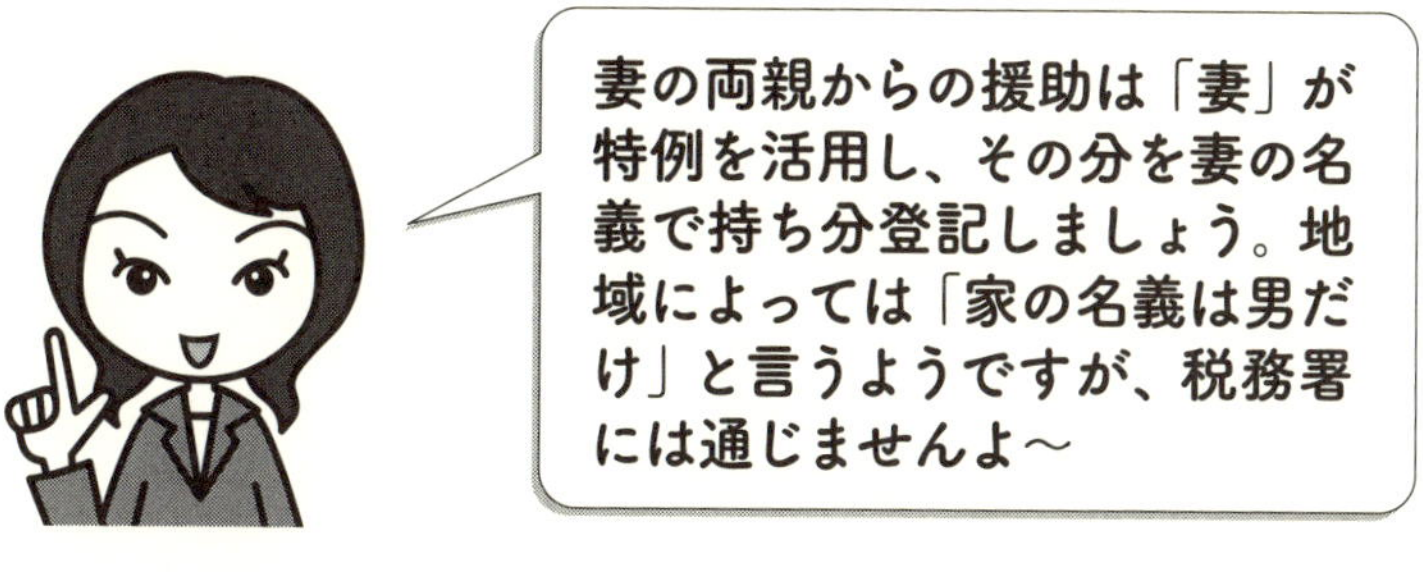

借用書は税務署に疑われないための対策。親子であっても正式なものを作成しよう

住宅資金を親から借りるにしても、あとで税務署に聞かれたときに証明できる借用書は忘れずに！

ご両親が「自分たちの老後資金が心配なので、あげるのは困るけれど貸すことはできる」と言ってくれた場合は、税務署に注意。「あるとき払いの利息なし」は、親子であっても税務署は「ホントは贈与ではないの？」と疑います。借用書を作り、定期的に返済履歴を残すと万全です。

借りるなら「返すプラン」を立ててから

長年相談を受けていて、世代によって親に対する甘え方がずいぶん変わってきたことを感じます。10年くらい前、今の40代が30代で家を買うときは、まず親の家に行って「いくら援助してもらえるか」根回しをしてから私のところへ相談に来るケースがほとんどでした。それが今の30代は、「親に甘えるなんてとんでもない」もしくは「貸してくれるというので、返すつもり」と言います。

ただ、「返す気持ち」はあっても、プランがありません。どうやって返しますかと尋ねると、「家計に余裕があるとき」「そのうち」といった答えが多い。たとえば、60歳の親に35年返済なんてダメです！　最終返済が95歳とは非現実的。税務署対策だけでなく、「親がお金を使う時期」に合わせて、ちゃんと返済するプランを立てることが大切です。

親が70代のうちに返済終了するのがいいでしょう。仮に３００万円借りて、10年間で返済するなら元本だけで月2万5０００円。これくらいなら捻出できるかもしれませんが、５００万円借りると、月に約4万２０００円となり、ローン返済に加えて返すのは困難です。家計と照らし合わせて借りる額を決めましょう。

「借用書＋銀行振込」がベスト

図25は借用書のサンプルです。金利や返済方法などを設定し、記載します。毎月（または年に数回など）、返済計画に沿って利息とともに返済します。会った

図25　必ず借用書を作っておこう

【借用書の見本】

収入印紙

借用書

一金　三百万円也

前記金額を住宅購入のため借用受領いたしました。

（返済方法）

●●●●年四月二十日より、左記の金額に借入残高に対する利息を付し、元金とともに、貸し主の指定する銀行口座に毎月振り込んで返済します。

・毎月の支払元本額　二万五千円也　・利息　年利0・8％の月割り

・支払回数　百二十回

●●●●年三月一日

借主　〈住所〉

〈氏名〉　印

貸主　〈住所〉

〈氏名〉　印

ときに手渡しではなく、銀行口座へ振り込みます。仮に税務署から尋ねられたとしても、確実に証拠が残って安心だからです。

　では、なぜ親子間のお金のことが税務署に知られてしまうのでしょう。マイホームを購入すると何人かに一人は「購入した資産についてのお尋ね」という書類が税務署から郵送されます。その書類には「いくらの物件について、頭金をいくら入れ、ローンの金額はいくらで、どこの銀行（支店まで）の誰の名義からいくら頭金として使ったか」など、詳細に記載して返送するようになっているのです。

　お尋ねの書類については168ページで別途解説しています。税務署に疑われて嫌な思いをしなくて済むように、ちゃんと利息をつけて計画的に返済することが大事なのです。

COLUMN

住宅ローンで失敗する人の資金計画とは 65歳以降も返済が続くケース

雑誌の取材を受けると、編集者から「住宅ローンで失敗する人ってどんなケースですか？」と聞かれることがあります。それはズバリ、「65歳以降も延々と返済が続くローンを持っている人」です。

最近、70代後半の人の「住宅ローン返済のために年金生活は大幅赤字。貯蓄も底をつきそうで困り果てている」という話をずいぶん見聞きするようになりました。「フラット35」の前身の「住宅金融公庫ローン」という公的ローンは、驚くことに1990年代までは「申込み年齢59歳までは35年返済」が組めたのです。59歳でローンを組んだら、完済は94歳です！

60代のうちは働いていたり、個人年金があったりと、公的年金にプラスアルファの収入があって何とかなっていたようです。70歳を過ぎて公的年金だけになると、年100万円以上の住宅ローンの返済は賄えず、貯蓄を取り崩すことに…。あまり知られていないのですが、団体信用生命保険は80歳までの保障です。つまり、ローン返済が続くなか80歳以降に亡くなると、ローンはゼロにならず、残された家族に返済の義務が生じることになるのです。ホラーのような話です。

今では90歳過ぎまで続くローンはありませんが、48ページでも書いたように最近の銀行ローンは80歳までローンが組めるようになっています。80歳でも長すぎです！　返済期間を長くするほど、60歳時のローン残高は多くなり、年金生活まで返済を引きずるリスクは高まります。

80歳まで続くローンを勧められたというある相談者は、モデルルームで営業の人から「男性は80歳まで生きていませんから、繰上げ返済をせずに待っていれば、死んでローンが返せます」と言われたそうです。まったく、ひどい話です！　いつ死亡するかは、誰にもわからないですし、決めることもできません。仮に完済の数年前に亡くなって団信がおりたとしても、それまでに貯蓄を取り崩しているので、残された妻の老後資金は大きく減っているでしょう。

ローンで失敗しないためには、毎月の返済額だけで「返せそう」と思わないこと。65歳までの返済期間を死守することが肝心です。

第3章

賢く選ぶ！住宅ローン編

あなたにピッタリの住宅ローンが見つかる！

種類も豊富、組み合わせもOK！おトクで自分に合った住宅ローンの選び方

住宅ローンはどこで借りるのが正解？ 銀行、公的機関などの内容を比較！

いよいよローン選び。この章では、それぞれの特徴と選び方のポイントを解説、自分に合ったローンは？

頭金や返済額の目安がわかったところで、いよいよローン選びです。主に**「民間住宅ローン」「フラット35」「財形住宅融資」の3つ**に大別されます。

主流は、利用者が最も多い「銀行（信金・信組・JAを含む）を中心とする民間住宅ローン」です。取り扱う金利タイプの種類が多く、店舗も多いので身近な存在です。都市圏なら大手銀行や信託銀行の利便性が高いと言えますが、地方の場合は、大手行の支店がほとんどありませんから、まず地元の地方銀行等の金利やサービスをチェックしましょう。チェックポイントや選び方のコツは、118ページ以降で紹介します。

「フラット35」は、ローンの証券化という手法を使って、長期の全期間固定金利ローンを提供しています。住宅金融支援機構（旧住宅金融公庫）の商品ですが、利用者の窓口となるのは、銀行をはじめとする民間金融機関です。図1で「半官半民ローン」と書いたのは、国の政策によって税金を投入した金利割引を行うことがあるからです。金利面での有利、不利はその時々の政策によって変わるので、チェックの仕方のコツを覚えておきましょう。詳細は、114ページを見てください。

以前は何種類もあった公的ローンは、今は「財形住宅融資」を残すのみ。財形貯蓄をしている人向けですが、利用価値は勤務先の利子補給制度によって異なりますから職場で聞いてみてください。

一部の自治体では「住宅資金利子補給制度」があります。ローンの一部について一定の利子補給（借入金の利子の一部を負担してくれること）が受けられるというもので、若い世代にその自治体に住んでもらおうと呼び寄せるための施策です。自治体によって、条件も異なりますので、取得予定の住宅の住所がある自治体のHPで制度の有無を確認しましょう。

図1　住宅ローンはどこで借りる?

それぞれの特徴をつかんでおこう

借り入れ先		おもな取り扱い金利タイプ	利便性		ポイント
			都市圏	地方	
民間住宅ローン	大手銀行(メガバンク)	変動型 固定金利選択型 全期間固定金利型	○	×	都市圏在住なら支店数も多く便利なうえ、金利競争力があるので第一候補となる
	信託銀行	変動型 固定金利選択型 全期間固定金利型	○	×	金利面では大手行より低いこともあるが、支店数が少ないのが難点
	地方銀行 労働金庫	変動型 固定金利選択型	地域によって、○または△	○	地方在住の人は、大手行よりまず地元の地銀の金利をチェック。全期間固定金利を扱うところは少ない
	信用金庫 信用組合	変動型 固定金利選択型	△	△	大手のようにオールマイティに金利を安くすることはできないが、よく調べると掘り出し物の金利があることも
	ネット銀行	変動型 固定金利選択型 全期間固定金利型	○	○	ネット申込みのため、全国どこからでもアクセスできる。県によっては地銀の金利が高いので、その場合はネット銀行は有力な選択肢
	JAバンク	変動型 固定金利選択型 全期間固定金利型	地域によって、○または△	○	JAの会員になれば一般の人も借りられる。金利が低いところもあるが、各JAによって金利・保証料が異なる点に注意
半官半民ローン	フラット35	全期間固定金利型	○	○	最長35年の長期固定金利ローン。窓口は民間金融機関となり、国のその時々の政策によって税金を使った金利割引が行われる場合もある(なので、半官半民ローン)。窓口によって金利が異なる
公的ローン	財形住宅融資	5年固定金利型	○	○	実質、残された最後の公的融資。財形貯蓄をしている人向けの住宅ローン
	自治体による「住宅資金利子補給制度」	自治体によって異なる			一定の融資額について利子補給をする自治体がある。居住予定の自治体で調べる価値あり。金融機関が指定される場合があるので、早めに確認を

金利や期間、種類豊富な「銀行ローン」と借りる人の職業を選ばない「フラット35」

まずは、王道の「銀行ローン」と「フラット35」の違いを知っておこう。金利だけでなく各種手数料も確認を！

銀行ローンVSフラット35、トクなのは？

「銀行ローン」と「フラット35」の比較ポイントを押さえておきましょう。

　金利タイプの種類が豊富なのは銀行ローンです。全期間固定を利用したい人は、大手銀行かフラット35が選択肢ですが、地方在住だと地方銀行等が扱うフラット35が頼りになります。

　審査基準が明確なのは、フラット35。特に職業による選別をしないことになっているため、自営業の人は銀行ローンより借りやすいことがあります。

　コスト面も見てみましょう。諸費用の中でも大きな割合を占めるローン保証料は、ほとんどの銀行でかかりますが、**フラット35は不要**です。頭金が少ない人にとってはありがたいですね。ローン事務手数料は、どちらもおおむね3万～5万円＋消費税ですが、金融機関のなかには金利の見た目を低くして「借入額の1～2％＋消費税」の手数料を最初に取るところもあるので注意。

　団体信用生命保険は、銀行ローンは加入が前提です。大きな病気をしたり治療中だと、加入できずローンを借りることができない場合があります。保険料は金利に含まれ、銀行が負担することになっています。対して、フラット35は任意加入ですが、団信加入を前提として保険料は金利に組み込まれています。健康上、団信に入れなかった場合、保険料相当分金利が安くなりますが、団信はあったほうが安心。その場合、保険料を割増しすることになりますが、健康告知がゆるやかな「ワイド団信」を付けられる銀行ローンを選ぶといいでしょう。

　銀行ローンの繰上げ返済手数料は、銀行によってさまざまなので要事前チェックです。フラット35は、繰上げ返済手数料が無料ですが、最低金額が１００万円。ネットを使えば原則10万円からです。

図2　住宅ローン、2大勢力の「銀行」と「フラット35」を徹底比較！

銀行ローンとフラット35の違いは？

	銀行ローン （信金・信組、労金、JAを含む）	フラット35～買取型の例 （住宅金融支援機構）
ローンの種類	新規（購入・建築）ローン 借り換えローン リフォーム一体型ローン リフォームローン	新規（購入・建築）ローン 借り換えローン リフォーム一体型ローン
金利タイプ	変動金利型 固定金利選択型 全期間固定金利型 （大手銀行と一部の銀行のみ扱う）	全期間固定金利型
対象となる物件	各銀行または銀行の 保証会社の審査基準による	マンションは30㎡以上 一戸建ては70㎡以上で 機構の定める技術基準による
融資限度割合	銀行により異なるが、 物件価格の100%とする ところが多い	物件価格の100%まで ただし、90%超の場合は 高い金利が適用される
審査基準	返済負担割合：年収により段階的に設定、銀行により異なる。 勤務先や職業によっては借りにくい場合がある	返済負担割合：年収400万円未満なら30%以下、400万円以上なら35%以下。 勤務先や職業による選別は 原則しないことになっている
ローン保証料	一部の銀行を除き、 必要なところがほとんど （一例：3000万円を30年返済で借りると約57万円）	なし
ローン事務手数料	3万～5万円＋消費税	3万～5万円＋消費税 または 借入額の1～2%＋消費税
団体信用生命保険	強制加入 （団信に入れない人は原則として借りられない）	任意加入 （団信に入れなくても借りることはできる）
団体信用生命保険の保険料	金利に含まれるため、ローン 契約者が別途支払う必要はない	
繰上げ返済の最低金額	銀行により異なるが、 1万円以上が多い	店頭手続きは100万円 ネット手続きなら原則10万円
繰上げ返済手数料	銀行により異なる。 無料、1000～2000円＋消費税、中には1万～3万円＋消費税のところもある	無料

フラット35はどんなローン？

長期固定金利の代表的商品「フラット35」。金利や融資手数料は各金融機関で違う

「フラット35」とは、公的ローンと民間ローンの中間的な要素を持つ全期間の長期固定金利型ローン

「フラット35」は、公的ローンと民間ローンの中間的な要素を持つ全期間の長期固定金利型ローン。住宅金融支援機構と民間金融機関の提携ローンで、「ローンの証券化」という手法をとっています。

長期固定金利型ローンは、貸す側にリスクがあります。つまり長期間、低い金利で固定した後、金利が大きく上昇するとその差額を貸し手がかぶらないといけないのでリスクとなり、規模の小さい銀行では独自に扱うことが難しいのが現状です。このため地方銀行や信金・信組は、変動金利型や5年または10年固定金利型を銀行独自のローンで揃え、長期固定金利型についてはフラット35を導入し対応しています。つまり、地方在住で長期固定金利型ローンを利用したい人に頼りになるのがフラット35なのです。

金利や融資手数料は各金融機関によって異なるので注意

最初に知っておきたいのは、窓口となる金融機関によって金利や融資手数料が異なること。ですから、フラット35を利用する場合は、多くの金融機関の金利情報を収集し、比較することが必須です。フラット35のＨＰの金利情報ページでは、取り扱い金融機関すべての金利が一覧でき便利です（ＵＲＬは図3参照）。

金利が低く良いなと思ったとしても、ローン申込者を限定しているケースもあります。たとえば、図3のモーゲージバンク・グループにある「トヨタファイナンス」は、トヨタホームで住宅を建築した人向けであり、それ以外の人は借りることができません。

それぞれのＨＰの「ご利用いただける方」の欄で対象者を確認することができます。

金利は、借入期間と融資率で異なり、借入期間は20年以下、融資率9割以下だと低い金利が適用されます。

図3　長期固定金利型ローン「フラット35」の取り扱い先

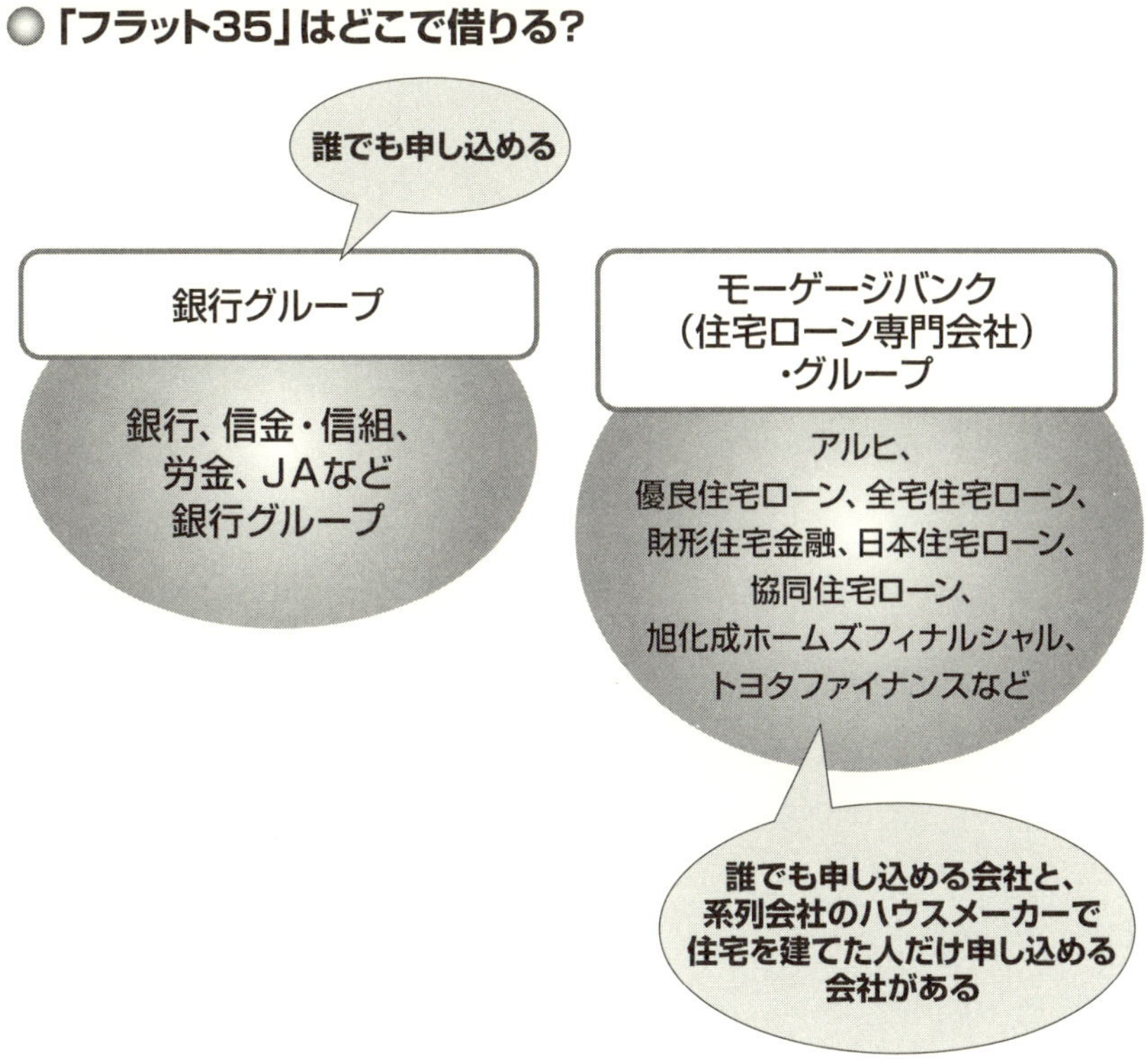

●フラット35の金利情報ページ
https://www.simulation.jhf.go.jp/flat35/kinri/index.php/rates/top

フラット35が使える家は、「住宅の質がいい」ということ

フラット35を借りるには、国の建築基準法に加え、住宅金融支援機構が独自に定めた一定の基準をクリアした住宅でないといけません。具体的には、検査機関が発行する「適合証明書」を取得する必要があり、検査にかかる手数料（新築住宅の場合2万～3万円＋消費税が目安）は原則としてローン利用者の負担となります。多少の費用がかかったとしても、住宅の質が担保できるのは安心ですから、いいことですね。

借り換えにも利用することが可能

フラット35は、借り換えの人も利用可能。銀行ローンからだけでなく旧公庫ローンや今のフラット35から、新たなフラット35へ借り換えすることもできます。

フラット35Sのおトクな割引

「省エネ・耐震」など、高品質な住宅は「フラット35S」で金利引き下げのメリット

金利がおトクな「フラット35S」は、省エネなど、優良住宅の取得のための支援制度。詳細をチェック！

銀行ローンは金利割引競争が激化していますが、実は、フラット35にも割引制度があります。通常のフラット35の適合基準に加え、「省エネ性」「耐震性」「バリアフリー性」「耐久性・可変性」に優れた住宅を取得する場合、一定期間の金利が引き下げられます。この割引制度を「フラット35S」といいます。

満たすべき基準の内容により2つのプランがあり、引き下げを受けられる期間が異なります。「金利Aプラン」は当初10年間、「金利Bプラン」が当初5年間で、引き下げ幅はいずれもフラット35の金利から年マイナス0・25％です。

「フラット35S」の金利引き下げの原資は税金

銀行ローンの金利割引は、各金融機関の企業努力によるものですが、「フラット35S」の金利引き下げ分の原資は税金です。

国(国土交通省)は、耐震性や耐久性に優れた住宅の促進を進めています。「フラット35S」の対象となる優良な住宅を取得する人向けには、国からのインセンティブという意味で金利の引き下げがされます。フラット35が「半官半民ローン」であるゆえんは、その時々の国の政策の影響を受けるからです。国の予算に基づき実施されているため、期限が設けられていますし、申込者が多いと、期限前に締め切られてしまうこともあります。

申込みや融資実行時期により、引き下げ幅やその内容が変わりますから、不動産会社の担当者に最新の要件を確認するのが確実です。担当者と話をする前に、住宅金融支援機構のHPで制度の全体像を把握しておくといいでしょう。

また、「フラット35S」は、優良住宅取得の支援制度ですから、**借り換え時には利用することができません**(借り換えには通常のフラット35が使えます)。

図4 「フラット35」よりも金利が引き下がる「フラット35S」

「フラット35S」の金利引き下げの仕組み

「フラット35S」の金利引き下げの仕組み

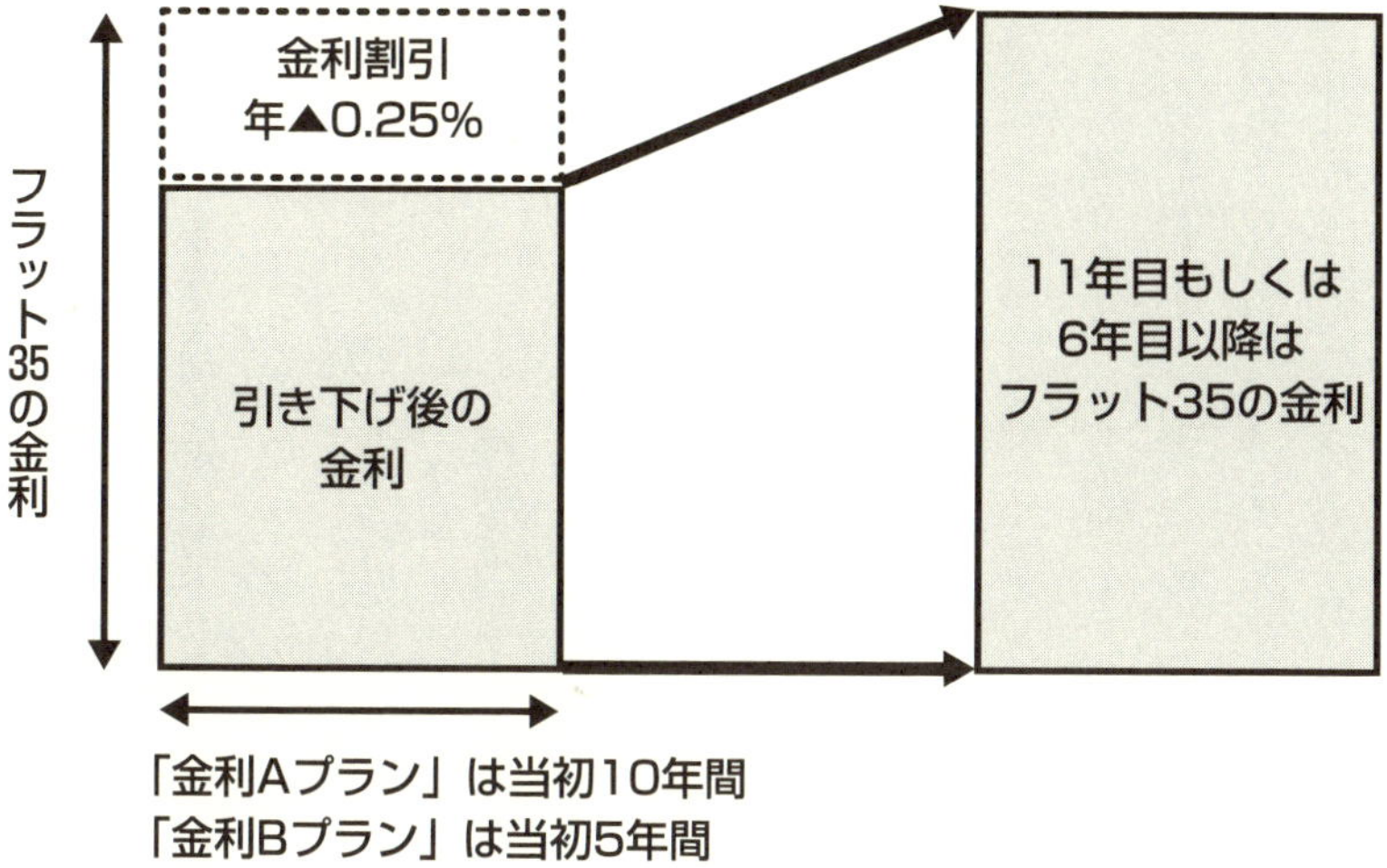

フラット35Sの対象住宅

フラット35の技術基準に加え、下記の4つの性能のうち、いずれか1つ以上の基準を満たすこと。
「金利Aプラン」と「金利Bプラン」では、基準のレベルが異なる
（金利Aプランの方が基準レベルが高い）

- 省エネ性
- 耐震性
- バリアフリー性
- 耐久性・可変性

フラット35の優遇制度

「子育て・地方移住」のマイホーム取得で金利引き下げ＋補助金が受けられる！

知らない人も多いのですが、条件を満たせばおトク！　ぜひ調べてみましょう

フラット35には、高品質住宅向けの金利引き下げに加え、もうひとつ子育て世帯や地方都市に移住する世帯などに向けた優遇制度があります。

これは、住宅金融支援機構と、子育て支援や地域活性化に積極的に取り組む地方自治体が連携して行う支援策です。一定要件を満たすと、地方自治体から補助金を受けることができ、さらにフラット35を利用すると、当初5年間の金利を0・25%引き下げられます。高品質住宅向けのフラット35Sの金利引き下げも併用できるため、当初5年間は合わせて0・5%金利が安くなります。金額が大きいだけにメリットが大きいですね。

補助金が100万円の自治体も！

子育て支援型は、若い子育て世帯のマイホーム取得や、親世帯との同居や近居をするためにマイホームを取得する場合が対象となります。

地域活性化型は、大都市圏に住む人が、UIJターン（出身地に戻るUターン、出身地以外の地方に行くIターン、出身地近くの地方都市に行くJターン）をきっかけに地方都市にマイホームを取得する場合などの制度です。

補助金を受けられる要件や金額は、各地方自治体により異なります。たとえば、千葉県市川市の子育て支援型の補助金は、親と同居が100万円、近居が50万円です。要件を満たし、利用できるとかなりおトク。

住みたい町、親が住んでいる町などが支援制度を設けているのかを確認しましょう。原則、年度単位の予算ですから、早い時期に募集枠がいっぱいになる可能性もあります。フラット35に子育て支援型・地域活性化型のポータルサイトがあるので、そこを入り口に地方自治体のサイトで調べるといいでしょう。

図5　条件に当てはまれば、メリット大!　フラット35のおトクな制度

「子育て」「Uターン・Iターン・Jターンで地方移住」などで、金利引き下げ＋補助金が受けられる!

フラット35の金利 － 当初5年間 0.25%引き下げ

優良住宅向けのフラット35Sも併用可能。さらに0.25%引き下げで当初5年間マイナス0.5%に!

【フラット35】子育て支援型・地域活性化型は地方自治体と連携して金利引き下げで応援する制度

子育て支援型	次のいずれかの場合における補助金交付などの支援 （要件は各地方自治体が個別に定める） ・若い子育て世帯がマイホームを取得する場合 ・若い子育て世帯と親世帯が同居または近居するためにマイホームを取得する場合
地域活性化型	次のいずれかの場合における補助金交付などの支援 （要件は各地方自治体が個別に定める） ・大都市圏に住む人が地方にUIJターンを契機にマイホームを取得する場合 ・コンパクトシティに移住する際にマイホームを取得する場合 ・空き家バンクに登録されている住宅を取得する場合

千葉県市川市の「子育て支援型」の例

住宅取得を機に親と同居、または近居（直線距離で500メートル以内）すると

フラット35の金利引き下げ 当初5年間 ▲0.25% ＋ 助成金 親と同居：100万円 / 助成金 親と近居：50万円

※その他詳細な要件は市川市のHPを参照
2018年8月で予算上限に達したため次年度まで申請は受け付けていない

フラット35を選ぶポイント

金融機関で条件が違う「フラット35」。金利や手数料、融資実行日を比較！

「フラット35」は、基本的な商品性は同じ。異なるのは、金利と融資手数料、それから手続き面の一部です

フラット35の条件を徹底比較

フラット35はどこの窓口金融機関で借りても基本的な商品性は同じ。異なるのは、金利と融資手数料、それから手続き面の一部です。コストも手続きもどちらも重要ですので、比較検討が必要ですね。フラット35選びのためのチェックシートを作りましたので、それに沿ってポイントを見てみます。

まず、金利と融資手数料をチェックして記入します。便利なのは、「フラット35」のHPにある金利情報ページです。都道府県を選ぶと、その地域で利用できるフラット35が一覧表示されます。108ページでも触れましたが、金利が低くていいなと思っても、ハウスメーカー系列のモーゲージバンクが顧客専用に提供しているローンだったりするので、金融機関名の横にある「詳細」ボタンを押して、コメント欄を確認しましょう。

融資手数料を高めに設定し、金利を低くしているところもあるので、チェックが必要です。定率型で「融資額の1～2%＋消費税」などと設定しているところは、融資手数料でまとまった金額を先取りするため、金利を低くできるのです。金利の低さだけに惑わされないように。

「つなぎ融資」がかからない方法を選ぶ

融資実行日（ローンが実行される日）もチェックしてください。フラット35のHPにある金利情報ページの「詳細」の中に記載されています。利便性が高いのは、融資実行日が多い金融機関です。金利が月初に発表されるので、融資実行日を10日～月末にしているところが多い中、1ヶ月で数日しか融資実行日を設けていないところもあります。ローン契約をうまくその日に合わせられないと、「つなぎ融資（フラット35の融資が実行されるまで一時的に他のローンを利用するこ

図6　フラット35の取り扱いを比較するなら、このシートでチェック！

フラット35選びのためのチェックシート

巻末215ページに白紙シートあり

	金融機関名【　　いろは銀行　　】	チェックポイント、目安
適用金利	金利【 1.70 %】（フラット35Ｓ適用住宅：当初【 1.45 %】引き下げ終了後【 1.70 %】）	金利や融資手数料は各金融機関によって異なるのでよく調べること
融資手数料	☑定額：【5万円＋消費税】 □定率：融資額の【　　%】	
融資手数料を含む総支払額を比較するには	住宅金融支援機構「フラット35」のHP →「金利情報」「各金融機関の金利情報を検索」→都道府県を選ぶ→「借入金利の検索結果」※「総支払額の低い順」など並べ替えが可能	
フラット35以外のローンと組み合わせができるか	☑できる □できない	長期固定金利のフラット35と、銀行ローンなどの組み合わせができるかどうか
融資実行日	□全営業日 ☑毎月10日前後から月末までの全営業日 □月に数日	融資実行日が多いほど使い勝手がいい。月に数日しかないと、「つなぎ融資」が必要になるかもしれないのでここは要チェック

と）」が必要になることも。つなぎ融資には利息も融資手数料もかかるので、できれば避けたいものです。融資実行日の多さだけがフラット35の選択ポイントではありませんが、手続き面でもコスト面でも重要なチェックポイントになると思います。

また、自己資金が少ない人が「住宅を建てるケース」では、フラット35ではなく、店舗のある銀行のローンがいいと思います。フラット35は住宅建築の際の着手金や中間金支払いには対応できず、その場合は前述の「つなぎ融資」が必要となります。私のこれまでの相談経験に基づくと、中間資金が必要なケースはとても煩雑になりがちなので、電話やメールでの対応は無理。**店舗があり、頼れる担当者がいる銀行からつなぎ融資なしで借りるのがベスト**です。

❷ 試算結果

異なる条件を比較すると

プラン1（フラット35）	プラン2（フラット35）	プラン3（銀行ローン）
・金利低い ・融資手数料高い ・保証料不要 ・団信保険料不要	・金利高い ・融資手数料安い ・保証料不要 ・団信保険料不要	・金利は低い ・融資手数料安い ・保証料高い ・団信保険料不要

	プラン1 →返済明細表 →繰上返済	プラン2 →返済明細表 →繰上返済	プラン3 →返済明細表 →繰上返済
毎月の返済額	全期間 102,817円	全期間 106,000円	全期間 102,531円
ボーナス月の増額分返済額	-	-	-
年間返済額	全期間 [illegible],804円	全期間 1,272,000円	全期間 1,230,372円
借入期間	30年	30年	30年
総支払額内訳：総返済額	37,014,272円	38,160,200円	36,911,107円
総支払額内訳：うち利息分	7,014,272円	8,160,200円	6,911,107円
総支払額内訳：利息割合	19.0%	21.4%	18.8%
総支払額内訳：諸費用	550,800円	32,400円	606,510円
総支払額内訳：うち当初諸費用	550,800円	32,400円	606,510円
総支払額	37,565,072円	38,192,600円	37,517,617円

●将来の残高

	プラン1	プラン2	プラン3
10年後(45歳時)残高	21,409,304円	21,615,096円	21,390,423円
60歳時残高	5,947,410円	6,097,852円	5,933,650円
完済時年齢	65歳	65歳	65歳

●住宅ローンの利用にあたっては、上記の他に下記の費用などが必要です。

住宅ローン利用時の諸費用	プラン1	プラン2	プラン3
印紙税(ローン契約)	2.0万円	2.0万円	2.0万円
登録免許税(抵当権設定)	3.0万円	3.0万円	3.0万円
抵当権設定のための司法書士報酬	6.0万円	6.0万円	6.0万円
合計	11.0万円	11.0万円	11.0万円

元金＋利息（→総返済額）

融資手数料＋保証料（→諸費用）

この中では銀行ローンが一番総支払額が少ない結果に（→プラン3 総支払額）

チェック!（→60歳時残高）

元金＋利息＋諸費用（→総支払額）

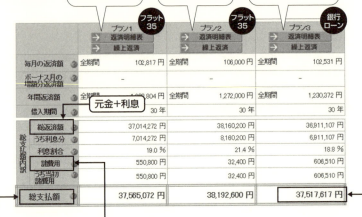

住宅金融支援機構の「返済プラン比較シミュレーション」を使ってみる

フラット35と銀行ローンを比較するのに便利なのは、
住宅金融支援機構の
「返済プラン比較シミュレーション」

諸費用のかかり方が違うローンの場合、金利だけの比較ではトータルでの負担額がわかりません。フラット35と銀行ローンの比較をすると、フラット35は保証料不要ですが、銀行ローンは保証料がかかるのが一般的。反対にフラット35は金利が低いものは融資手数料が数十万円と高かったりしますが、銀行ローンは数万円が一般的です。

異なる条件のローンの総支払額を比較するのに便利なのが、住宅金融支援機構の「返済プラン比較シミュレーション」です。

フラット35のHPの「ローンシミュレーション」のページの中にあります。

https://www.simulation.jhf.go.jp/type/simulation/hikaku/openPage.do

下記の活用例を見ながら試算してみましょう。

❶ 条件を入力

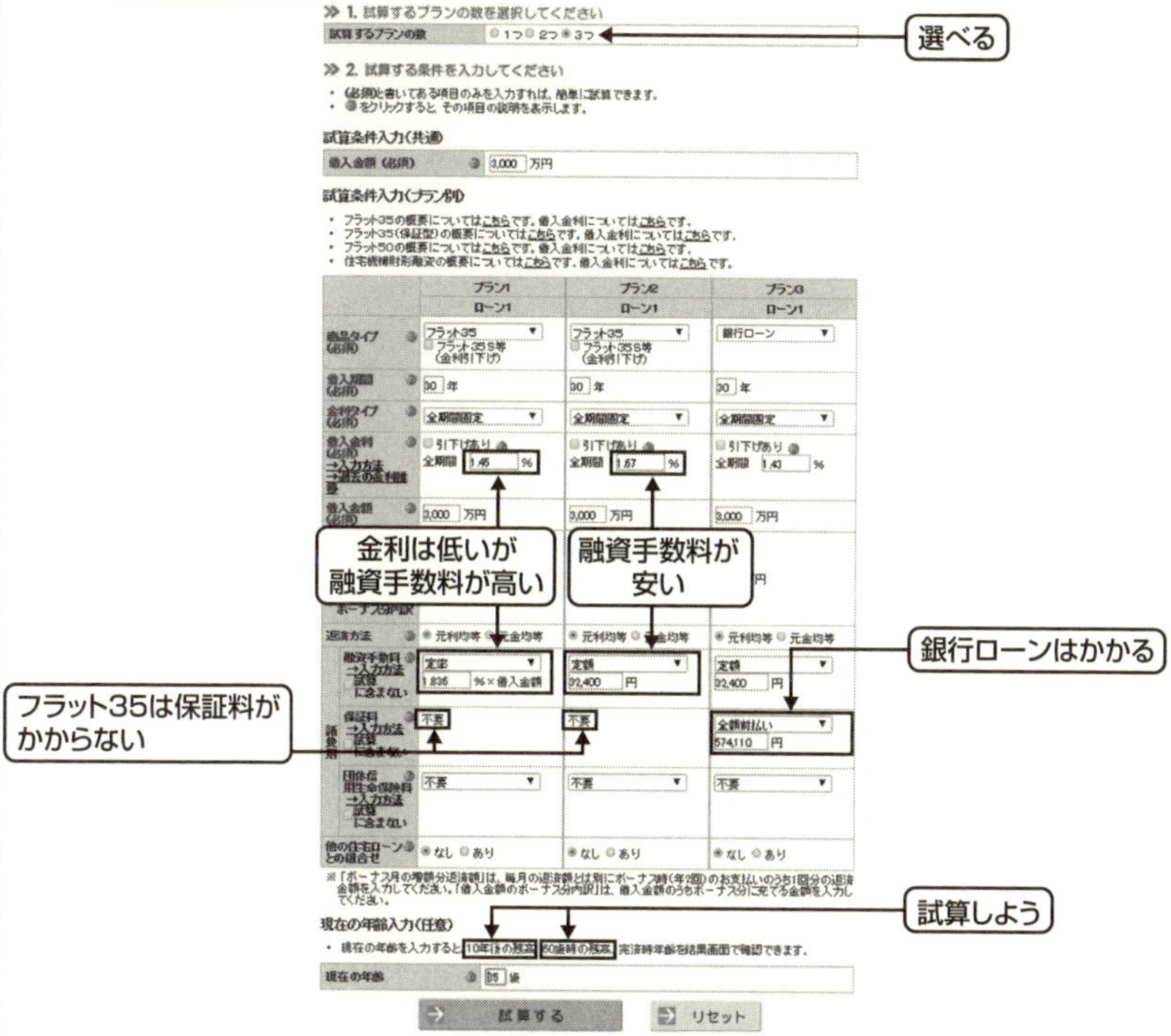

金利割引の違いも比較！

銀行ローンの金利タイプは主に3種類。「割引」の仕組みを知る

金利タイプは3種類。しかし、表示された金利から個別に違う割引幅があるので比較するときには注意！

金利タイプは、半年に1度、金利を見直す「変動金利型」、当初の3年、5年、10年などの一定期間の金利を約束する「固定金利選択型」、全期間の金利が固定される「全期間固定金利型」の3種類です。

固定金利を選択するごとに手数料がかかる

「変動金利型」利用中は、いつでも「固定金利選択型」に〝切り替える〟ことが可能です。多くの銀行では、切り替え時に「固定金利選択手数料」がかかり、相場は5000円＋消費税です。まれに2万〜3万円と高額なところがあるので、事前チェックは重要。もちろん、無料のところがベストです。

「固定金利選択型」利用中は、選んだ固定金利の期間中は、原則として他の金利タイプに切り替えることはできません。

銀行ローンは発売当初、変動金利型をベースに設計された経緯があるため、固定期間が満了すると、ほうっておけば変動金利型になります。再度、固定金利選択型を利用したいときは、銀行に連絡が必要で、前述の「固定金利選択手数料」を支払うことになります（期間満了前に銀行からどうしますかと通知がきます）。

最初に10年固定金利を利用したからといって、再度10年固定を選ばなくてはいけないわけではありません。期間満了後は、3年固定でも10年固定でも、変動金利でも自由に選択することが可能です。

金利タイプ変更後の割引幅のチェックは重要

「変動から固定に切り替えたときや、10年固定金利が終わると、金利はどうなりますか？」とよく質問を受けます。そのときに選んだ金利タイプの基準金利から契約時に約束した「割引幅」を差し引いた金利が適用になる仕組みです。

図7を見てください。執筆時点で10年

図7　「金利タイプ変更後」の割引幅もチェックしよう

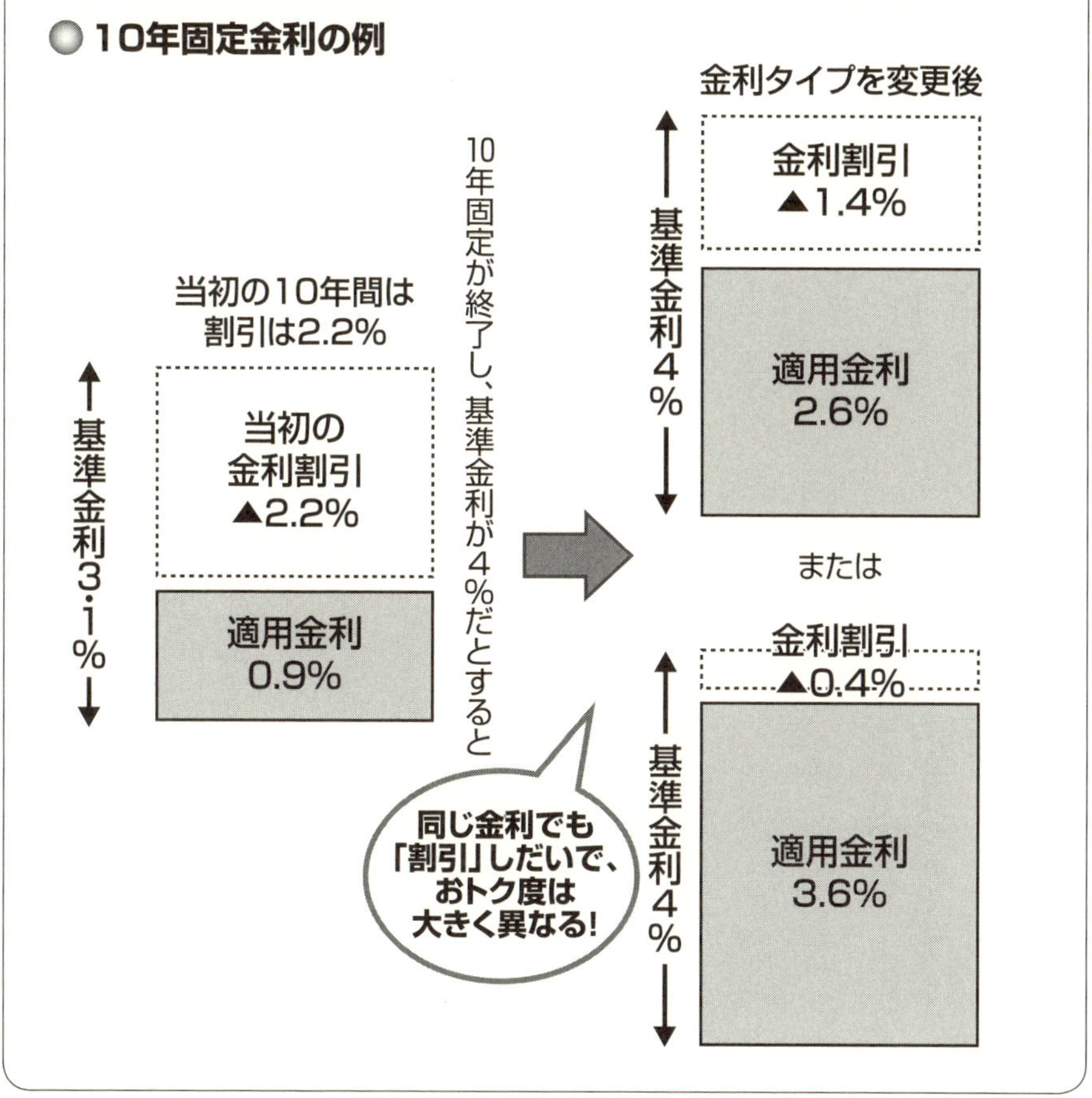

固定を0・9%としている銀行は、2・2%などの大型割引をした結果、実現した適用金利です。10年の固定期間が終了後は割引幅が1・4%になるところもあれば、まれに1%や、0・4%と大きく縮小する銀行もあります。当初10年間の適用金利が同じだったとしても、固定期間終了後の金利割引幅は各行異なりますから、あわせてチェックしましょう。

固定期間の10年が終了したとき、改めて選んだ金利タイプの基準金利が4%だとすると、割引幅が1・4%なら適用金利は2・6%、割引幅が0・4%なら適用金利は3・6%になります。割引幅によって、ずいぶんおトク度が違うことがわかりますね。

金利タイプ変更後の割引幅については、ローン選びの際に知っておきたい「おトク知識」なのですが、意外に知らずに借りている人が多いのが現状です。

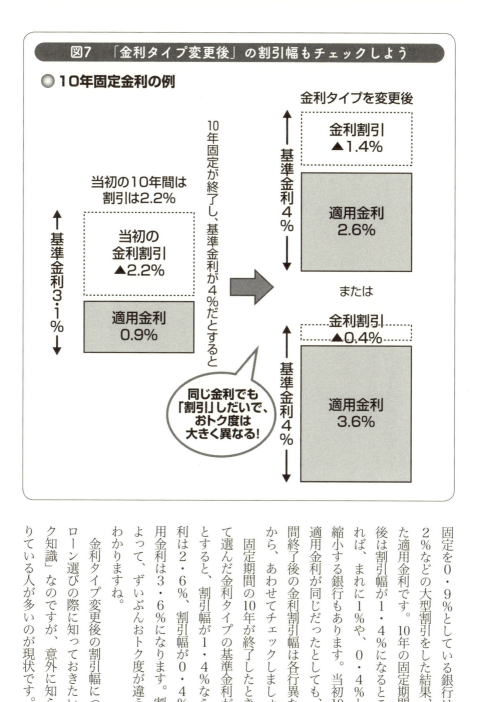

金利上昇の局面では、変動型よりも固定金利型の金利が先行して上がる！

ローンの変動金利型と固定金利型はそれぞれ元になる指標が違うため、ローン金利の変化のタイミングが異なります

住宅ローン金利が「いつの時点での金利」が適用されるのか、またそれぞれの金利タイプは「何の影響を受けて決まるのか」を知っておきましょう。

引き渡しが先なら金利を高めに見ておくことが必要

銀行ローンもフラット35も「住宅ローンが実行される月」の金利が適用されます。新築マンションの多くは、建築途中から入居申込みが始まるため、完成・引き渡しは半年から1年程度あとになることが多く、その間に金利が大きく変動する可能性があります。ローン契約時に入居申込み時期に立てた資金計画より金利が上がっていると返済額に影響しますから注意が必要です。引き渡しが1年以上先の物件の場合、金利は0・5％程度高く見積もった返済額で家計チェックしておくと安心です。

一方、公的ローンである財形住宅融資は、「ローン申込み時点」での金利が適用になります。

変動金利が上がる前に固定金利が上がるのがセオリー

次にそれぞれのローンが「何の影響を受けるのか」について見てみます。**銀行の変動金利型は、「短期金利」に連動し、具体的には日本銀行が決める「政策金利」に影響を受けます。**最近「日本はマイナス金利政策をとっている」と耳にすると思いますが、この政策を決めているのは日銀です。これにより、変動金利型ローンは底値の状態です。今後、景気が回復し日銀が金利を引き上げると、1年に2回ある変動金利の見直し基準日の後に変動金利が引き上げられる仕組みとなっています。

フラット35、銀行の10年以上の固定金利型は、「長期金利（10年国債の利回り）」という指標の影響を受けます。こ

図8　金利決定のプロセスを知っておこう

住宅ローン金利はいつどのように決まる？

ローンの種類		いつ決まる？（発表時期）	金利決定に影響を与える指標	どの時点の金利が自分のローンに適用される？
銀行ローン	変動金利型	基準日は4月1日と10月1日	日銀の政策金利（短期金利）	ローン契約日（ローンが実行される日）の金利
	1～5年の固定金利	当月の金利が前月末に決まる	短期・中期国債の利回り	
	10年以上の固定金利		長期金利（10年もの国債の利回り）	
フラット35		当月適用の金利が毎月1日に決まる		
財形住宅融資		1・4・7・10月適用の金利が前月末に決まる	5年もの国債の利回りなど	ローン申込み時点

ちらは日銀の政策金利と違い、日々動く「生《ナマ》もの」の金利。固定金利は毎月1日から適用される金利が前月末に決まるため、20日以降に長期金利が上昇すると、翌月の住宅ローン金利も上がる傾向があります。長期金利は、日本経済新聞なら1面、一般の新聞なら経済面のマーケット欄という囲みに掲載されています。

覚えておきたいのは、金利が上昇する局面では、長期金利の方が短期金利よりも先行して上がること。これは経済のルールです。「金利の低い変動金利型で借りて、金利が上がったら固定金利型に切り替えよう」と考える人が多いのですが、**変動金利が上がる頃にはすでに固定金利はずいぶんと高くなってしまい、切り替えできない可能性が大きい**でしょう。

住宅ローン金利は何に影響を受けて上がったり、下がったりするのか、またその動き方を知ることはとても大切です。

返済額増額指定サービス

家計にゆとりのある時期だけ返済額を増やすことができる銀行がある

返済額増額指定サービスの増額分は元金に充当されるため、利息の軽減効果もあるのが嬉しい！

毎月のローン返済をしながら、繰上げ返済に回せる余裕資金を貯めていくのは、簡単なことではありません。**一部の銀行にある「返済額増額指定サービス」**は、悩ましい繰上げ返済の実行を少しラクにしてくれます。

このサービスを利用すると、家計に余裕がある時期に「これから3年間、通常の返済に毎月2万円プラスして返済する」などといったことができます。増額分は全額元金に充当されますから、毎月繰上げ返済するようなものです。ローン残高の減り方が早くなり、利息軽減効果が期待できます。うれしいサービスですね。

このサービスがあるおもな銀行は次の通りです。

みずほ銀行「ライフステージ応援プラン（返済額増減サービス）」
千葉銀行「返済額指定方式」
京葉銀行「こつこつ繰上返済サービス（住宅ローン返済額指定）」
北洋銀行「ライフステージFit（返済額指定サービス）」
三井住友銀行「住宅ローン定額返済プラン」……変動金利ローンにだけ適用なので注意

これ以外にも同様のサービスを持つ地方銀行があると思いますので、窓口やコールセンターに問い合わせてみましょう。

増額指定期間が終わったら、再度期間を指定できる

細かい商品性は、各行異なりますので、最初にこのサービスを提供したみずほ銀行の例で見てみましょう。返済額を増額できる期間は、1回の手続きあたり最長5年。累計の期間制限はないので、増額期間が終了したら、再度増額指定することができます。当初の返済額を超える金額であれば、千円単位で増額返済ができ、最低6ヶ月間から利用できるので、手軽

図9 「返済額増額指定サービス」のイメージ

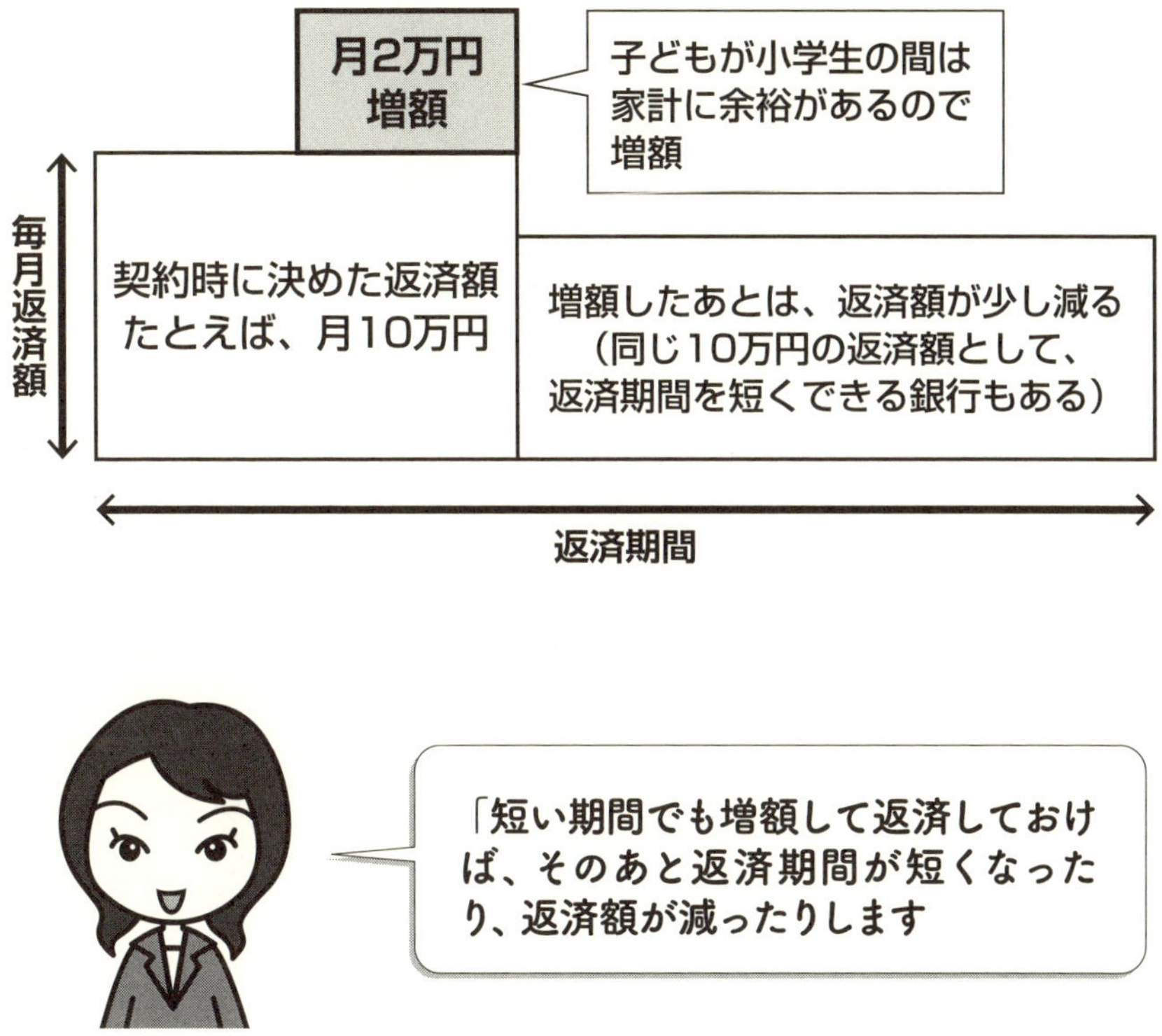
月2万円
増額
子どもが小学生の間は
家計に余裕があるので
増額
毎月返済額
契約時に決めた返済額
たとえば、月10万円
増額したあとは、返済額が少し減る
（同じ10万円の返済額として、
返済期間を短くできる銀行もある）
返済期間
「短い期間でも増額して返済しておけば、そのあと返済期間が短くなったり、返済額が減ったりします

で便利なサービスです。

増額指定した期間が終了すると、残高と残りの期間と金利で再計算をするため、当初の返済額よりも少なくなる仕組みです。返済額を少なくするより、返済期間を短くしたい場合は、増額指定期間が終了したときに銀行に申し出ると手続きをしてくれます。

みずほ銀行の場合、増額だけではなく、要件を満たすと「減額」もできます。FPとしては減額プランの利用を積極的には勧めませんが、延滞するより減額して返済を継続するほうがいいです。

手数料は、手続き1回あたり5000円＋消費税としている銀行が多いです。みずほ銀行の場合、20歳未満の子どもがいると「子育て応援サービス」として手数料が無料になります。利用したい銀行で手数料が無料になる仕組みの有無を確認しましょう。

保証料は「信用」を買うために払うもの。借金を肩代わりしてくれるわけではない

勘違いしている人も多いが、保証料を支払ったとしても、自分が困ったときに守ってくれるわけではない

保証料は借り手ではなく、貸し手にとっての保険

ローン契約をすると、一般的には「保証料」を支払います。金額は借入金額と返済期間によって決まり、たとえば3000万円を返済期間35年で借りると約62万円にもなります。でも、このお金は何のために支払うのでしょうか。

お金を借りるときには通常「連帯保証人」が求められます。お金を借りた人が返済不能になったとき、貸した側は連帯保証人に借金の肩代わりを求めることができます。住宅ローンの場合、多くの人が利用するため連帯保証人を付けるのは大変なので、代わりに保証会社による保証制度ができました。保証料を支払えば、連帯保証人を立てずに済むシステムです。

図10のようにローンの契約者が返済不能に陥ったとき、保証会社はその人に代わって金融機関に残りのローンを一括で支払います（これを代位弁済と言います）。しかし、これでローン利用者が借金を免れるわけではありません。ローンを返済する相手が、金融機関から保証会社（債権を回収する会社）に移っただけで、実際には住宅を売却するなどして、一括で返済を求められることになるのです。

売却価格よりも借入残高のほうが多いと、最悪の場合自己破産となるケースもあります。つまり、保証料を支払ったとしても、自分が困ったときに守ってくれるわけではないということ。言い換えると、保証システムは貸し手の「保険」です。集めた保証料で、返済不能になった人の残債処理をする仕組みになっています。

一方で、ソニー銀行など一部の銀行は保証料がかかりません。保証料を取らない分、「キチンと返済が続けられるかどうか」を審査されますが、返せる人に貸すのは金融機関として当たり前のことであると言えるでしょう。

図10　保証制度の仕組みはこうなっている

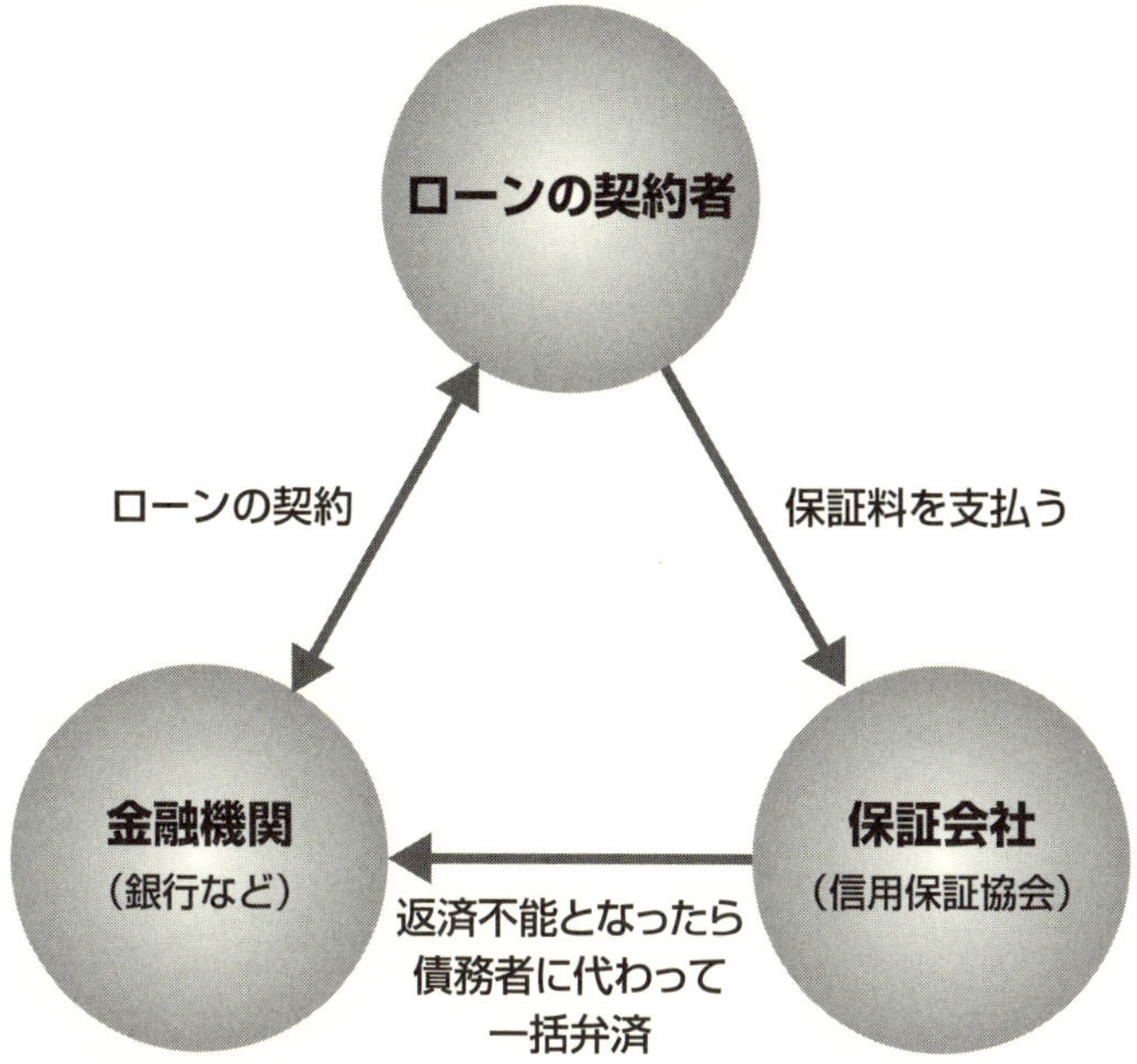

万が一返済不能となってしまったら……？

保証会社は契約者に代わって金融機関に残債を一括返済（これを代位弁済と言う）

保証会社は契約者に対して一括返済を請求する

⇩

つまり、保証料を払ったからといって返済不能となったときに借金から逃げられるわけではない

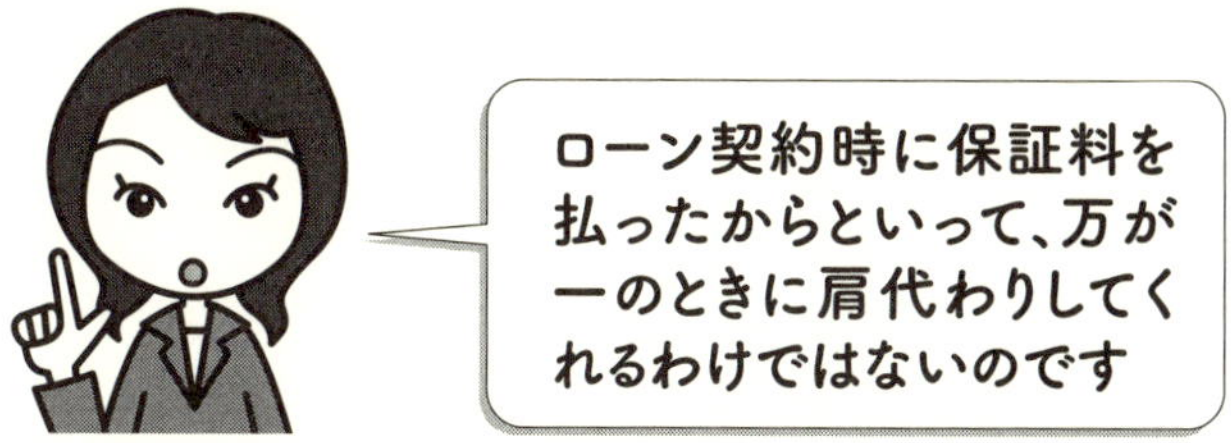

多様な銀行ローンを比較するにはチェックシートを活用しよう

チェックシートに記入することで、自分がどの部分に優先順位を置きたいのか見えてくるはずです

自分に合った銀行ローンを選ぶには「優先順位」を明確にする

銀行ローンは、銀行によって金利や商品性が多様なのが特徴です。みなさんが自分に合ったローン選びができるようにチェックシートを作ってみました。**シートに記入することで、自分がどの部分に優先順位を置きたいのか見えてくる**はずです。巻頭の折り込み白紙シートもご利用ください。各銀行のHPに記載されていない情報は、コールセンターや店頭で質問するといいでしょう。

優先順位がわかるように、チェックポイントを「金利面」「返済方法」「コスト面」「繰上げ返済」「その他」の大きく5つに分類してあります。

たとえば、子どもが小さく、金利変動リスクが取れないから返済額を安定させたい、固定金利で安心したいなら「金利面」の10年以上の固定金利の金利が低いところを選ぶべき。当初の金利タイプから変更した以降の金利割引幅もあわせてチェックし、記入しましょう。当初の適用金利が同じなら、その後の金利割引が大きいところを選ぶのが得策です。

「ミックス返済」（66ページ参照）を考えているなら、各行の仕組みを事前チェック。異なる返済期間にできる方がより利便性が高いと言えますが、銀行によってシステム対応はさまざまなので、確認して比較してみましょう。

こまめに繰上げ返済をしたいと思っている人なら、繰上げ返済の利便性は重要チェックポイント。反対に、繰上げ返済をせずとも60歳で完済できるローンを組むなら、繰上げ返済の利便性はチェックしなくてもいいわけです。

ネットで手続きできるところは手数料が無料または1000〜2000円ですが、店頭では1万〜3万円という銀行も。大きな差があるので要チェックです。

図11　銀行ローンを比較するなら、このシートでチェック！

「深田式」銀行ローン選びのチェックシート

巻頭折り込みに白紙シートあり

金融機関名【　ＡＢＣ銀行　】			チェックポイント、目安
金利面のチェック	変動金利型	□当初の適用金利【0.625】% 金利タイプ変更後の金利割引 【▲1.85%】	利用したい金利タイプの適用金利と、金利タイプ変更後の金利割引幅を記入し、比較しよう
	【10】年 固定金利選択型	□当初の適用金利【0.9】% 金利タイプ変更後の金利割引 【▲ 1.4 %】	
	全期間 固定金利型	□適用金利【1.3】%	
	固定金利を 選ぶ際の手数料	□無料　☑有料 【　5,000円＋税　】	固定金利を選ぶたびに、5000円＋消費税がかかる銀行が多い
返済方法	「ミックス返済」 で2本組めるか	☑できる　□できない	ミックス返済を考えている人には重要なチェックポイント。異なる返済期間設定ができる方が利便性が高い
	「ミックス返済」 で異なる返済期間 に設定できるか	☑できる　□できない	
	返済額増額指定 サービス	□ある　□ない	P122参照 あると便利なサービス
初期コスト	ローン事務 手数料	☑定額【　3万円＋税　】 □定率　融資額×【　　】%	銀行ローンの場合は、定額で3万～5万円＋消費税のところが多い
	保証料	☑無料 □有料：　年　　万円 借りた場合【　　　　円】	無料は魅力的だが、審査が厳しい場合も
繰上げ返済	繰上げ返済 の最低金額	☑特に定めなし □【　　　　円】から	多くの場合、 1万円程度から
	ネットで繰上げ 返済はできるか	☑できる □できない	店頭に出向かずにネットで手続きできる方が便利
	繰上げ 返済手数料	ネットで手続き 変動金利型利用中【　　0 円】 固定金利型利用中【　　0 円】 店頭での手続き 変動金利型利用中【3,000円＋税】 固定金利型利用中【5,000円＋税】	ネット手続きと店頭手続きでは、ネットが安い。変動金利か固定金利かでは変動金利利用中が安い。選ぶ金利タイプと手続き方法の手数料を比較するのがポイント
その他	疾病保障保険の 保険料	□金利上乗せ型【　　】% □別途支払い型	「別途支払い型」がいい
	気になる サービス		その他気になるサービスがあったら記入しておこう

万が一のため補償は必要？

「疾病保障保険」は、必要な商品と不要な商品が混在しているので注意！

特定の病気になったときにローン返済を支援してくれる保険は、「心配」をすべてカバーしてくれるわけではない

住宅ローン金利の引き下げ競争は限界まで来ているため、最近はどの銀行も「疾病保障保険」で独自性を出そうとしています。

「疾病保障保険」は、住宅ローンに付帯する任意の保険です。種類も多く、仕組みもそれぞれ異なるため、ローン利用者にとって比較は簡単ではありません。

結論から言うと**「付ける必要がない商品」と「付けておくと安心な商品」に大別されます**。商品の仕組みと選択ポイントを見ておきましょう。

通常、住宅ローンには「団体信用生命保険（団信）」がセットになっています（フラット35は任意加入）。ローン契約者が死亡、または高度障害状態に陥ると、その時点の残高相当の保険金がおりてローンはなくなります。銀行ローンの場合、保険料は金利の中に含まれているので、別途支払う必要はありません。

これに対し「疾病保障保険」は、病気で所定の状態になったとき、〝生前に〟保険金が下りる仕組みで、保険料は原則としてローン契約者が負担します。

3大疾病保障タイプは「不要な保険」

「疾病保障保険」には多くの種類があるのですが、ここでは大きく3つのタイプに分類して仕組みを見てみます。

1つ目は「3大疾病保障タイプ」。ローン契約者ががん・急性心筋梗塞・脳卒中と診断され「保険会社が定める所定の状態」になったとき、保険金が支払われ、ローン残高がゼロになります。

がんの場合、がん（悪性新生物）と診断されると要件を満たしますが、急性心筋梗塞は発病してから60日以上働けない状態が継続、脳卒中は60日以上神経学的後遺症が継続したときなどですから、支払い要件はなかなか厳しいです。保険料はローン残高に対し0・3％程度で、金

図12　「疾病保険付きローン」の仕組み

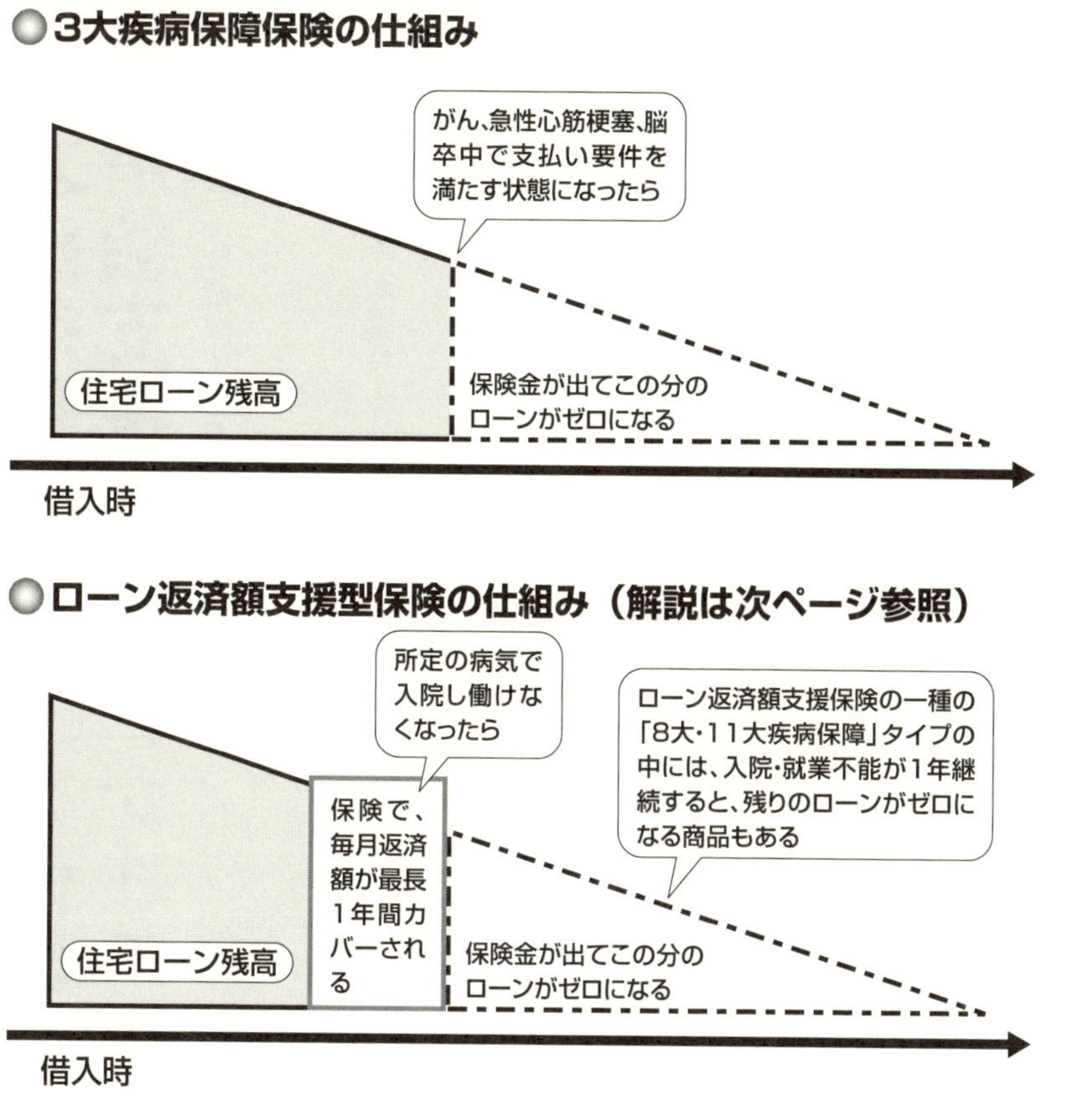

利に上乗せして支払うタイプが大半です。

この「3大疾病保障タイプ」は、私は「付ける必要がない」商品だと思います。

理由は3つあり、まずがん以外の2つの病気の保険金支払いのハードルが高いこと。厚生労働省の患者調査(2014年)によると、住宅ローン返済世代の35〜64歳の患者の心疾患の平均在院日数は9日、脳血管疾患が46・9日。要件を満たすのは、簡単ではないことがわかります。

2つめの理由は、保険金支払いのハードルが高いわりに、残高に対し0・3%程度の保険料は高いということ。3つ目は保険料が金利に上乗せされるため、保険を途中解約できないこと。ローン残高が減り、貯蓄が増えるとリスクが軽減するので「途中で解約できる」選択肢がある商品のほうが合理的なのです。

では、次のページで残りの2つのタイプの商品を見てみましょう。

「8大疾病保障保険」を付けるなら「返済額支援タイプ」がオススメ！

保険料が安く、中途解約できるタイプの保険ならオススメ

特定疾病保険は仕組みが異なる2タイプがある

最近は、病気の対象を広げた「特定（8大または11大）疾病保障保険」が主流で、前ページの3大疾病に5つないし、8つの生活習慣病（高血圧症・糖尿病・慢性腎不全・肝硬変・慢性膵炎など）を加えた商品で、2つのタイプに大別できます。便宜上「タイプA」「タイプB」として解説します。

まず「タイプA」から。対象となる8～11の特定疾病にかかり、30日間（免責期間）を超えて入院などで働けない状態が続くと、ローン返済額相当の保険金が毎月支払われます。その状態が1年継続すると、ローン残高分の保険金が支払われ、残高がゼロになる仕組みです。

免責期間を超えた1年間は、毎月返済額の収入保障だけですから、要件を満たした時点でローン残高全額を保障する3大疾病保険に比べ、保険料は安くなります。「タイプA」は、みずほ銀行、三菱UFJ銀行などが扱っています。

保険料の支払い方法は、銀行によっても異なりますが、多くの場合、ローン返済とは別に毎月口座から引き落とされるのが一般的です。

オススメは保険料が安い「タイプA」

「タイプB」は、3大疾病保険とタイプAを組み合わせた商品です。3大疾病で要件を満たすと、その時点でローン残高がゼロになり、その他の特定疾病の場合は、タイプAのように「免責期間を過ぎた1年間は毎月のローン返済額を保険金として支払い、1年継続した時点でローン残高がゼロになる」という仕組みです。保険料として金利に0・3～0・4％上乗せされます。

図13は3つのタイプの保険料を比較し

図13　疾病保障保険の保険料比較

商品タイプ	30年間の保険料負担	保険料の払い方	保険の中途解約
①3大疾病保険	約157万円	金利に上乗せ（+0.3%）	不可
②特定疾病（8大または11大）「タイプA」	約43万円	ローン返済と別に月払い	可能
③特定疾病（8大または11大）「タイプB」	約211万円 ※+0.4%の場合	金利に上乗せ（+0.3〜0.4%）	不可

※35歳男性が3000万円を金利1.5%、返済期間30年で借りたケース
②はみずほ銀行『8大疾病補償』の例

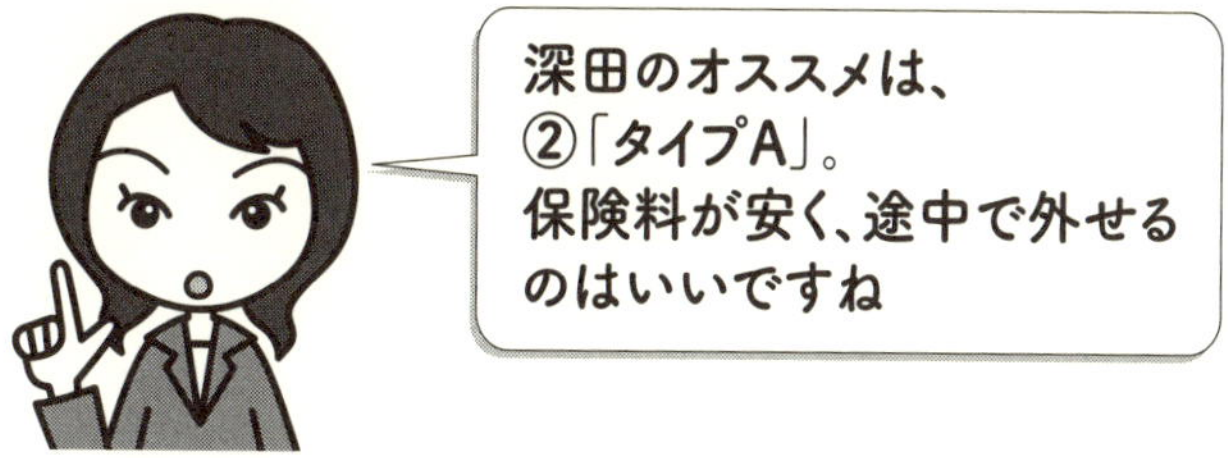
深田のオススメは、
②「タイプA」。
保険料が安く、途中で外せる
のはいいですね

たものです。商品によりずいぶんと保険料に差があることがわかります。

①「3大疾病保険」と③「タイプB」は、保険金支払い要件のハードルが高い割に保険料が高いので、「タイプB」も「付ける必要がない」商品です。疾病保障保険は、コストが安い②の「タイプA」が私のオススメです。

安いうえに「タイプA」なら、保険料をローン返済と別に支払う仕組みのため、将来、貯蓄が増えてローン残高が減少しローン返済のリスクが軽減したときに、保険を中途解約することが可能です。

もちろん「疾病保障保険」を付けない選択もあります。わが家のリスクを考えたうえで、付けるか付けないかを検討しましょう。一部に「保険料無料」という銀行がありますが、それが銀行選びの決め手にはなり得ません。住宅ローンは、金利や使い勝手を重視して選びましょう。

共働き夫婦はどちらが死亡してもローンがゼロになるように保険に入る

割安な定期保険を利用し、ローン残高の減少に合わせて5年か10年に一度見直すこと

自分の保険に配偶者のローン分を上乗せして保障を確保する

共働き夫婦が2人で「ペアローン」を組む際の保障設計を考えてみましょう。

たとえば図14のように「夫が２０００万円」、「妻が１０００万円」のローンをそれぞれ組んだ場合、夫が死亡すると団信により夫のローンはなくなりますが、妻の返済は続きます。逆のケースでも同様で、遺された人の住宅ローンはゼロにはなりません。

ローン返済中に夫婦のどちらかが死亡すると収入ダウンによる家計運営が心配といったカップルには、「**自分の生命保険に〝配偶者のローン残高分〟を上乗せ**しましょう」と提案しています。

夫が死亡すると団信で夫のローンはゼロになり、遺された妻は夫の生命保険の死亡保険金を使って自分のローンを全額繰上げ返済すると、ローン返済はすべてなくなります。

収入が1人分になっても、ローン返済がないと家計運営がラクになります。別途入る保険については、保険料コストを抑えるためにも割安な定期保険（掛け捨て保険）を利用し、ローン残高の減少に合わせて5年か10年に一度保険金額の見直しをしましょう。

街角の保険ショップなどに相談に行かずに（余分なものも勧められてしまいますから）、インターネットで加入できる保険に入ること。非喫煙者で健康状態のいい人なら大きな割引きが受けられるメットライフ生命の「スーパー割引定期保険」や、オリックス生命の「ブリッジ」などが保険料が安くオススメです（いずれも10年の掛け捨て定期保険）。

たとえばオリックス生命の「ブリッジ」の場合、死亡保険金額１０００万円の保険料は、35歳男性で月１５０３円、女性は１１２１円です。

図14　夫婦それぞれでローン契約を結ぶケースの死亡保障プラン

住宅ローン契約は2本

夫の住宅ローン（団信付き）借入額2000万円

→ 夫は「自分の生命保険」で、妻のローン残高分（1000万円）の死亡保障を確保する

＋

妻の住宅ローン（団信付き）借入額1000万円

→ 妻は「自分の生命保険」で、夫のローン残高分（2000万円）の死亡保障を確保する

保険プラン

万一の際、ローン返済はゼロになる

【配偶者が死亡すると…】

- 死亡した人のローンは団信でゼロになる
- 自分のローンは残るが、死亡した配偶者の生命保険の保険金を使って全額繰上げ返済し、ゼロにする

夫婦でペアローンを組む場合は「自分の生命保険で〝配偶者のローン分の死亡保障〟を上乗せする」ようにしましょう

地方で有利な住宅ローンを組むにはまず県内でトップ2の銀行の金利をチェック

住んでいる地域の1番目と2番目に大きな銀行のHPを見て、金利や特別なサービスを比較してみよう

地方銀行選びのコツをつかむ

東京以外で開催されるセミナーに呼んでいただき、住宅ローンについて話をするときは、その県にある地方銀行のローン商品を調べます。生命保険は全国どこに行っても同じ商品を売っていますが、住宅ローンは県によってまったく異なります（だからおもしろいのですが、毎回調べるのは結構大変です）。

都市圏に支店が多い大手銀行は、地方に行くと支店は県に1店なんて珍しくないので、頼りになるのは地元の金融機関。地域にある地方銀行、信金・信組、ＪＡ、労金の商品比較をする際のチェックポイントをつかんでおきましょう。

住宅ローン競争は県内で行われる

住宅ローンの競争は、各県の中で繰り広げられます。たとえば、北海道銀行が10年固定と3年固定の金利を大きく引き下げると、ライバル行である北洋銀行も追随し、数ヶ月以内に北海道の銀行の10年固定と3年固定は全国的に見ても超低金利、といったことになります（一例です。北海道出身なので北海道を例に取りました）。ですから、まず**その県で1番目と2番目に大きな銀行のＨＰを見て、**金利や特別なサービスをチェックしましょう。比較のモノサシになります。地銀の特徴は、ＨＰだけでは商品概要をすべてチェックできないことが多いことです。

たとえば、当初の金利割引については大きく書いてあるのに、金利タイプが変わったときの割引幅は明記されていない。また、繰上げ返済手数料の金額が書いていない（書いてあっても、ローンのページではなく、振込手数料などのページにあったりする）など、やや不便。その場合は１２７ページの「深田式」銀行ローン選びのチェックシートを使って、コールセンターに電話を掛けて聞いてみたり、

図15　地方銀行選びのコツをつかむ

□その県で1番目と2番目に大きい銀行のHPからチェックする

□3年固定金利が低くても、10年固定金利を選ぶ

□当初の金利割引と金利タイプ変更後の割引幅の両方を調べる

□繰上げ返済はインターネットで手続きできるか

□繰上げ返済の手数料はいくらか（変動金利と固定金利では手数料の金額は大きく異なる）

□HPに記載がないものについては、コールセンターに電話したり、支店で質問をして情報収集する

□住宅ローン金利は、通常「ローン実行日」の金利が適用になるが、まれに「申込み時点での金利」が適用になる銀行も

□保証料の金額を比較検討する（たまにすごく高いケースがある）

支店に出向いて質問するといいでしょう。

特に繰上げ返済の手数料は、インターネットバンキングの環境が整っていない銀行だと、1回につき1万～3万円＋消費税と大手銀行に比べ割高だったりしますので、よく比較検討を。

銀行ローンの場合、ローン実行日の金利が適用になりますが、一部の地域では、競争により「申込み時点での金利を適用する」ことを約束している銀行があります。資金計画が確定し安心できるメリットがありますので、要チェックです。

また、一部にローン保証料が他に比べてとても高いところがあります。保証料は、借入金額と返済期間で決まるので、自分が借りる金額と返済期間で保証料の金額を調べて、チェックシートに記入してみると、あとで慌てなくてすみます。保証料は完全な「捨て金」ですから、割高な金額を払ってはいけません。

提携ローンの落とし穴！

不動産会社から紹介の提携ローンより、勤務先の提携ローンがおトクなことも！

提携ローンを使うのはマストと思っている人もいるけれど、それは勘違い。オトクな金融機関を自分で探してもOK！

不動産会社には提携する銀行が複数あり、そこから借りるローンを「提携ローン」と言います。新築なら物件の審査が済んでいることが多い分、ローンが借りられるかどうかの審査がスムーズに行われます。審査に必要な書類は不動産会社の担当者が銀行に届けるため、自分で銀行に足を運ぶ必要はありません。

提携ローンは「手間がかからない」のがメリットですが、必ずしも金利が特別に安いわけではありません。**提携ローンを使うのはマストではなく、自分で銀行に申込みできます**し、不動産会社を介さなければ「ローン取り扱い手数料」の3〜10万円を払わずにすみます。ローンの契約は物件の引き渡し時になりますから、借り先はそれまでに決まっていればOK。ですから、売買契約前に仮審査が通っていた銀行から変更することも可能です。余裕をみて、引き渡し日の2ヶ月くらい前までには審査申込みをするといいでしょう。

新築の場合は、提携ローンを使った方が登録免許税の軽減が受けやすくなることがあります。販売事業者にどの程度安くなるのか確認し、提携ローンを利用すると発生するローン取り扱い手数料と天秤にかけて検討してみてください。

勤務先の提携ローンには掘り出し物があることも

銀行が取引先企業の社員向けに提携ローンを提案していることがあります（銀行業界では「職域ローン」と言っています）。内容はケースバイケースですが、中には通常より金利の割引幅が大きかったり、保証料が少し安くなっていたりと「掘り出し物」があったりします。勤務先の提携ローンの有無は、人事部や総務部、または労働組合で確認するとわかります。グループ企業に銀行があるなら、まずその銀行をあたりましょう。

図16　不動産会社の紹介ではなく、自分でおトクなローンを探してみよう

2つの提携ローン

モデルルームで資金プランを立ててもらうと、
たいていは不動産会社の提携ローン。
これしか利用できないわけでなく、自由に選んでいい

不動産会社の提携ローン

不動産会社と取引銀行が
提携しているローンのこと

【メリット】
- 物件の審査が済んでいることが多く、その分審査が早くなることがある
- 新築物件の場合、登記費用が安くなることがある

勤務先の提携ローン

勤務先企業と銀行が提携している
ローンのこと

【メリット】

その企業の社員向けに金利割引拡大、保証料が多少安くなるなど「特典」があるケースも!　要チェック

借入先を決めるのはどのタイミングがベスト?

不動産売買契約の前に借入先を仮決めして審査を申し込む。この時点で提携ローンでも、あとで変えることができる

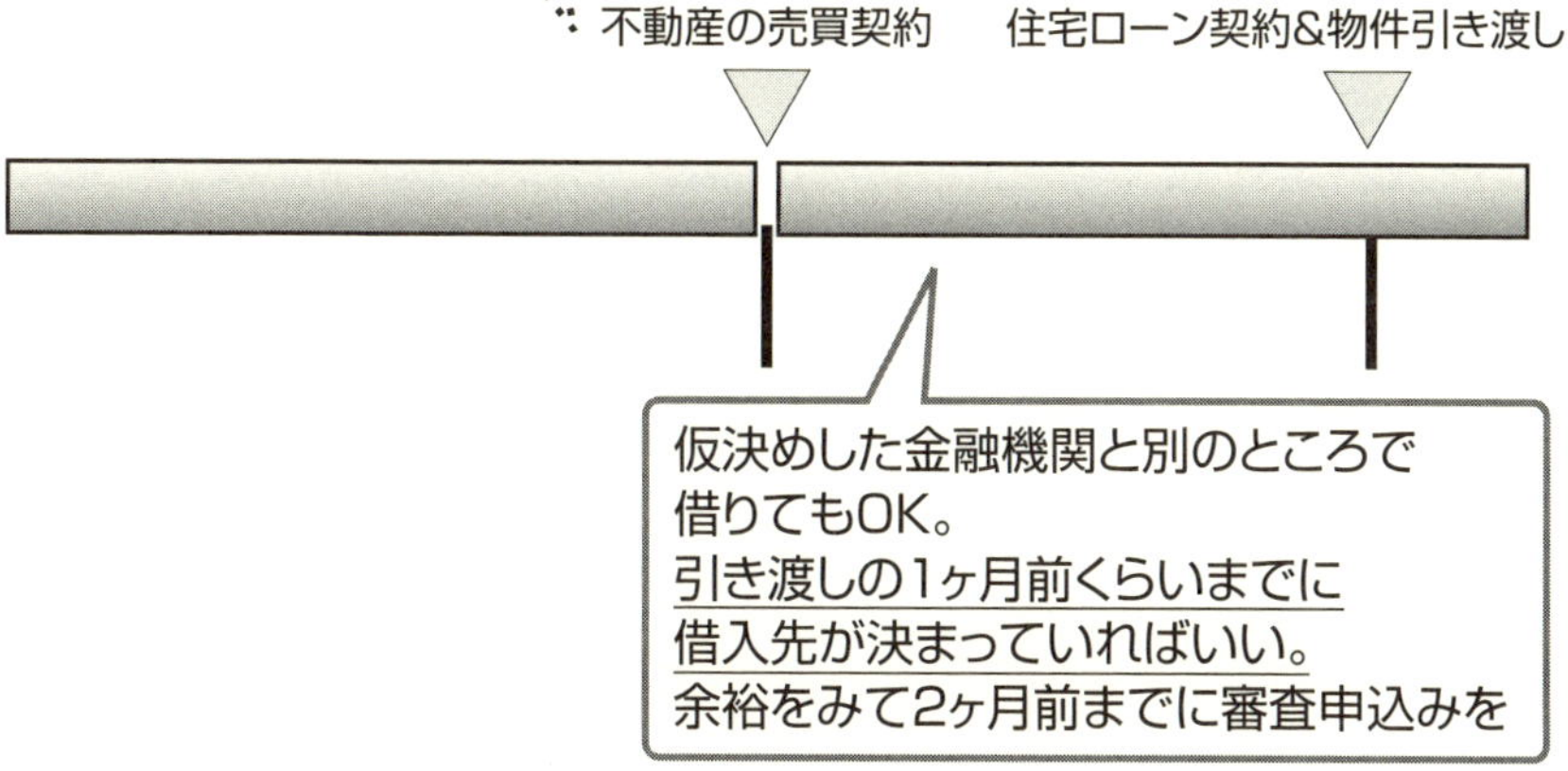

仮決めした金融機関と別のところで借りてもOK。
引き渡しの1ヶ月前くらいまでに借入先が決まっていればいい。
余裕をみて2ヶ月前までに審査申込みを

オスススメの住宅ローンはこれ 1

ソニー銀行の住宅ローン

オススメのポイントはここ!

1. 保証料、繰上げ返済の手数料が無料
2. 住宅ローンの利用で優遇プログラムClub Sの対象に。振込やATM手数料の優遇特典が受けられる
3. 金利タイプ「20年超固定(全期間固定)」が割安
4. 地方に住んでいても利用可能

ソニー銀行の住宅ローンはこんな内容

インターネット専業銀行として2001年に開業。顧客志向で住宅ローン設計を行っているため、使い勝手がいいと評判です。金利面、コスト面、利便性などトータルのバランスが良いのが特徴。ローンの申込み後、専任のローンアドバイザーがついて、契約までメールや電話でフォローしてくれます。有店舗でも専任の担当者がつくことはほとんどありませんから、店舗がないからと不安に思う必要はないでしょう。

店舗を持たないということは、全国どこからでも融資申込みができるということ(地方在住者にもやさしい)。

東京・銀座にコンサルティングプラザがあるので、首都圏に住む人は対面で相談ができます(予約制)。VISAデビット付きキャッシュカード「Sony Bank WALLET」で買い物すると(国内)、最大2%のキャッシュバックも。

こんな人に向いている

・保証料がかからないので、手持ち資金が少ない人に向いている
・こまめに繰上げ返済をしたい人
・現在の勤務先の勤続年数を問わないので、転職したばかりの人にやさしい

注意点

・インターネット専業銀行なので、自分のメールアドレスを持つインターネット利用者が対象
・すべての金利タイプに競争力があるわけではないことを知っておきましょう。今なら「10年固定金利」と「20年超固定金利」がねらい目

オススメの住宅ローンはこれ ②

みずほ銀行の住宅ローン

オススメのポイントはここ!

❶ 一定期間返済額を増減額できる「ライフステージ応援プラン」がいい
❷ 任意で付けられる「8大疾病補償プラス」「自然災害支援ローン」がいい（中途加入・中途解約も可能）
❸ 中古住宅購入時にリフォーム資金も合わせた住宅ローンが組める
❹ インターネット上で契約申込みと手続きが完結できる

みずほ銀行の住宅ローンはこんな内容

「ライフステージ応援プラン」はぜひ使ってほしいサービス。これは返済額を任意の期間、増額指定できるというもの。たとえば、子どもが小学生のうちは家計に余裕があるので、3年間だけ本来の返済額プラス2万円を支払う指定をすると、上乗せされた金額はすべて元金に充てられるため、毎月少しずつ繰上げ返済をしている効果があるのです。「子育て応援サービス」を併用すると、このサービスを利用する際の手数料（5000円+税）が無料となります。

8大疾病に加え、その他の病気・ケガによる最長1年の入院時の返済をサポートする「8大疾病補償プラス」、保険金額が火災保険の最大50%の地震保険を補うべく開発された「自然災害支援ローン」はいずれもコストも安く、中途加入・解約もできるので使い勝手がいい商品。

戸建て建築で中間資金の支払いなどにローンを利用したい場合といった煩雑なケースにもスムーズな対応ができる担当者が多い。

こんな人に向いている

・「ライフステージ応援プラン」があるので、まとまった資金で繰上げ返済するより、毎月少しずつ繰上げ返済したい人に向いている
・来店せずにインターネットで契約申込みと手続きが完結するので忙しい人にいい

注意点

・保証料に幅を設けているので、自営業者などは保証料が高くなるかも。銀行選びの際は保証料を確認して選択したい

オススメの住宅ローンはこれ 3

三井住友銀行の住宅ローン

オススメのポイントはここ!

1. 繰上げ返済がインターネットでき、手数料無料
2. ネットでの繰上げ返済はリアルタイム決済なので（他行は通常、次の返済日に繰上げ実行される）利息軽減効果がバツグンに高い
3. 地震等の自然災害に備える「自然災害時返済一部免除特約付住宅ローン」は他行にない商品

三井住友銀行の住宅ローンはこんな内容

大手行のなかでは繰上げ返済の手続き関係が最も充実しています。他行は繰上げ返済の手続きを取って実行されるのは次の返済日。三井住友銀行は、ネットで繰上げ返済するとリアルタイムで実行されるため、次の返済日までの利息（ケースによりますが、たとえば3万～4万円など）も払わなくて済みます。これはすばらしい！　企業との提携ローンも幅広く、HP上の金利より有利になったという話をよく聞くので、銀行に相談に行ったときは、勤務先名を伝えましょう。

「自然災害時返済一部免除特約付住宅ローン」は地震や噴火、津波で自宅の建物が全壊したとき、その時点で残っていたローンの建物部分について50％相当額の返済を免除するという商品。ローン金利は建物部分で0.5％上乗せされますが、地震保険だけではカバーできない自然災害リスクに備えることができる、他行にない商品です。

こんな人に向いている

- こまめに繰上げ返済をしたい人
- 三井系、住友系の会社に勤務している人は、提携ローンが充実しているかも
- 地震などのリスクを地震保険に加えて、ローンの上乗せ金利を負担してでも補償を確保したい人向け

注意点

- 勤務先や年収などの属性を見て金利割引が決まることもある。HPの金利情報より有利になることも多いので、支店やローンセンターに足を運ぶことが大事
- 勤務先の提携ローンなどが充実していてもHPに出ていないので、相談ベースの段階から勤務先を伝えて、勤務先提携ローンの有無を確認したい

オススメの住宅ローンはこれ ④ **三菱UFJ銀行の住宅ローン**

オススメのポイントはここ!

1. 豊富な金利タイプと競争力バツグンの金利設定
2. インターネットで一部繰上げ返済や金利タイプ変更手続きを完結でき、手数料無料
3. インターネットで住宅ローンの申込みや契約が可能

三菱UFJ銀行の住宅ローンはこんな内容

金利競争のリーダーシップをとることが多い銀行なので、変動金利、10年固定などはいつも金利が低いです。インターネットで手続きすると、一部繰上げ返済や金利タイプ変更の際にかかる手数料が無料となります。疾病保障保険は、保険料を金利に上乗せして支払う「3大疾病保障充実タイプ」と、保険料別途払いの「安心の保険料タイプ」の2種類。「3大疾病保障充実タイプ」はがんの診断、脳卒中・急性心筋梗塞の入院で住宅ローンがゼロになるのは、他行に比べ支払いのハードルが低く、使い勝手がいいです。土地先行取得、一戸建て建築のローンなど、煩雑な手続きが必要なローンにも支店の担当者は、しっかりと対応できることが多く安心です。

新規ローンも借り換えローンも、インターネットで住宅ローンの申込み・契約が可能で、金利が安くなる「ネット専用商品」もあります。

こんな人に向いている

・来店不要で手続きをしたい人
・「土地先行取得ローン」を利用したい人、建築士や工務店に依頼して一戸建てを建てる人
・充実した疾病保障を付けたい人

注意点

・住宅ローン対象者の条件に「同一勤務先に満1年以上勤務して、当行で給与振込みを利用できる方」という項目がある。転職したばかりの人は対象外となる可能性がある点に注意

オススメの住宅ローンはこれ ⑤ 中央ろうきんの住宅ローン

オススメのポイントはここ!

1. 一部繰上げ返済手数料が無料
2. 勤務先に労働組合があれば、ろうきんの担当者が勤務先に来てくれるため支店に出向かずにすむ
3. 全期間固定金利型の金利が低い

中央ろうきんの住宅ローンはこんな内容

「労働者のための金融機関」なので、原則としてサラリーマンや公務員向けと考えましょう。最近は、繰上げ返済の手数料を無料とするところが増えましたが、中央ろうきんはかなり前から一部繰上げ返済の手数料無料を実施しています。また他行に比べローン事務手数料が1万円+消費税と、2万円ほど安いことから顧客にやさしい金融機関と評判でした。

中央ろうきん(首都圏にて展開)を例に挙げましたが、ろうきんは各地域にあります。近畿ろうきん、九州ろうきんなど組織が異なると、商品も異なりますが、金利割引はほぼ全地域で行っているので、まずはHPなどでチェックしましょう。

勤務先に労働組合があれば、ろうきんの担当者が職場に来てローンのプランを作ってくれるので、支店に出向かずにすむ点はとても便利です(お昼休みや仕事が終わってからのやりとりになります)。

こんな人に向いている

・労働金庫に出資している労働組合等の組合員
・繰上げ返済をこまめにしたい人
・全期間の固定金利で安心を得たい人

注意点

・最大引き下げ後金利(最も割引される金利)が適用されるには、いくつかの要件を満たさなくてはいけない点に注意。自営の方や、会社役員等は融資を受けられないこともあるので、窓口で確認が必要

第4章

ローン選び実践編

ポイントとアドバイスで丸わかり！

ケーススタディで見つける！「自分にぴったりの住宅ローン」実践編

ローンのリスク度は高い？　低い？　自分の家計のリスク度を事前に確認

長期間にわたる住宅ローン返済のリスクの高低を決めるのは、家計の余裕、つまり年間貯蓄額です

安心でおトクなローンを組むために自分のリスク度をチェックしよう

では具体的に住宅ローンのプランを立ててみましょう。プランを立てる際に重要なのは、**住宅ローンを組むにあたって「リスク度」を見極めること**。自分の場合はどうなのか、客観的に判断できるようにリスク度の高くなる要素と低くなる要素をまとめました。

さて、みなさんは「リスク度の高い人」ですか？　「低い人」ですか？　まずは、セルフチェックをしてみましょう。

モデルルームで「借入額が多くても、繰上げ返済をガンガンすればいいのですよ」などと言われることが多いと思いますが、それができる人ばかりではありません（できる人の方が少ないです）。繰上げ返済を前提としたプランで借りることができる人は、年間貯蓄額が多いとか、フルタイムの共働き夫婦など、リスク度の低い人に限られます。

不動産の売り手は、みなさんの家計のことは知らないですし、知らなくても住宅を売ることはできるわけです。しかし、多額の借金である住宅ローンを長期間かけて返していくのは、みなさんです。セルフチェックは、プランを立てる前に欠かせないステップですね。

家計の余裕とは、つまり年間貯蓄額です。共働きなどで世帯収入が多く、毎年コンスタントに100万円以上貯蓄できる家計と、年間にがんばっても40万円しか貯蓄できない家計では、不測の事態への対応力に大きな差があります。

ただ、今はリスク度が高くても、妻も働くようになったり、貯蓄力がアップすると、リスク度を低くすることができます。落ち込まずに、前向きに取り組んでください。154ページからプランニングのテクニックと属性別のモデルプランを紹介します。

図1　あなたの家庭はローンに対して、リスク度が高いか低いかをチェック！

自分のローンリスク度をチェックしよう

ローン
リスク度

高い

自分のリスク度に合わせて住宅ローンのプランを立てよう

低い

リスク度の高くなる要素

- 世帯の働き手がひとり（シングルを含む）
- 購入後の貯蓄額が300万円以下で、ローン返済開始後の年間貯蓄額が50万円以下
- 結婚してから2〜3年しか経っておらず、子ども誕生はこれから
- 今は共働きでも、子どもが生まれたら妻は仕事を続けられそうにない

プランニングのポイント

●ローンリスク度の高い人は

- 「全期間固定金利型」か「10年固定金利」で金利と返済額を安定させる
- 繰上げ返済をアテにしたプランを立てないようにする（貯蓄が優先）
- 「変動金利」「35年返済」によるプランだと“借りすぎ”になるので要注意!

リスク度の低くなる要素

- ローン返済開始後の年間貯蓄額は100万円以上
- フルタイムの共働き夫婦で世帯収入は1000万円以上
- 借入額が1000万円程度と少なく、賃貸のときより住居費が少なくなるケース

●ローンリスク度の低い人は

- 金利や返済期間をミックスして1本分を繰上げ返済で早期に完済するプランを取り入れることが可能
- 妻の収入が安定しているなら、夫婦ペアローンを組むこともできる

返済期間は1年でも短くするのが利息を大きく減らすコツ！

毎月1万円ちょっと多く返済できるなら、返済期間は5年も短縮、さらに利息も131万円も減る

「とりあえず35年返済で」はNG

住宅ローン選びを始めると、0・1%でも金利の低いところを一生懸命探すようになります。**金利も大事ですが、それ以上に返済期間の設定も重要なポイント。**支払う利息や60歳時の残高を減らすためにも返済期間は1年でも短くしましょう。

返済期間は、35年、30年など5年単位だと思っている人が多いのですが、**実際には1年単位で設定できます。**

たとえば、3000万円を金利1・5%で借りた場合、返済期間を35年にすると、毎月9万1855円の返済です。35歳の人が借りたとすると、60歳のときには、約1023万円も残高があります。家計の見直しをして毎月1万円ちょっと多く返済できるなら、返済期間は30年と5年も短縮することができます。60歳時の残高は約598万円と35年返済より425万円も減り、利息額も131万円も軽減することができます。

返済額の1万円アップが難しければ、4000円アップなら対応できるのでは？　そうすると、返済期間は33年で、60歳時残高も利息も減らす効果があります。

このように返済期間を1年単位で変えて試算し、家計と照らし合わせて、実現可能な返済額を見つけましょう。モデルルームでは「とりあえず、35年で借り、あとは繰上げ返済すればいいのですよ」と言われるようですが、**子どもの教育費や老後のための貯蓄をしながら繰上げ返済の資金を貯めることは容易なことではありません。**借りた後に一度も繰上げ返済ができていない人はとても多いのが現状です。最初の設定で、保険を見直すなどして毎月1万円多く払うことで、将来をぐっとラクにできます。

60歳時ローン残高は、銀行のHPのシミュレーションで試算するのが便利。活用例は75ページを参照ください。

図2　支払う利息を減らすには返済期間の設定がカギ

【鉄則】
返済期間は短いほど、支払う利息は少なくなるので1年単位で試算しよう

返済期間の設定は1年でも短く！

「35歳の人が3000万円を金利1.5%で借りた例」

返済期間	35年	33年	30年	28年	25年
毎月の返済額	9万1855円	9万6094円	**10万3536円**	10万9399円	11万9980円
支払い利息額	約858万円	約805万円	約727万円	約676万円	約599万円
25年後・60歳時の残高	約1023万円	約869万円	**約598万円**	約385万円	ゼロ

月に1万円ちょっと多く返済すると、60歳時残高を425万円も少なくできる！

当初35年返済で考えていても、
1万円返済額をアップできれば、
返済期間は5年も短くなり、支払う利息がダウン、60歳時ローン残高減少と効果大！

「元利均等」と「元金均等」、どちらを選ぶのがおトク？

同じ条件なら支払う利息が少なくてすむのは「元金均等」。しかし、金利が低い今は「元金均等」はそれほど有利でもない

金利が低い今は「元金均等」はそれほど有利でもない

住宅ローンの返済方法には、毎回の〝返済額〟が同じとなる「元利均等返済《がんり》」と、毎回の〝元金〟が同額の「元金均等返済《がんきん》」の2種類があります。支払う利息が少なくて済むのは「元金均等」。ただし、「金利・借入額・返済期間の3要素が同じだったとき」という条件がつきます。

「おトクな元金均等を扱っている銀行を選んだ方がいいですか？（扱っている銀行が少ないため）」と質問を受けることがあるのですが、金利が低い今は「元金均等」はそれほど有利にはならないので、コツをつかんで**「元利均等」を活用する方がいい**とアドバイスしています。

図3を見てください。3000万円を金利1・5％、返済期間35年で借りたとき、「Ⓐ元金均等」の初回の返済額は10万8929円（返済額は徐々に減っていきます）。35年間の利息総額は、約789万円です。一方、同じ条件で「Ⓑ元利均等」にすると、毎月9万1855円の均等払いです。利息総額は858万円と、Ⓐの「元金均等」の方が、約69万円少ないですね。

ここで発想の転換を。10万円台の返済額が毎回払える家計なら、「元金均等」ではなく「元利均等」を選ぶといいのです。返済期間は28年と7年も短縮でき、利息は676万円に減少します（Ⓒを参照）。ちょっとした使いこなしによって支払総額を減らすことができますね。

また、ソントクだけでなく、今後のライフスタイルに合った方法を選ぶことも大切なこと。たとえば、現在共働きで、5～6年後に2人目の子どもができたとき妻は退職するかもしれないといった夫婦なら「元金均等」を利用すると、妻の退職後は多少返済額が減って家計の負担が減ります。

図3 「元金均等返済VS元利均等返済」どっちがトク？

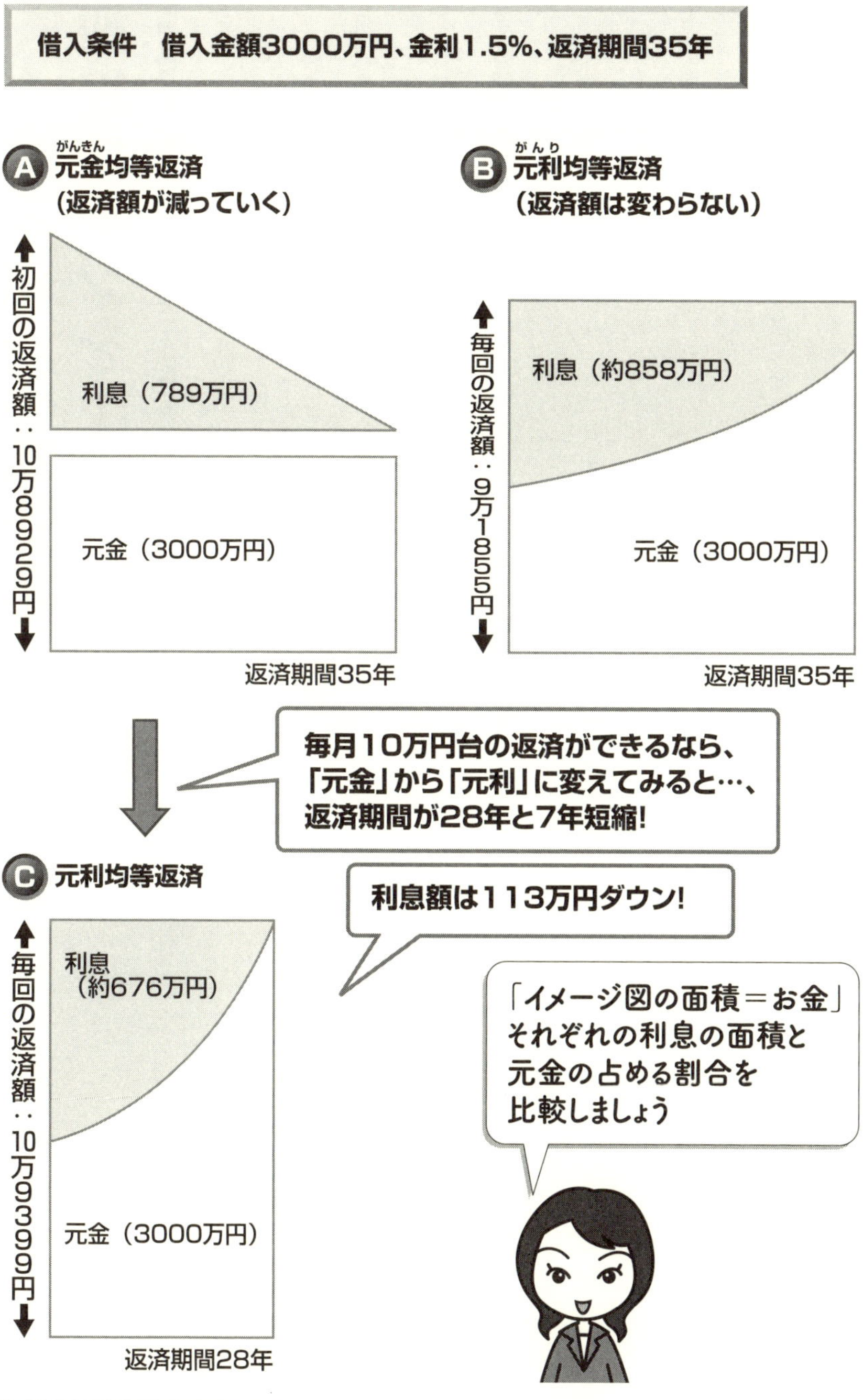
借入条件　借入金額3000万円、金利1.5%、返済期間35年
A 元金《がんきん》均等返済
（返済額が減っていく）
初回の返済額：10万8929円
利息（789万円）
元金（3000万円）
返済期間35年
B 元利《がんり》均等返済
（返済額は変わらない）
毎回の返済額：9万1855円
利息（約858万円）
元金（3000万円）
返済期間35年
毎月10万円台の返済ができるなら、
「元金」から「元利」に変えてみると…、
返済期間が28年と7年短縮！
C 元利均等返済
毎回の返済額：10万9399円
利息
（約676万円）
元金（3000万円）
返済期間28年
利息額は113万円ダウン！
「イメージ図の面積＝お金」
それぞれの利息の面積と
元金の占める割合を
比較しましょう

2つのローンをミックス

ミックス返済で子どもの教育費ピークの前にローンを1本終わらせる

返済期間かコストか、自分のニーズに合った銀行を選ぼう

66ページで「金利や返済期間をミックスしてローンを2本に分けよう」と提案しました。実は、**ひとりのローン契約者が「金利ミックス」や「返済期間ミックス」でローンを分ける場合、銀行によって仕組みや費用が異なる**のです。これは、銀行のシステムの違いによるものです。パターンを3つに大別したので、「ひとりで2つのローンをミックスする例」で順番に見ていきましょう（図4参照）。

Aパターンは、一番シンプルでわかりやすい仕組みです。ローンが2本なので、ローン契約（金銭消費貸借契約）も原則2本、費用も2本。それぞれが独立したローンなので返済期間を30年と15年などミックスすることも可能です。

対してBパターンは、2本借りるのですが、銀行のシステム上は1本の扱いになるため費用は1本で済むメリットがあります。しかし異なる返済期間を設定することができません。Cパターンは、AとBの「複合型」です。ローン契約は2本なのですが、費用は1本分で済みます。返済期間ミックスはできません。

銀行によって少しずつ仕組みが異なるので、借りる前にどのパターンなのか左表を参考に調べてみて、自分のニーズに合う銀行を選ぶといいでしょう。異なる返済期間をミックスしたいなら、多少費用がかかってもパターンAがいいですし、返済期間ミックスにこだわらないならBないしはCがいいですね。

返済期間をミックスしたいけれど、借りたい銀行がBパターンなら、2本のローンのうち1本の借入額を少なくすることで対処できます。返済期間ミックスの目的は「1本のローンを早めに完済する」ことですから、目的を最優先に考えましょう。

共働き夫婦がペアローンを組む場合は、独立した契約なのでAパターンとなります。

図4　ミックス返済のコストと自由度をチェック！

ミックス返済は銀行によって費用や仕組みが異なる【ひとりで借り、2つのローンをミックスするケース】

銀行のパターン	金銭消費貸借契約（＝住宅ローン契約）	事務手数料（おおむね3万円＋消費税）	抵当権設定費用（借りる金額により異なる）	返済期間ミックスはできるか？	銀行例
Aパターン ２本のミックス返済で、住宅ローン契約も２本になるパターン	2本	2本分（銀行によっては1本分）	2本分（銀行によっては1本分）	可能	三菱UFJ銀行、中央ろうきんなど ※
Bパターン ２本のミックス返済でも、住宅ローン契約は銀行内では1本になるパターン	1本	1本分	1本分	不可	みずほ銀行
Cパターン 【複合型】 ２本のミックス返済で、住宅ローン契約は２本でコストは１本分	2本	1本分	1本分	不可	三井住友銀行

※三菱UFJ銀行は事務手数料は1本分で済む、中央ろうきんは事務手数料、抵当権設定費用ともに1本分で済む

返済期間をミックスしたいならAパターンの銀行を選ぶ、返済期間ミックスにこだわらないならパターンBかCを選ぶとコストが抑えられます
共働き夫婦がそれぞれで借りるペアローンは、Aパターンです

ボーナス返済を上手に使って、支払利息を大きく減らそう！

最初からボーナス返済をアテにせずに借入額を決め、それらの金額を変えずに少額のボーナス返済をするとおトク！

ボーナス返済を上手に活用、返済期間を短縮し、利息も軽減！

安心できる住宅ローンの組み方の約束事に「ボーナス返済に頼ってはいけない」というのがあります。毎月の返済額を目一杯に設定し、さらにボーナス返済で20万円、30万円というプランは、借入額を増やすことができても、ボーナスがダウンしたとたんに家計に大きな影響を与えるのでとても危険です。

ただし、ボーナス返済をアテにせずに借入額を決めて、最後にごくわずかな金額をボーナス返済に振り分ける方法は、とてもおトクなので紹介します。

第2章でそれぞれの家計に合った「無理のない毎月返済額と借入額」を見つけましたね。この2つの金額を変えずに、少しだけボーナス返済を利用します。左の例で見てみましょう。無理のない毎月返済額は10万円弱で、それに基づき3000万円を借りることにしました。毎月返済額を10万円弱にキープしつつ、ボーナス月にプラス約6万円返済することにすると、返済期間は35年から29年に短縮されるため、**利息が約156万円も減ります！** ちょっとしたテクニックを使うだけでずいぶん変わるものです。

FPとしてさまざまな家計を拝見してきましたが、ボーナスの使い道で多いのは、旅行費用、家電製品など耐久消費財の買い換え、そして毎月の赤字補填用にとっておくお金の3つです。「赤字補填用のお金」はおおむね10～20万円。これを何とかしましょう。使いすぎばかりが原因ではなく、積立貯蓄の金額が多すぎるのが赤字の原因のケースもよくあります。85ページの年間決算シートを使って、毎月の赤字をなくす対策を立てましょう。赤字家計をコントロールできると、ローンの利息軽減だけでなく、精神的にもストレスがなくなり、メリット大です。

図5　ボーナス返済の上手な活用で利息を減らす！

ボーナス返済を上手に使って、支払利息を大きく減らそう!

借入条件
借入金額3000万円、金利1.5%、返済期間35年

月の返済額は減らさずに、キープしつつボーナス返済を使うのがポイント

月払いのみ

月約9万円
（正確には
9万1855円）

月払い＋ボーナス

月約9万円
（正確には
9万5728円）

＋

ボーナス時
約6万円
（正確には
6万3977円）

月払いのみ	効果	月払い＋ボーナス
約110万円	年間返済額	約128万円
35年	返済期間	29年
858万円	支払利息総額	702万円

返済期間が6年も短くなり、利息は約156万円も少なくなる！

コツは「ボーナスでプラスアルファ返済する」こと。ボーナス返済に頼ってラクをしてはイケマセン

このケースのポイント

1. 返済期間は短く！「30年返済」にすると、総返済額が約131万円ダウン！
2. 30年返済の毎月返済額が厳しいようなら、35年から1年ずつ期間を短くし、無理なく返済できる額を見つける
3. 子どもの成長とともに妻が働く予定なら、161ページの「10年固定金利」も選択肢

FP深田からのアドバイス

返済額の安定を図りたいというニーズやローンリスク度が高いケースには、全期間固定金利型が選択肢となります。最大のメリットは、将来にわたって金利が決まっているため、計画が立てやすいことです。全期間固定金利型は、銀行ローンか「フラット35」。低めの金利をつけているところを探す手間は惜しまないように。ソニー銀行の「20年超固定金利」は、他よりも低めの水準のうえ保証料がかからないので魅力的です。

ポイントにもあるように60歳時の残高を見つつ、できる限り返済期間を短くしましょう。貯蓄ができる余力を残しつつ、返済額を決めるバランスも大事。

ケーススタディでわかるローンの組み方 1

妻は専業主婦、子どもが小さいファミリー

➡ローンリスク度が高いケース

頭金で貯蓄残高が激減、子どもが小さいうちは妻は働かないつもり。返済額の安定を望む家族（夫35歳）

返済額の安定を図るなら、長期固定金利型ローンを利用。もしくは161ページの10年固定金利も選択肢

ローンの種類	借入額	金利	返済期間	毎月返済額	総返済額	60歳時残高
銀行の全期間固定金利型	3000万円	1.5%	35年	9万1855円	約3858万円	約1023万円
			30年	10万3536円	約3727万円	約598万円

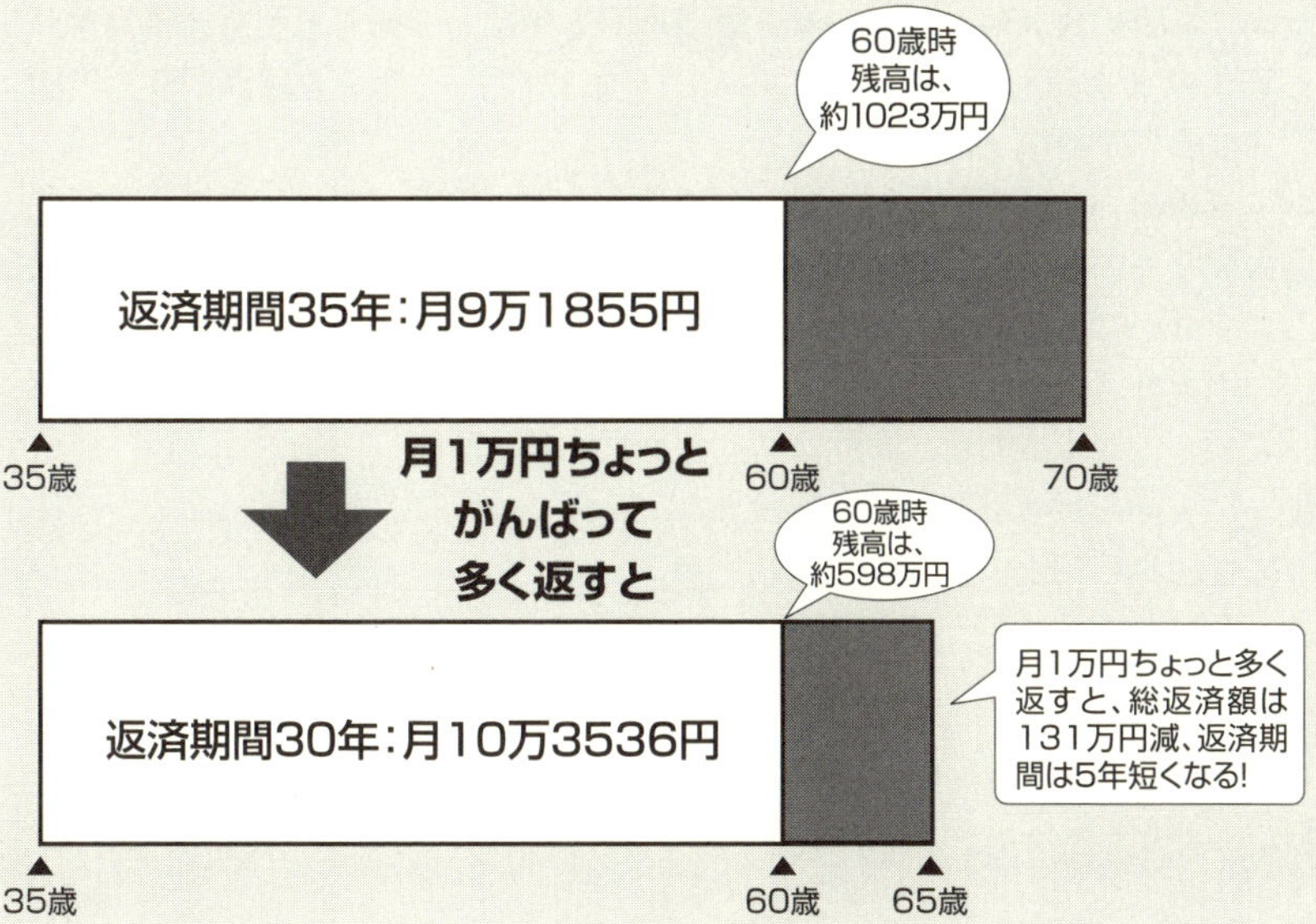

このケースのポイント

1. 夫婦それぞれでローンを組み、借入額が少ない妻のほうは返済期間を短くする
2. 子どもの教育費がかかる時期に夫のローンだけになると家計はラクになる
3. 繰上げ返済するなら、借入額が少ない妻の方から実行すると、50歳前に1本終わる

FP深田からのアドバイス

それぞれの収入に応じた借入額で2本ローン（夫婦ペアローン）を組みます。妻の借入額が少ないなら返済期間を短縮して組むと利息軽減効果が高まります。夫婦でそれぞれローンを組むので、「異なる返済期間」に設定するのが可能です。

妻のローンを期間短縮の繰上げ返済すると、夫だけのローンになる時期が早まります。夫と妻を交互に繰上げ返済する方法もありますが、借入額の少ないほうを集中的に返済することで、1本だけの返済の時期を早めることをオススメします。子どもが大学進学以降、教育費の負担が増す時期にローンが1本だと、家計はぐっとラクになります。

ケーススタディでわかるローンの組み方 ❷

ずっと共働きを続ける予定の正社員夫婦

➲リスク度は低い

夫婦それぞれがローンを組むケース
（夫35歳・妻35歳）

金利が割安な10年固定を中心に組む。妻のローンを集中的に繰上げ返済すると、早い時期に夫だけのローンになる

ローンの種類	借入額	返済期間	当初10年間の金利と毎月返済額	11年目以降の金利と毎月返済額※	総返済額	60歳時残高
夫：10年固定金利	2000万円	25年	0.9%・7万4472円	3%・8万6565円	約2452万円	ゼロ
妻：10年固定金利	1000万円	15年	0.9%・5万9410円	3%・6万2609円	約1089万円	ゼロ
合計額	**3000万円**	……	**13万3882円**	**14万9174円**	**約3541万円**	

※11年目以降は、基準金利4%とし、そこから1%引き下げを受けたものと仮定して、返済額・総返済額・60歳時残高を試算

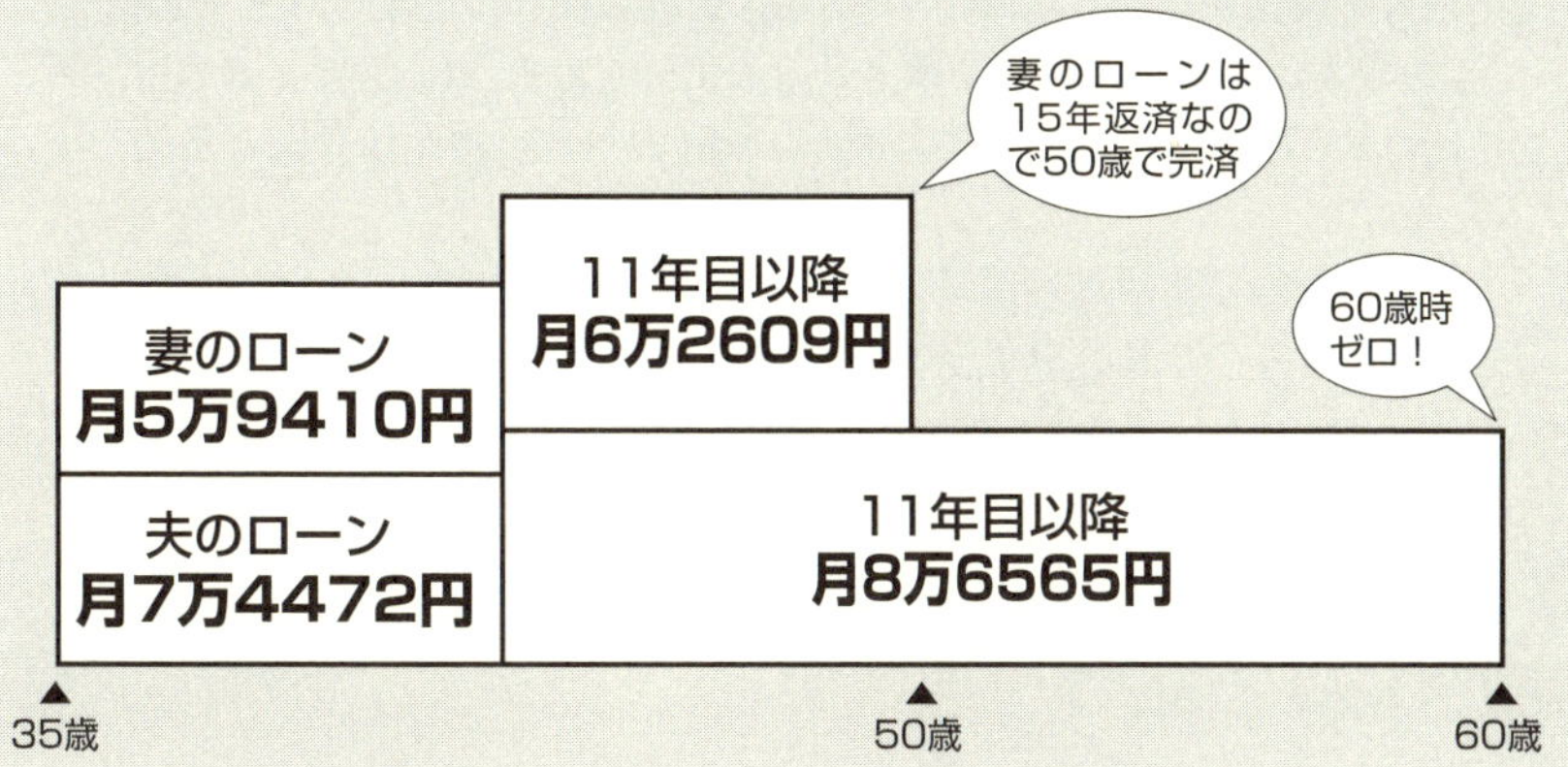

このケースのポイント

1. 金利と返済期間を「ミックス返済」する例。子どもの教育費負担が増す頃には、全期間固定だけになり安心できる
2. 共働きの2人分の収入を生かし、10年固定金利15年返済の方を繰上げ返済をして10年間で完済する
3. 10年固定金利の返済期間は短くすると、どんどん残高が減っていく

FP深田からのアドバイス

私立中学の学費は大学並にかかります。私立中学に入学すると、教育費負担のピークは早くやってくるので、その時期に返済額を少なくしたいというニーズです。全期間固定金利をベースに10年固定を組み合わせ金利ミックスし、さらに返済期間を30年と15年と期間もミックスします。当初10年間の返済額は高めですが、共働きなので返済が可能。

教育費負担が増す10年後、10年固定金利の残高は約418万円ですから、2人の収入があれば10年間で繰上げ返済が可能です。1本完済できると、残りは月約6万円の返済だけですから、家計のやりくりがラクになるでしょう。

貯蓄もしながら繰上げ返済できるかどうか家計をシミュレーションしてから実行するのが肝心です。

ケーススタディでわかるローンの組み方 ③

金利と返済期間をミックスして1本を早めに返し終えたい

➡リスク度は低。子どもが私立中学入学前に1本を早めに完済したいともくろんでいる

私立中学の学費がかかる前に1本終わるとラクだなあ（夫32歳）

夫のローンを全期間固定金利型と10年固定金利「金利・期間ミックス返済」で借りる

ローンの種類	借入額	返済期間	当初10年間の金利と毎月返済額	11年目以降の金利と毎月返済額※	総返済額	60歳時残高
全期間固定金利	1800万円	30年	1.5%・6万2121円		約2236万円	147万円
10年固定金利	1200万円	15年	0.9%・7万1292円	3%・7万5131円	約1306万円	0
合計額	**3000万円**	……	**13万3413円**	**13万7252円**	**約3542万円**	**147万円**

※11年目以降は、基準金利4%とし、そこから1%引き下げを受けたものと仮定して、返済額・総返済額・60歳時残高を試算

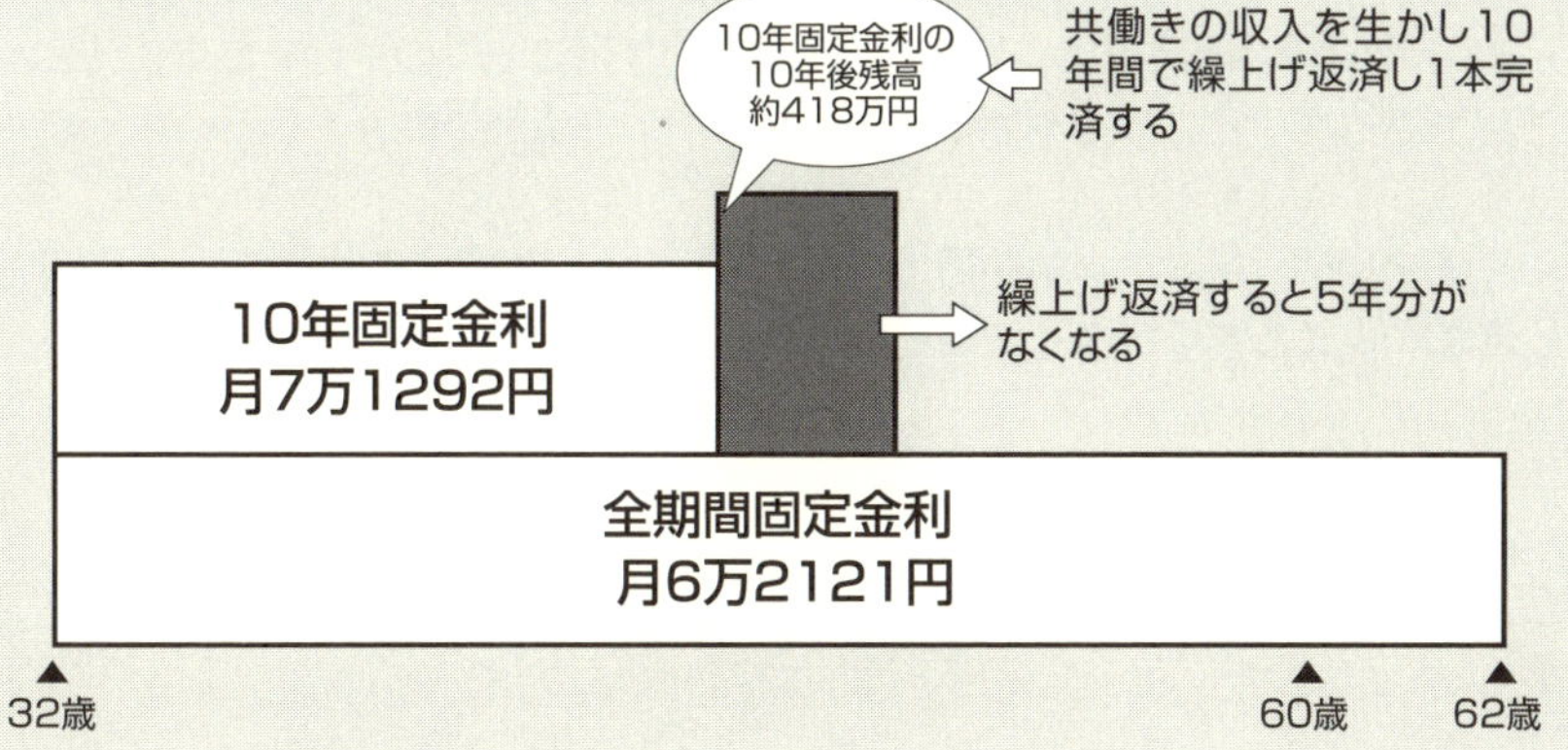

このケースのポイント

1. 返済期間は「35年」より1年でも短く！
2. 11年目以降の金利引き下げは、▲0.4%の銀行もあれば、▲1.4%の銀行もある。比較検討を！（ケースでは▲1%で試算）
3. 11年目以降の返済額がアップしても、その頃は妻は働いているので、対応可能

FP深田からのアドバイス

「安心」と「おトク」を両方とりたいなら、史上最低の金利水準となった10年固定金利がオススメです。全国的に競争が激しい金利タイプなので、金利が割安。当初10年間の金利引き下げは、銀行によって1.2～2.2%と幅が広いので、よく調べましょう。

11年目以降の金利引き下げも銀行によって異なります。当初10年間の引き下げだけでなく、**11年目以降もあわせてチェックすること**が大事です。11年目以降の返済額は、基準金利を過去の住宅ローンの平均である４%と仮置きして、そこから引き下げ幅を差し引いた金利で試算するといいでしょう。

返済期間は無理のない範囲で１年でも短く！　返済期間全体のうち、10年間の占める割合が多くなると、金利上昇リスクを抑えることができます。

ケーススタディでわかるローンの組み方 ④

妻はいずれ働くけれど、今は専業主婦

➲当面はローンリスク度が高いケース

下の子が小学校に入学したら、妻は働くつもりなので世帯収入がアップする予定（夫35歳）

金利が割安な10年固定金利がオススメ。11年目以降の返済額を試算して家計を予測しよう

ローンの種類	借入額	返済期間	当初10年間の金利と毎月返済額	11年目以降の金利と毎月返済額※	総返済額	60歳時残高
10年固定金利	3000万円	30年	0.9%・9万5120円	3%・11万5827円	約3921万円	約645万円

※11年目以降は、基準金利4%とし、そこから1%引き下げを受けたものと仮定して、返済額・総返済額・60歳時残高を試算

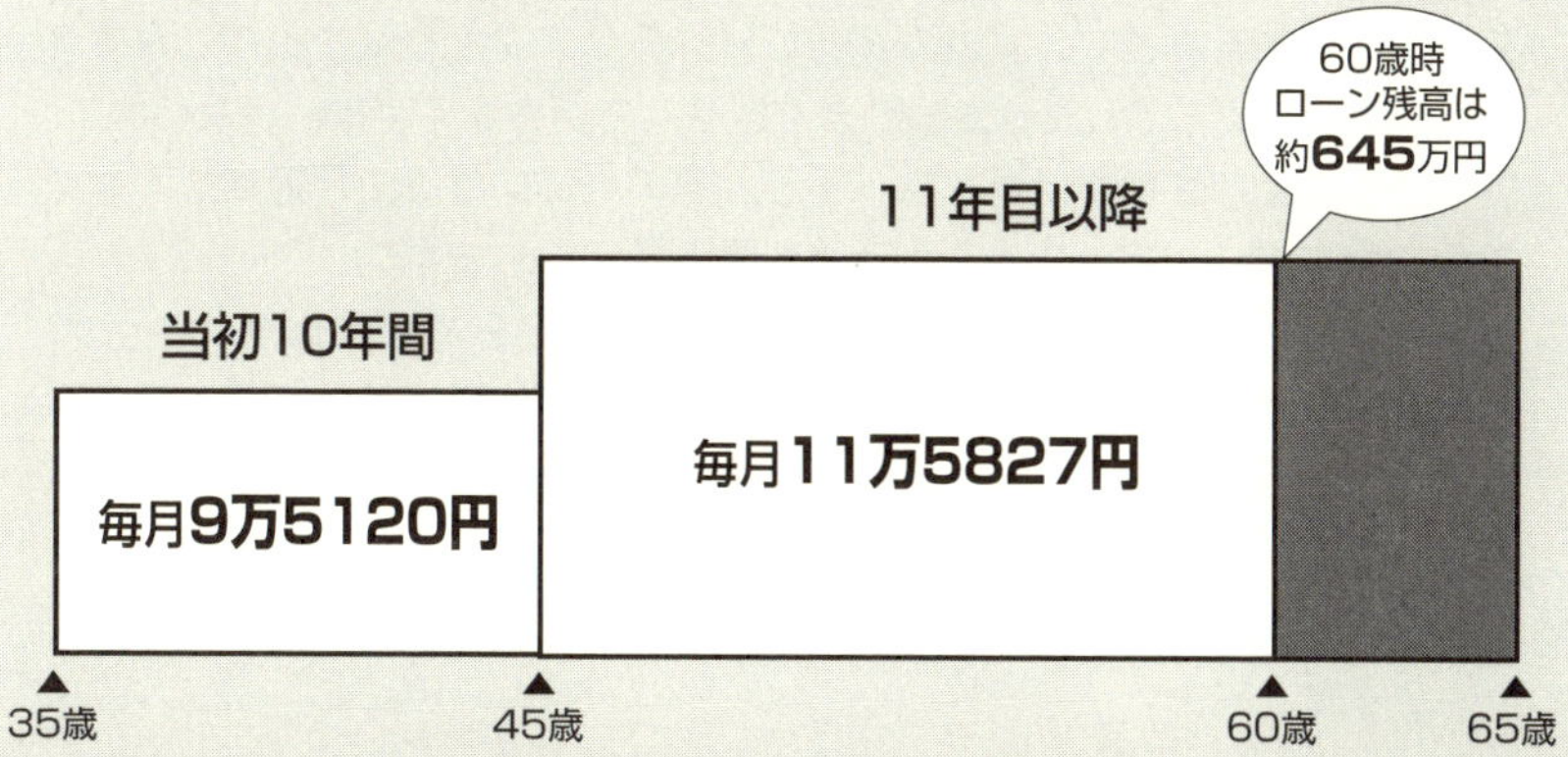

このケースのポイント

1. 繰上げ返済をせずに60歳で完済できるプランにする
2. シングルは収入の源が１人なので、借りすぎは禁物!
3. 結婚したら「貸す・売る」ことを念頭に頭金は多め、ローンは少なめにする

FP深田からのアドバイス

男性と変わらない収入を得ている女性が増えたといっても、残念ながら一般的には女性の賃金はまだまだ低め。シングル女性のリスクは、①男性に比べて収入が低めであること、②ライフスタイルが変わる可能性が高いこと、③収入減になったとき他に稼いでくれる同居人がいないことの３つ。リスクが顕在化しないようなプランを立てましょう。頭金を多く、借入額を少なめにすることで、ずいぶんとローンのリスクを軽減することができます。頭金で減ってしまった預貯金を増やしていかなくてはいけないので、繰上げ返済より貯蓄を優先しましょう。そのためには繰上げ返済をしなくても60歳で完済ができるような返済期間の設定をします。

結婚してそのマンションに住まないことも想定して「貸せるかどうか、売れるかどうか」を具体的に検証しておくことが大切です。ローンを少なめにしておくと、貸したり、売ったりする際にも選択肢が広がることを覚えておきましょう。

ケーススタディでわかるローンの組み方 5

シングル女性

➡働いているシングルの女性。収入によってリスク度が大きく変わる

結婚はするかもしれない、しないかもしれない（38歳）。年収は450万円

全期間固定金利で返済額を安定させよう

ローンの種類	借入額	返済期間	毎月返済額	総返済額	60歳時残高
全期間固定金利1.5%	2000万円	22年	8万8990円	約2349万円	ゼロ

このケースのポイント

1. **土地を購入する際にローンを組むなら「土地先行取得住宅ローン」を扱っている店舗のある銀行を選ぶ**
2. **建築費の着手金や中間金の支払いにローンで対応できるかどうか、銀行に確認**
3. **建築費が予算よりオーバーしないように注意**

FP深田からのアドバイス

資金繰りが大変なケースです。銀行によっても対応が異なるので、全体像を把握したうえで、支店で相談に乗ってもらうといいでしょう。

資金が必要となる時期は、おおむね①土地代金の決済、②建築費の着手金、③建築費の中間金、④建物引き渡し時建築費残金、となります。建築費がオーバーすることを考慮して、自己資金は②と③に充てられるようにスケジュールを立てるのがいいでしょう。ただし、①の土地代金の借入を多くすると、完成までに家賃とローン返済の二重払いが大変になるので注意が必要です。

ケーススタディでわかるローンの組み方 6

土地を購入し、建築士や工務店に施工を依頼するケース

土地のローン、建物のローンと資金繰りが難しいケース（夫35歳）

土地と建物と２本のローンを組むことになる。建物は１年遅れでローンを組む

ローンの種類	借入額	返済期間	金利（全期間固定）1.5%	毎月返済額	総返済額	60歳時残高
土地	2500万円	30年	1.5%	8万6280円	約3106万円	498万円
建物	1000万円	25年	1.5%	3万9993円	約1200万円	48万円
合計額	**3500万円**	……	……	**12万6273円**	**約4306万円**	**546万円**

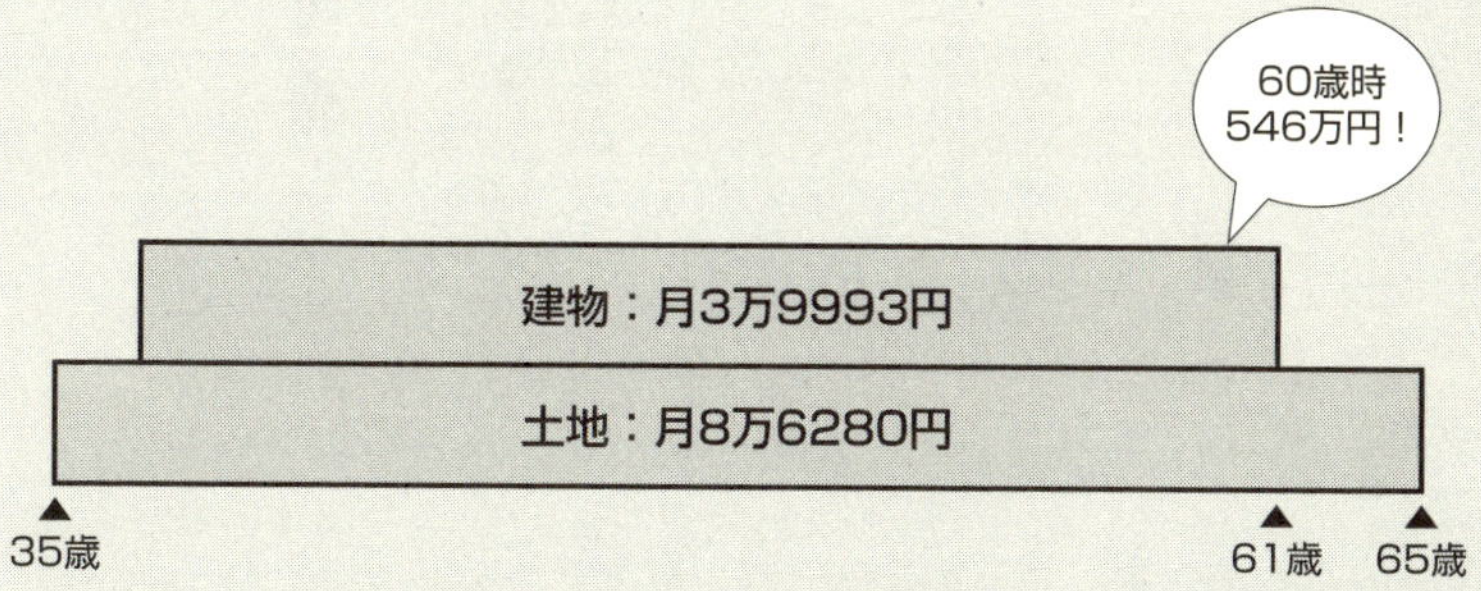

夫婦で資金を出し合ったときの持ち分計算はこうしなさい

持ち分は「資金を負担した割合」と同じ。購入の負担金額と持ち分が連動していないのは税務上通用しない！

お互いに資金を出したら「共有名義」に

マイホームの名義は「誰のものか」を表すもので土地や家屋の登記簿に記載されます。複数の人が資金を負担した場合は、それぞれの資金負担の割合に応じた持ち分で「共有登記」します。実態に合わない名義で登記すると、税務署は贈与とみなし、贈与税がかかることがありますから注意しましょう。

持ち分の計算を左のケースで具体的に見てみます。まず、取得にかかった費用は4000万円。頭金など自己資金は1000万円で、残り3000万円はローンでまかなうといった場合。自己資金は夫名義の預貯金から600万円、妻名義の預貯金から200万円捻出し、妻の父親が贈与の特例を使って200万円援助してくれました。

2人の持ち分は、ローンを含めてそれぞれが負担した割合で決まります。取得にかかった費用を分母とし、それぞれ負担した金額を分子において割合を出すと、この場合、夫が「10分の9、妻が10分の1」の持ち分割合となります。贈与の特例を受けるとき、妻の両親からの贈与は妻の持ち分に入れなくてはいけないことに注意しましょう。

また、妻が頭金を一部出しているにもかかわらず「私は女だから名義は入れない方がいい（または、入れるなと言われた）」と名義が夫100％、反対にまったく資金負担していないのに「夫婦は平等だから持ち分は半分ずつ」と言う人もいますが、このような考え方は税務上通用しません。**「実態に即した登記」をすると覚えておきましょう。**

次ページの税務署の「お尋ね」の書類に沿って負担した金額を書いてみると、スムーズに計算できますので、活用してみてください。

図6　マイホームの持ち分はこうやって計算しよう

マイホーム取得にかかった費用

4000万円

その内訳は

夫の預貯金から：600万円
妻の預貯金から：200万円
妻の父親からの贈与：200万円
（贈与の特例を使う）

住宅ローン：夫名義で3000万円

❶ それぞれの負担金額を出す

夫は……

預貯金600万円＋住宅ローン3000万円＝**3600万円**

妻は……

預貯金200万円＋父親からの贈与200万円＝**400万円**

❷ 持ち分の計算をする

夫 $\frac{3600万円}{4000万円}$ ： 妻 $\frac{400万円}{4000万円}$

つまり

夫 $\frac{9}{10}$ ： 妻 $\frac{1}{10}$

妻の両親からの贈与は「妻」の名義に入れなくてはいけないので注意しよう

税務署のチェックが！

税務署から「お尋ね」の書類がきたときの対策を知っておく

人によっては、贈与のチェックのために、購入資金の出所や名義を調査する書類が税務署から届くことがある！

入居後、落ち着いた頃に税務署からある書類が届くことがあります。この書類は、「お買いになった資産の買入価額などについてのお尋ね」というもので、税務署が贈与などのチェックのために、購入資金の出所や名義を調査するもの。返送された書類のつじつまが合っていないと、税務調査が行われます。すべての人に送られるわけではありませんが、「当たる確率」は意外に高いものです。

実物の記載例は170~171ページの図8です。左側に物件の概要、取得費の内訳・支払先、右側に資金の調達方法を詳細に記入するようになっています。

家の購入で、複数の人が資金を負担する場合は、きちんと書類を用意する

税務署が見るポイントは、まず、左の項目3＋4（Ⓐ）と右の項目5（Ⓑ）の金額が一致しているかどうか。次に複数の人がお金を出したとき、その比率が左側の「持ち分」割合と合っているかどうか。また、頭金を親から援助してもらった場合、「借りた」のか「贈与を受けた」のか、借りたならちゃんと返済しているのか、110万円を超える贈与なら贈与の特例などを使って申告しているのかどうかなどです(96~101ページを参照)。

わが家にも届き、実際に書いてみたのでよくわかるのですが、この書類、税務署が贈与をチェックできる機能がふんだんに盛り込まれています。頭金など現金で支払う費用の出所について「誰の名義の預金」を「どこの銀行（支店名まで）」から「いくら」下ろしたかまで記入するようになっています。

複数の人が資金を負担する場合は、誰のお金をいくら出したかわからなくなってしまいがち。左の表をメモ代わりに使って、領収書と一緒にファイルしておくと便利です。特に一戸建て建築は細かくお金が出ていくので記入はマストです。

図7　税務署はこんなふうに考えている

1. 「親から資金を援助してもらっているのに贈与税の申告をしていないのではないか」（贈与税）
2. 「妻名義の預貯金から頭金を出しているのにマイホームの名義（所有権）が100%夫名義。これは妻から夫への贈与だ」（贈与税）
3. 「親から『借りた』というお金は、実はもらったのではないか」（贈与税）
4. 「税務署が把握している所得は少ないのにずいぶん頭金を入れているし、多額のローンが組めているな。もしかして所得税の過少申告かも」（所得税）
5. 「夫婦（または親子）で資金を負担しているのに持ち分が違う」（贈与税）

巻末に白紙シートあり!!

こんな表を作って領収書と一緒に管理しよう【資金出所内訳表・記入例】

一戸建てを新築する人は必ず作ろう!

（巻末216ページの白紙シートに自分で記入していこう）

日付	用途	どこから出した?			どこへ支払った?		
		金融機関名	名義	金額	相手先	支払い方法	領収書
12/1	土地の仲介手数料	A銀行蒲田支店	(夫)・妻 その他（　）	850,000円	○○ハウジング	(現金)・振込	(あり)・なし
12/2	手付資金	B信金大森支店	夫・(妻) その他（　）	200,000円	××工務店	現金・(振込)	あり・(なし)
3/4	引っ越し費用	B信金大森支店	夫・(妻) その他（　）	150,000円	シロネコセンター	(現金)・振込	(あり)・なし
3/10	融資手数料	A銀行蒲田支店	(夫)・妻 その他（　）	32,400円	駅前銀行	(現金)・振込	(あり)・なし
3/10	登記費用	A銀行蒲田支店	(夫)・妻 その他（　）	250,000円	田中司法書士事務所	(現金)・振込	(あり)・なし

これは、わが家に「お尋ね」がきたときに備えるために作ったものです。登記の持ち分を決めるときは、集計するだけで済みラクでした。半年後、思った通り「お尋ね」がきたときにも慌てずに済んだので、オススメです

5 支払金額（合計額）の調達方法

	金額	預貯金等の種類	預入先	名義人氏名	続柄
預貯金等から	4,400,000円	定期預金	△△銀行○○支店	国税　一郎	父
	2,000,000円	〃	△△銀行○○支店	国税　太郎	本人

	金額	借入先の住所氏名等				借入名義人の氏名（続柄）
借入金から	5,000,000円	住所	○○区○○町△－△－△			国税　太郎（本人）
		氏名	大手町制作所㈱	続柄	勤務先	
	14,200,000円	住所	－			〃（〃）
		氏名	住宅金融支援機構	続柄	－	

	売却年月日	金額	売却資産の名義人	売却した資産の所在地	種類	数量	譲渡所得申告の有無	申告先税務署名
資産の売却代金から	21・12・16	10,000,000円	国税　太郎	××市○○町×－×－×	宅地	150㎡	㊒・無	○○税務署
	22・1・23	3,300,000円	〃	○○化学㈱	上場株式	5,000株	有・無（予定）	○○税務署

	受贈年月日	金額	贈与者 住所	贈与者 氏名	贈与者 続柄	贈与税申告の有無	申告先税務署名
贈与を受けた資金から	26・1・23	5,000,000円	○○市○○町△－△－△	国税　一郎	父	有・無（予定）	○○税務署
	・　・	円				有・無	税務署

その他から	59,850円	給与・賞与・（手持現金）・その他（　　）
合計	43,959,850円	Ⓑ

備考　平成＿＿年＿＿月頃に＿＿＿＿税務署へ回答済み。

以上のとおり回答します。　　平成 30 年 × 月 × 日

住所　○○市○○町△－△－△　　フリガナ　氏名　国税《コクゼイ》　太郎《タロウ》

電話 ×××（×××）××××

作成税理士	氏名		電話	（　　）

項目5の「預貯金等から」欄

借入金や資産の売却代金等を一時預け入れたものから支出した場合は、この欄に記入しないで、次の「借入金から」欄又は「資産の売却代金から」欄の該当欄にご記入ください。

項目5の「借入金から」欄

独立行政法人住宅金融支援機構（旧住宅金融公庫）等からの借入れや、他から一時的に資金を借入れた場合には、そのいずれもご記入ください。

なお、借入金が金融機関の場合は、「続柄」欄の記入は不要です。

◎ 贈与税の申告について

○ 1月1日から12月31日までの1年間に、贈与を受けた財産の価額又は受けた利益の価額の合計額が110万円を超える場合には、贈与税の申告が必要です。

○ 相続時精算課税を選択される方は、贈与を受けた財産の価額又は受けた利益の価額にかかわらず、贈与税の申告が必要です。

◎ 譲渡所得に係る所得税の確定申告について

○ 土地・建物などの不動産や、株式などの有価証券を売却された方は、資産を譲渡したことにより生じた利益（譲渡所得）について所得税の確定申告が必要です。

○ 上場株式等の売却に当たって、証券会社の特定口座内で生じる譲渡所得等に対して源泉徴収することを選択した場合には、その特定口座内の譲渡所得等については申告を要しません。

◎ 贈与税の申告及び所得税の確定申告については、国税庁ホームページ（www.nta.go.jp）の「確定申告書等作成コーナー」において申告書を作成し、申告書データに電子証明書を添付して、e-Taxへ送信（申告）できますので、是非、ご利用ください。

また、同コーナーで作成した申告書等は、プリントアウトして、そのまま税務署に提出することもできます。

※ e-Taxをご利用いただくためには、事前の手続きが必要です。詳しくは国税庁ホームページをご覧ください。

平成30年分の贈与税の申告と納税は、平成31年2月1日（金）から平成31年3月15日（金）までです。

平成30年分の所得税の確定申告と納税は、平成31年2月15日（金）から平成31年3月15日（金）までです。

※ 申告書は、郵便若しくは信書便による送付又は税務署の時間外収受箱への投函により提出することができます。

（参考） 不動産を取得された場合には、不動産取得税（地方税）が課税されます。詳しくは都税・県税事務所にお尋ねください。

H25.1

ここに注意！

- 預貯金の出所はかなり詳細に記入するようになっているので、メモなどを作り、あとでわかるようにしておこう
- ローンの名義人も記入するようになっている。複数でローンを組む場合は不動産登記を共有名義にしておく必要あり
- 親にこっそりもらったお金は、書く場所がない。贈与の特例を使うかキチンと借りて返すかのどちらかにしよう

図8　こんな「お尋ね」が送られてくる！

〈記入例の実物〉

お買いになった資産の買入価額などについてのお尋ね　【記載例】

○　記載に当たってのお願い

1　共有物件の場合は、その共有者について項目２及び項目５の各欄（あなたのご記入できる範囲で）も併せてご記入ください。
2　同封の「お尋ね」の照会文に表示された物件を、項目３の「所在地」、「種類」、「細目」及び「面積」欄に記入するとともに、表示された以外の資産で同年中に買い入れられたものがあれば、同じく項目３の「所在地」、「種類」、「細目」及び「面積」欄に追記した上、併せてご回答ください。
3　各「回答事項」の欄内に記入しきれない場合は、適宜の用紙に記入して添付してください。
なお、書き方などについてお分かりにならないことがありましたら、当署資産課税部門にお問い合わせください。

（不動産等用）　番号 K

※　既に回答がお済みの方は、各項目の記入は不要ですが、備考欄にその旨ご記入の上、ご返送ください。

項目	照会事項	回答事項			
1 あなたの	職業	会社員	年齢	34歳	
	資産を買い入れた年の前年の所得	所得の種類（○で囲む） 事業、農業、(給与)、不動産、その他（	年間収入金額 8,200千円	年間所得金額 6,180千円	
2 共有者の	住所	○○市○○町△-△-△			
	氏名	国税　一郎	あなたとの続柄	父	
	職業	無職	年齢 63歳	持分割合	1/10

項目	所在地		種類	細目	面積
3 買い入れた資産の	○○市○○町△-△-△		土地	宅地	$3,735\times\frac{54}{10,000}$㎡
	〃		建物	（マンション）	70.58㎡
	売主の住所氏名等	住所（所在地） ○○区○○町×-×-×	氏名（名称） ○○ハウジング㈱	あなたとの関係	—
	買い入れの時期	契約 30年 1月 27日	（登記 30年 2月 21日）		
	買入価額	42,000,000円	売買契約書の有無 有・無	お買いになった土地の上に建物があるときはその建物の所有者の 住所	
				氏名	あなたとの関係

項目	支払項目	金額	支払項目	金額	支払項目	金額
4 費用	登記費用	573,850円	仲介手数料	1,386,000円		円

Ⓐ

項目１の「年間収入金額」及び「年間所得金額」欄

① あなたの所得が給与所得のみの場合は、源泉徴収票の「支払金額」及び「給与所得控除後の金額」を、それぞれ各欄にご記入ください。
② ①以外の場合は、あなたの収入（売上）金額等の合計額及びその合計額から必要経費等を差し引いた金額を、それぞれ各欄にご記入ください。
なお、給与所得もある場合には、それぞれの金額に源泉徴収票の「支払金額」及び「給与所得控除後の金額」を加えてご記入ください。

項目３の「買入価額」欄

売主に支払った総額をご記入ください。
（支払った消費税額がある場合は、その金額を含めて記入してください。）

ここをチェックされる！

- 資金を負担した人が複数なら「共有者」として名義が入っているかどうか（持ち分もチェックされる）
- 不動産の価格と収入のバランスがとれているかどうか
- 左の項目「3と4」の「買入価額＋登記費用＋仲介手数料」の合計額Ⓐと、右の項目5「支払金額の調達方法」の「合計」額Ⓑが原則として一致しているか

二世帯住宅で間違えやすい「名義」と、使ってはいけない「親子リレーローン」

二世帯住宅を計画する人が増えている。その場合の持ち分も資金に準じて決めること。またローンの組み方も注意！

二世帯住宅の注意点は「名義」

親との二世帯住宅でも名義について注意点があります。親の住む敷地に二世帯住宅を建築する際によくあるのは、親が建築資金の一部を預貯金から現金で出し、残りは子の住宅ローンで賄うケース。

たとえば、建築資金等が2000万円かかり、親が頭金を500万円出し、子が住宅ローンを1500万円組むなら、建物登記の持ち分比率は「親が4分の1、子が4分の3」となります。ですが、親の側は「2分の1ずつ」と考えていたりします。親にしてみると「土地は自分のものだから、自分の持ち分が4分の1ということはないだろう」と言うのですが、この考えは間違いです。土地はすでにあったものなので、「新築する住宅の持ち分」には関係ないのです。

他には、頭金を親と子で半分ずつ出し合ったので「2分の1ずつ」という勘違いも見かけます（ローンは子）。ローン契約の前に、間違えていないか銀行にチェックしてもらうといいでしょう。

興味深いのは、親が「2分の1」と自信を持って言うと、子どもは「そんなものなのかな」と黙ってしまうこと。30代はお金に関する経験が少ないので、親の言うことは絶対と思ってしまうのでしょう。でも、親が間違えていることもいっぱいあることを知っておいてください。

親子リレーローンは使ってはいけない

子どもだけではなく、親も住宅ローンを組む場合は、何かとトラブルが多い「親子リレーローン」の利用はやめておきましょう。

「親子ローン」には、親も子もそれぞれローンを組む「親子ペアローン」と、親がまず返済し、途中から子がローンを引き継ぐ「親子リレーローン」の2つのタイプがあります。

図9　親子リレーローンは、トラブルの元になる!

親子リレーローンは利用してはいけない
収入合算するとたくさん借りられたり、子と一緒だと長い返済期間にできる。しかし、結局は、「借りすぎ」の原因となる
ローン契約書は1つ
ローンの契約者は【親】
（子は、一緒に負担する【連帯債務者】）
「いつ返済のバトン」を渡すのか、ローン契約には明記されておらず、バトンを渡したあとも返済口座は親の口座のまま。将来のトラブルの温床に！

そもそも「リレーローン」は、親が年齢的に35年返済といった長期間のローンを組めないことを解消するために、同居予定の子と一緒にローンを組むという商品です。親が契約者、子が連帯債務者になります。

この親子リレー、**いつから返済のバトンが親から子に引き継がれるのか、はっきりしない点が、私がこのローンを禁じ手とする理由です。**銀行は「親が返済できなくなったら、子が返してくださいね」と言うだけで、返済口座は親が高齢になっても死亡するまで親の口座です。このあいまいさが、親にとっても子にとってもトラブルの火種になります。

できる限り親は現金を出すだけにし、子がローンを組むのがいいでしょう。最後に書くのも何ですが、二世帯住宅の建築は、家族全員でよく話し合って、慎重に進めることをオススメします。

火災保険や地震保険は不動産会社でなく自分で調べて入った方がおトクで安心

火災、災害など本当に面倒なことが起こったときにはプロの損害保険代理店の方が面倒見がよく手続きもラク！

火災保険・地震保険は保険専業のプロ代理店で入るのが安心！

マイホームを購入すると、住宅ローンの契約と同じ時期に建物に火災保険をかけるのが一般的です。その際、保険会社・代理店選びの選択肢はおもに次の3つ。

①不動産会社が勧める火災保険で契約（代理店は不動産会社）

②銀行が勧める火災保険で契約（代理店は銀行もしくは、銀行の系列会社）

③自分で選んだ保険会社・代理店で契約

多くの人は①か②の方法で契約するのですが、私のオススメは③の「自分で選ぶ」です。「なんだか面倒かも…」と思うかもしれませんが、そんなことはありません。それより、火災や災害という本当に面倒なことが起こったときに頼りになる**プロの損害保険代理店から入るほうが、イザというときの面倒が軽減します**。

「プロ代理店」というのは、損保業界の言葉で、保険販売を専業としている代理店のことです。本業が不動産販売だったり、銀行業であったりすると、火災保険販売は手数料ビジネスのひとつになりがち。その点、プロ代理店の人は、保険の知識も事故処理の経験も豊富です。火災保険は、火災保険だけでなく風水害などもカバーしますが、そのことを知らずに被害に遭っても保険金を請求しなかった人もたくさんいます。実務をよく知っている地域の代理店と付き合うと、何かと相談に乗ってくれて頼りになります。

さらにオススメなのがインターネット上で営業している「セゾン自動車火災保険」で加入する方法です。「じぶんでえらべる火災保険」という商品は、補償を自分で選ぶことができ、納得して加入できます。必要な補償だけに絞り込むと、保険料が割安になるメリットもあります。一度セゾン自動車火災保険のサイトで試算してみるといいでしょう。

図10　保険は不動産会社で勧められたところで入らなくてもOK

火災保険・地震保険の入り方は次の3つがあるけれど、オススメは3番!

①不動産会社で勧められて契約

不動産会社や銀行は、代理店をやっていても、損害保険のプロではないので、災害が発生したときにどこまで頼れるか…

②銀行で勧められて契約

保険販売を専業としている損保代理店は知識も経験も豊富なので、プロ代理店から入るのがいい!

オススメ!

③自分で選んだ保険会社・代理店で契約またはインターネット加入の保険会社で契約

●プロ代理店の探し方のコツ

・損保会社のHPの「代理店紹介」のページで保険販売専業の代理店を検索。プロフィールや専門分野をチェックして選ぶ

・最寄りの損保会社の支社に電話し、「この地域でお客さんのために一生懸命なプロ代理店を紹介して欲しい」とお願いしてみる

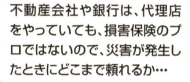

火災保険と地震保険にはしっかり入りなさい！

火災保険のかけ方のコツは長期ではなく10年に。地震保険の加入は、住宅ローンの残債が多いなら必須！

火災保険・地震保険の加入のポイント

火災保険は、不動産会社や銀行で勧められるままに入ると、35年分の保険料一括払いで50万円以上を支払うケースも少なくありませんでした。２０１５年秋に商品改訂があり、これから入るなら保険期間は最長10年です。

これは良い改訂と言えます。建物の火災保険金額は、事故が発生し同じ建物を再度建築する場合にかかる金額で設定します。長い間には物価も変わり、再建築額も変化しますので、35年もの保険期間で契約するよりも、10年ごとの更新時期に見直しできるほうが安心です。

火災保険は火災以外にもさまざまな補償が組み合わさっているので、不要な補償を外すと保険料を抑えることができます。

たとえば、マンションの高層階や高台にある一戸建ては「台風による床上浸水」といった被害は考えにくいですよね。パッケージ型の火災保険には「水災」がセットになっていることが多いので、その場合は外すことが難しいのですが、１７４ページで紹介した「じぶんでえらべる火災保険」なら、不要と思えば外すことができます。

地震保険にも併せて加入しておきましょう。地震や津波による損害は、火災保険の対象外ですし、地震によって起きた火災をカバーするのは地震保険です。自分に起こる確率が低いリスクにはついつい「たぶん大丈夫」と（根拠なく）思ってしまうことがありますが、保険加入を最優先しなくてはいけないのは「持っているお金でカバーできないリスク」です。地震の被害に遭いそこに住めなくなっても住宅ローンの返済は免除されません。ローンの金額は到底、貯蓄ではカバーできませんから、地震保険に加入するのは必須であるといえます。

図11　火災保険と地震保険はしっかり入る

物件価格4000万円のマンションの保険料目安

【建物】保険金額1000万円
火災保険料：2900円　地震保険料：1万1250円

【家財】保険金額1000万円
火災保険料：3100円　地震保険料：1万1250円

合計保険料：年払い2万8500円

高台にある、高層階など水の被害リスクがないなら、「水災」を外すと、これよりも1200円安くなる！

建物価格1500万円の木造一戸建ての保険料目安

【建物】保険金額1500万円
火災保険料：1万6800円　地震保険料：2万6250円

【家財】保険金額1000万円
火災保険料：1万5500円　地震保険料：1万7500円

合計保険料：年払い7万6050円

高台にあるなど水の被害リスクがないなら、「水災」を外すと、これよりも1万3750円安くなる！

- 保険期間：火災保険10年、地震保険1年
- 補償内容：火災、落雷、破裂・爆発、水濡れ、物体の落下、飛来、衝突、騒じょう、風災、ひょう災、雪災、水災、盗難
  （所在地は東京都、建築年は2019年）

※保険料は、セゾン自動車火災保険「じぶんでえらべる火災保険」の例。
ネットで試算が可能
※保険期間を火災10年、地震5年として、保険料を一括払いすると保険料が安くなる

COLUMN

自営業者は住宅ローン審査が通りにくいって本当？

自営業者や中小企業の経営者は、住宅ローンの審査が通りにくい現実があります。銀行に聞いてみると、会社員に比べ返済困難になる確率が高いからと言います。

確かに、自営業の売り上げは景気の影響をダイレクトに受けやすいので、不景気になり収入がダウンすると、それは会社員の比ではありません。銀行に言われなくても、慎重なローンの組み方をしなくてはいけません。

売り上げが安定していて継続的に利益を出していても、借りにくいケースもあります。貸し手は「今は儲かっていても明日以降はわからない」と見るようです。売れっ子芸能人でも住宅ローンが借りにくいのは、こうした理由からです。理不尽な部分もありますが、これが現実。銀行の審査の現状を知ったうえで対処方法を考えましょう。

自営業者の対策としては、しっかり頭金を貯め、ローンの借入比率を下げること。頭金を貯めたことが審査のプラスになることがあります。

「フラット35」は、「職業による選別」をしないため、銀行ローンに比べ借りやすいです。同じ銀行で、その銀行が直接貸すローンと「フラット35」の両方に申し込んだとしても、それぞれ審査基準が異なるため、「フラット35」だけは審査に通るといったこともあります。

また、知っておきたいのは、自営業者の借り換えは新規ローンに比べ審査が通りにくいこと。新規ローンのときは、不動産会社の提携ローンを利用すると不動産会社の後押しもあり、通りやすいことがあるのですが、借り換えは本当に難しいです。ですから、自営業の人は借り換えを前提としたローンは組まないほうがいいでしょう。最初のローンを慎重にプランニングしてください。

銀行は個人事業主だけでなく中小企業の経営者も「自営業者」と見ます。100人以上の従業員がいて、5期以上連続で黒字の会社の社長さんが借り換えをしようとして6行以上から断られたことがありました。私が懇意にしている銀行の人に「どうして断られるのでしょう」と尋ねてみると、「会社のメインバンクに申し込んでいないからじゃないですか」という回答。真相は定かではありませんが、まず会社のメインバンクに申し込むことも大事です。

第5章

すぐに実践！借り換え編

史上最低金利の今、おトクな情報がいっぱい！

既にローンを組んでいる人に朗報！今が借り換えのラストチャンス！

見直しのチャンス到来！

マイナス金利の今が見直しのチャンス！低金利を利用して安心ローンに変身

住宅ローン金利が一段と低下している今は、ローンの見直しのビッグチャンス。面倒がらずに検討してみよう

この章では、すでに住宅ローンを組んでいる人向けに見直し方法を紹介していきます。

住宅ローン金利が一段と低下している今は、ローンの見直しのビッグチャンスが到来しています。みなさんがお持ちのローンは、65～70歳まで返済が続くものではありませんか？ 第2章で繰り返し述べたように、公的年金が65歳まで受け取れない世代は、退職金をアテにした返済プランをとってはいけません。借入当初は定年後のことまで考えていなかったでしょうが、今、見直しに着手すれば間に合います。低金利を味方につけ、ちょっとしたコツを活用し、老後に負担を残さないローンに変身させましょう。

いずれの見直しも実行すれば「利息」がぐっと減るのでおトク！

見直し方法には、おもに**「ローンの借り換え」「金利交渉」「繰上げ返済」の3つ**があります。

「借り換え」とは、今の借入先とは別の銀行でローンを借り入れ、元のローンを完済する方法です。金利差があるほど利息軽減効果が高くなります。

「金利交渉」は、現在借りているローンの金利について、金融機関に値引き交渉すること（内緒ですが、ウルトラCのワザです）。金利が下がったらラッキーですが、成功させるにはノウハウが必要ですから、188ページで説明します。

「繰上げ返済」とは、毎回の返済のほかに、先々の分を任意で返すことです。繰上げ返済した分は元金部分に充当されるため、そこにかかるはずだった利息を支払わなくても済むのがメリット。

利息を減らしつつ、現在の家計にも老後にも負担にならないローンに見直するには、「借り換え」と「繰上げ返済」、または「金利交渉」と「繰上げ返済」を組み合わせてプランを立てます。

図1　ローンを借り換えてトクをする！

ローンの見直し方法は3つ！

借り換え
今のローンを他の銀行のローンに「借り換える」こと

金利交渉
今借りている銀行で金利を引き下げてもらう交渉をすること

繰上げ返済
先々の返済を前倒しで返済すること

見直しは「組み合わせる」と効果がアップする！

借り換え　**繰上げ返済**

金利交渉　**繰上げ返済**

借り換えにより、60歳で終わるローンになるなら、繰上げ返済をする必要がない場合もあります

史上最低金利が到来！ ローンを持っている人は借り換えを検討しよう

現在の変動金利・固定金利型ともに史上最低の金利。今のうちにトクできることに手を付けておこう

ローンがある人の大半が借り換えを検討すべき

3つの見直し方法のうち、まず「借り換え」から見ていきましょう。

借り換えを検討すべきなのは、「①固定金利選択型または変動金利型で借りていて、**借り換え先の10年固定金利型との差が1％以上の金利のローンを持っている人**（執筆時点では、1・7〜1・8％以上の金利で借りている人）」と、「②**変動金利型で借りている人**」です。ローンを持っている人のほとんどの人が該当しそうですね。

反対に対象とならないのは、「1％台の全期間固定金利型」「ローン残高が1000万円以下」に当てはまる人です。

借り換えで効果があるのは「ローン残高が1000万円以上・残りの返済期間は10年以上・金利差は1％以上」という目安を目にしたことはありませんか？ これは10年以上前の「長期固定金利から10年固定金利」への借り換えがブームになったときの目安で、今はケースバイケースですが、固定金利で借りている人には当てはまります。

特に2000年に入ってから借りた人は、当初の一定期間だけ固定金利型のタイプを借りているケースが大半で、図2のように最初の固定期間が終了すると「金利割引」が縮小する仕組みのローンです。現在基準金利は2・5％以上の金利タイプがほとんどで、そこから割引の0・4％を引くと、多くの人が適用金利2％以上で借りています。

一方、現在の新規ローンの金利は、全期間固定型が1・5％前後、10年固定金利は低いところだと0・7〜0・8％と1％に満たない水準ですから、高い金利で借りていることがわかります。該当する人は、借り換えすると適用金利が下がる分、「おトク」です。

図2　史上最低金利を賢く使って借り換えする！

借り換えた方がいい人は？

①固定金利選択型2・3・5・10年と、変動金利型で借りている人で、借り換え先の10年固定の金利と「1%以上の金利差」がある人
（執筆時点なら1.7〜1.8%以上の金利で借りている人）
→金利が下がって、「トク」をするケース

②変動金利型で1%未満で借りている人
→適用金利は少し上がるが、「安心」するために借り換えをするケース

①のケースの場合

2000〜2007年に借りた人は、金利タイプ変更後▲0.4%の割引に縮小する条件だった。つまり、現在はほとんどの人が2%以上で借りているため、見直した方がトク

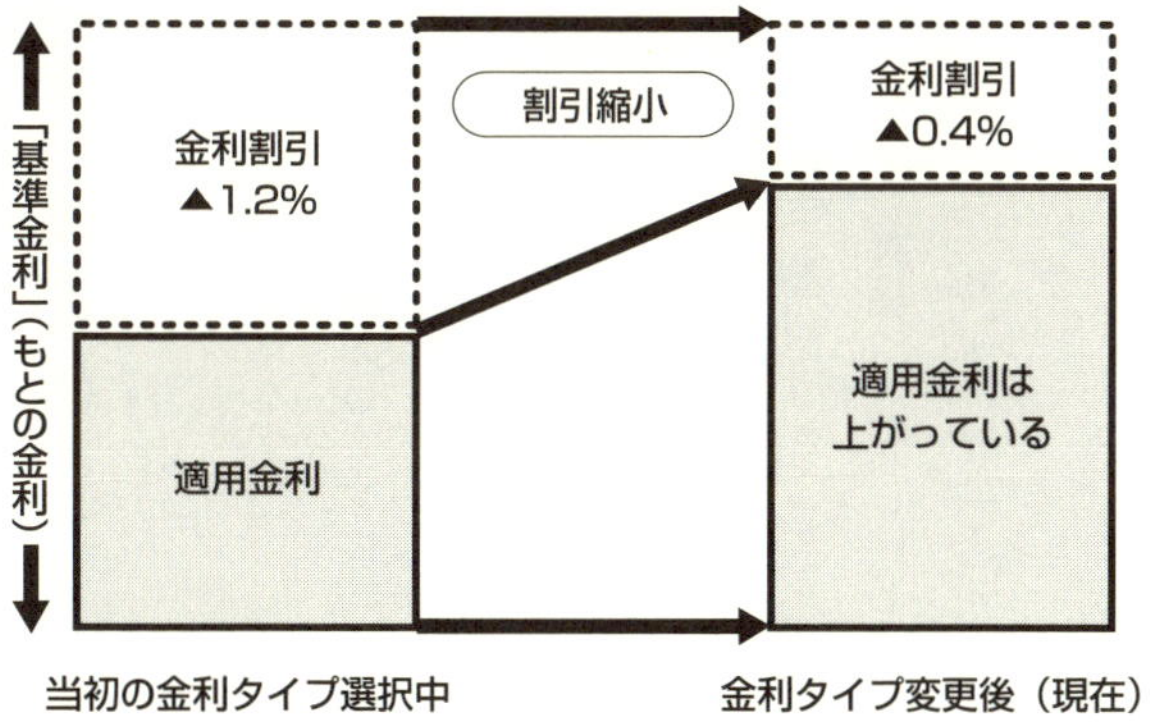

変動金利を見直すチャンス

「②変動金利型で借りている人」は、固定金利型に借り換えのチャンスです。

この5年以内に変動金利を借りた人なら0・6〜0・9%、もっと前に借りた人は1%台、2%台の金利です。現在の10年固定の金利水準は0・6〜0・9%です。最も低い変動金利で借りている人でも、今の固定金利が低水準のうちに借り換えをして「安心」を得ましょう。

「金利が上がるギリギリまで変動金利のままでトクをして、上がりだしたらタイミングを見て固定にする」プランは、固定金利は変動金利に先行して上がるという経済の仕組み上、非現実的と言えます。先延ばしにせずに、マイナス金利政策の今のうちに見直しを済ませてください。10年固定か全期間固定がオススメです。

60歳以降に負担を残さない住宅ローンの賢い借り換え術

借り換え後のポイントは返済額を減らさず、期間の短縮を目指すこと。そうすれば60歳以降の負担が軽くなる

借り換えで重要なのは「期間短縮」。返済額を減らしてはいけない！

「借り換えすると、毎月2万円のおトク！」といった見出しのチラシを見かけることがあります。誰だって毎月の出費が減るのは魅力的に感じるはず。

確かに、金利の低いローンに借り換えをすると毎月の返済額は減りますが、返済期間は変わらないため、60歳以降まで負担を残すことになります。ここは返済額を減らさずに、がんばって今の金額をキープしましょう。そうすると、金利が下がった分、返済期間が短縮され、60歳以降の負担が軽くなります。

まず最初に、現在のローンの60歳時残高を知りましょう。変動金利型や固定金利選択型を利用していると、返済予定表に書いていないので、銀行に試算をお願いしましょう。固定金利終了後の金利を「2〜2・5%と仮置き」して、60歳時のローン残高を試算して欲しいと頼んでみてください。「ちょっと高め」で計算するのがポイントです。

多くの人は、借りるときに「70歳までのローンかぁ。退職金で一括返済だな」と完済年齢は覚えているのですが、60歳時にいくら残高があるのかを認識していません。退職金が2000万円で、ローンが60歳時に1500万円残るなら、退職金で一括返済してしまうと、老後資金に回せる退職金はわずか500万円。心もとない金額です……。

老後資金が少なくなるといった事態を避けるために、借り換えで返済期間の短縮（＝60歳時残高を減らす）をするのです。

今の返済額をキープすると、金利が下がった分、残りの返済期間は短くなります。60歳以降の負担が軽減するだけでなく、今後の総返済額も大きく減りますから「おトク度」もアップします。

図3　借り換えするなら「期間短縮」をする！

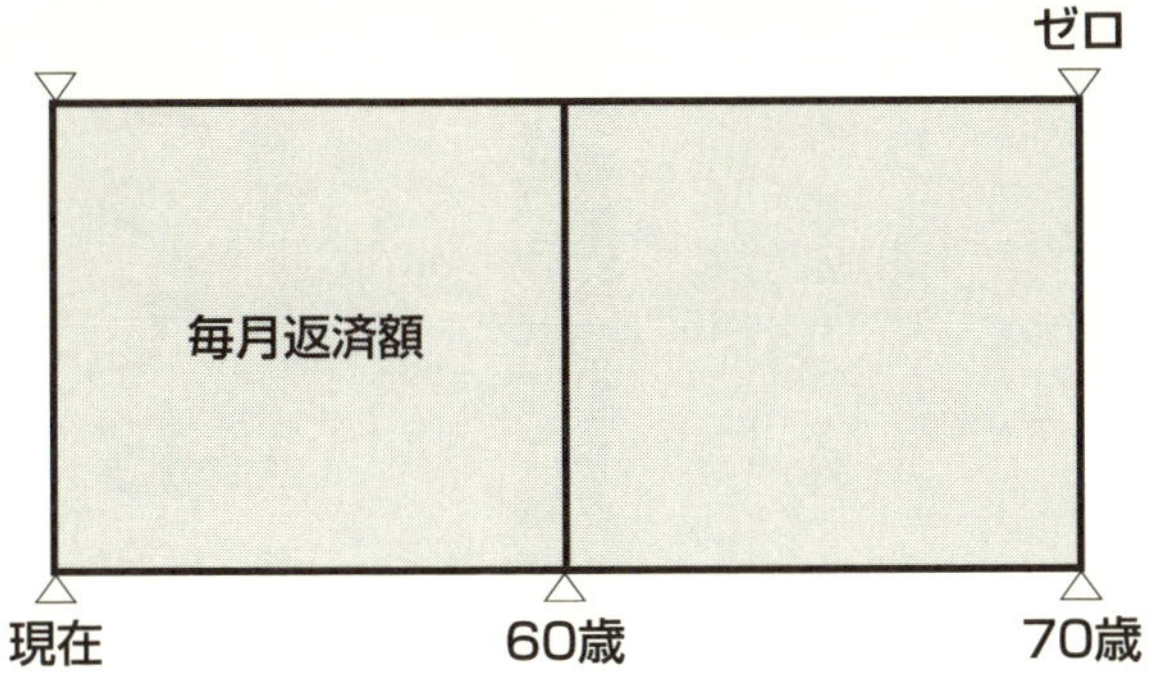

✕借り換えで返済額を減らしてはダメ!

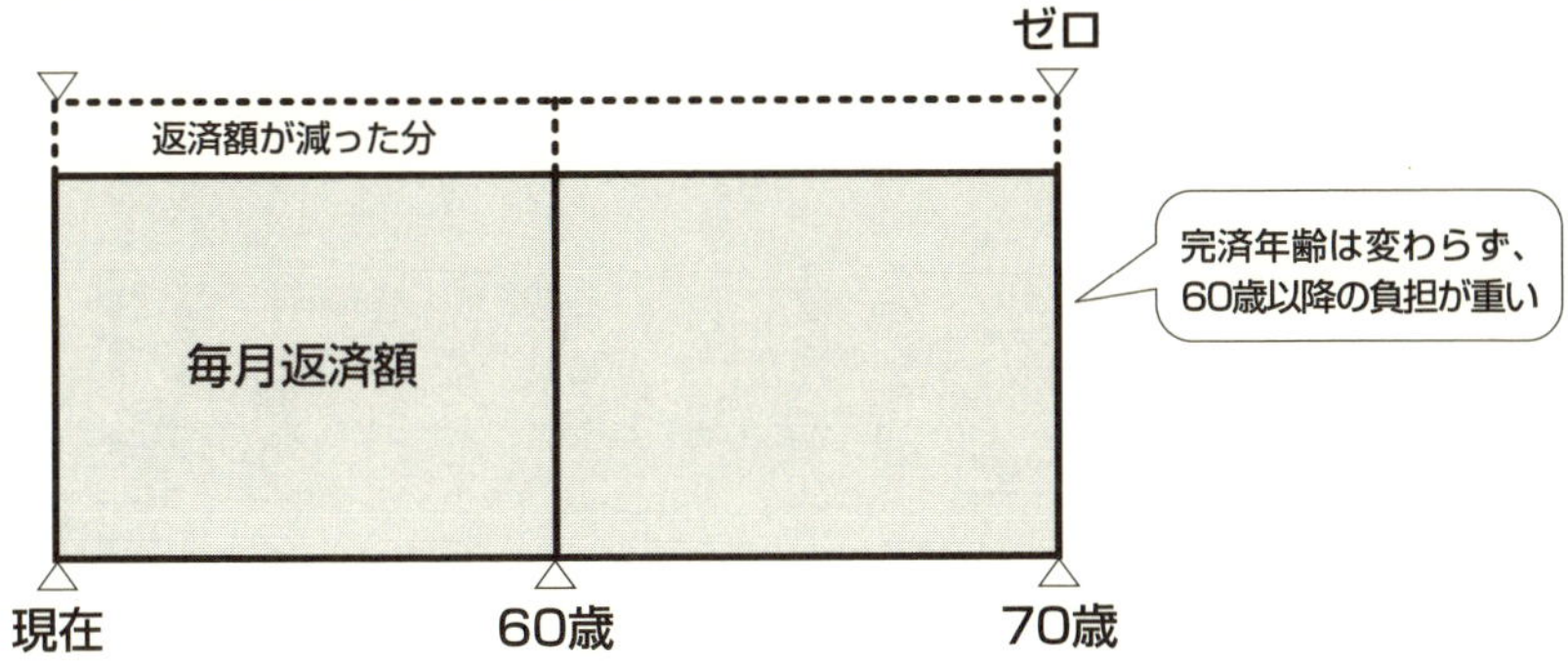

◎借り換えするなら、返済期間を短縮して老後負担を減らそう!

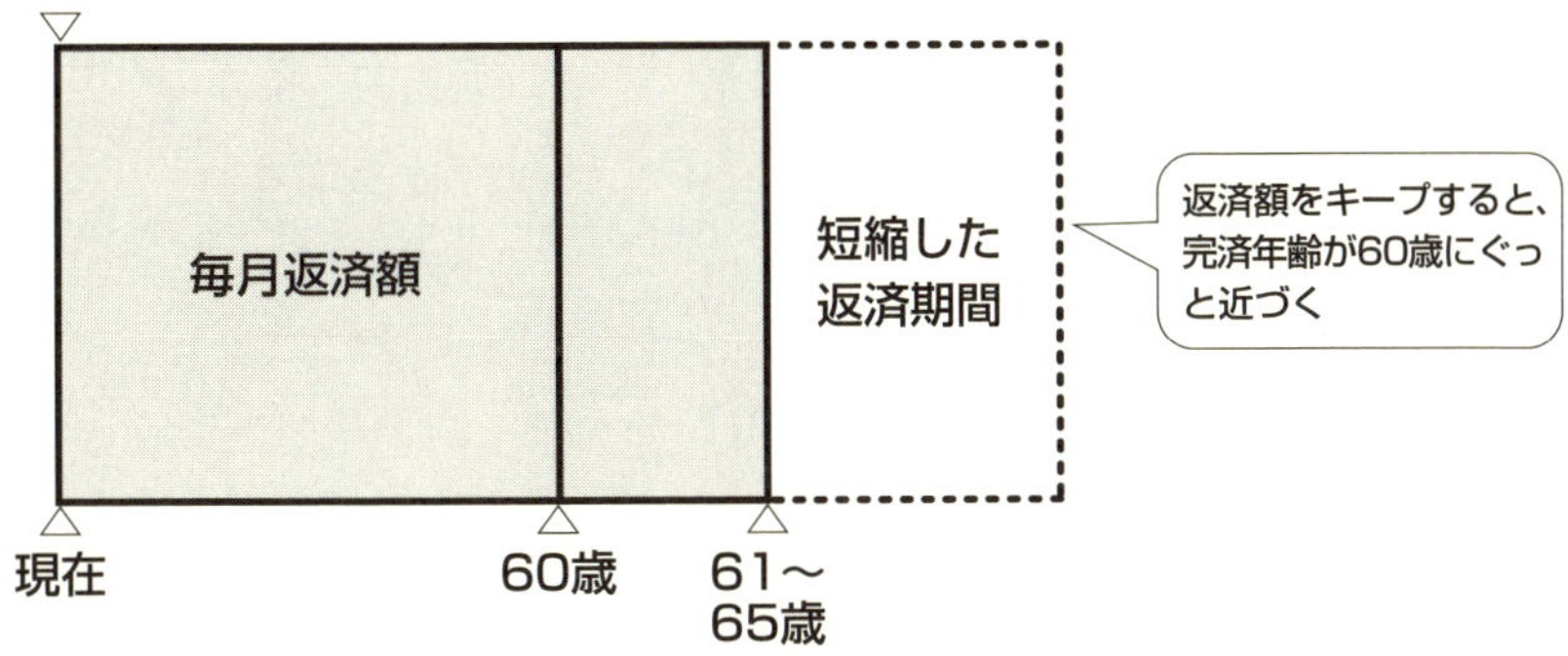

借り換えにかかる諸費用と、知っておきたい保証料を抑えるコツ

保証料ゼロの銀行も！　諸費用をかけても借り換えをしたほうがいいか、費用対効果を考えることが大切！

保証料を安くするコツをつかみ、借り換えの費用対効果を高める

借り換えは他の銀行で新たにローンを組むことになるため、借り換え先では、ローン保証料や抵当権設定のための費用等の諸費用を支払います。元のローンの抵当権抹消の費用もかかるので、諸費用は、左表のように数十万円にもなります。

諸費用のうち、最も大きな金額を占めるのは保証料です。たとえば、残高2000万円を返済期間25年で借り換える際の保証料は、約34万円。結構負担が重いですね。ただし、元のローンを借りるときに、一括で保証料を支払っている場合、未経過分の保証料が返ってきます（一部手数料が差し引かれます）から、差し引いて見積もりしましょう。戻り保証料は銀行によって多少金額が異なりますが、3000万円を35年返済で借り、10年後に借り換えをすると約22万円が戻ってきます。

手持ち資金があまりない人は、借り換え先をソニー銀行など、保証料が不要な銀行にするのも一法です。諸費用分は、今後の利息軽減分で回収していくことになるため、諸費用をかけても借り換えをしたほうがいいか、費用対効果を考えることが大切です。

借り換え先として検討している銀行に相談に行くと、諸費用も考慮して試算してくれますし、銀行のＨＰにある「借り換えシミュレーション」の画面を使って自分で試算するのもいいでしょう。

大きな金額を占める保証料は、**「借入金額」と「返済期間」の2つの要素**で決まります。ですから、借り換え時に余裕資金があったら、それを投入して借り換え金額を減らしたり、返済期間を短縮したりすると、保証料は安くなり、費用対効果は高まります。ちょっとしたコツですが、知らないとソンですね。

図4　知っておきたい、借り換えの諸費用

残高2000万円を返済期間25年で借り換えた場合（ある銀行の例）

ローン保証料	約34万円
ローン事務手数料	3万円＋消費税
印紙代	約2万円
司法書士報酬	約7万円
抵当権設定・抹消費用	約8万円
合計	**約54万円**

保証料が占める割合が高い

今のローンの未経過分の保証料は返ってくる

借り換え費用の目安

費用総額	①残高3000万円を残り30年で借り換えるケース	②残高2500万円を残り25年で借り換えるケース	③残高1500万円を残り20年で借り換えるケース
保証料がかかる銀行なら	約80万～82万円	約63万～65万円	約38万～40万円
保証料がかからない銀行なら	約23万～25万円	約20万～22万円	約16万～18万円

保証料は「借入金額」と「返済期間」で決まります。手持ち資金を投入して借り換える金額を減らしたり、期間を短くすると、保証料は安くなります

手間も諸費用もかからない！「禁断のウルトラC」、金利交渉

住宅ローンは、銀行間での競争が激しいので、今、借りているところへ金利の引き下げを要求するという方法もあるのです

この章の冒頭で「ローンの見直し方法には3つの方法がある」と書きました。2つ目は「金利交渉」というもので、**以前なら考えられなかったローンの見直し術**です。

金利交渉とは、今借りている銀行に「金利を引き下げて欲しい」とお願いすることです。5〜6年より前にローンを借りた人は、当初の金利タイプが終了すると、金利割引が0・4％に小さくなる仕組みでした。今、新規で借りたり、借り換えをすると、金利割引は1・5〜2・2％もの大型割引を受けられるので、「もう少し割り引きしてくれませんか」と銀行に交渉する人がじわじわと増えてきました。

銀行間の競争の結果「禁断のウルトラC」の金利交渉が実現

金利交渉に応じるのは、当初のルールを変えることなので、銀行にとってみると「禁断のウルトラC」なのです。なぜ受けるようになったかというと、やはり「銀行間の競争」が原因。競争により新規ローンの割引幅が拡大し適用金利が下がってくると、ローンを持っている人は他行への借り換えを検討します（当然ですね）。他行に客を取られることを防ぐため「内緒ですけれど、割引幅を大きくしますから、借り換えせずに当行を引き続きご利用ください」と、銀行の方から割引提案をするケースも徐々に出てきました。

銀行にとってみると、新規ローンの獲得と同様に、「借り換えローンの獲得」と「借り換えされる案件の防止」は必達事項なのです。住宅ローンは競争が激しいので、今は借り手が優位な状況と言えます。

金利交渉は、借り換えのように諸費用もかかりませんし、手続きもラク。借り換えするのとどちらがいいのかは、次の190ページで見てみましょう。

図5　金利交渉で割引の幅を大きくしてもらう！

金利交渉は「割引幅拡大」を交渉すること

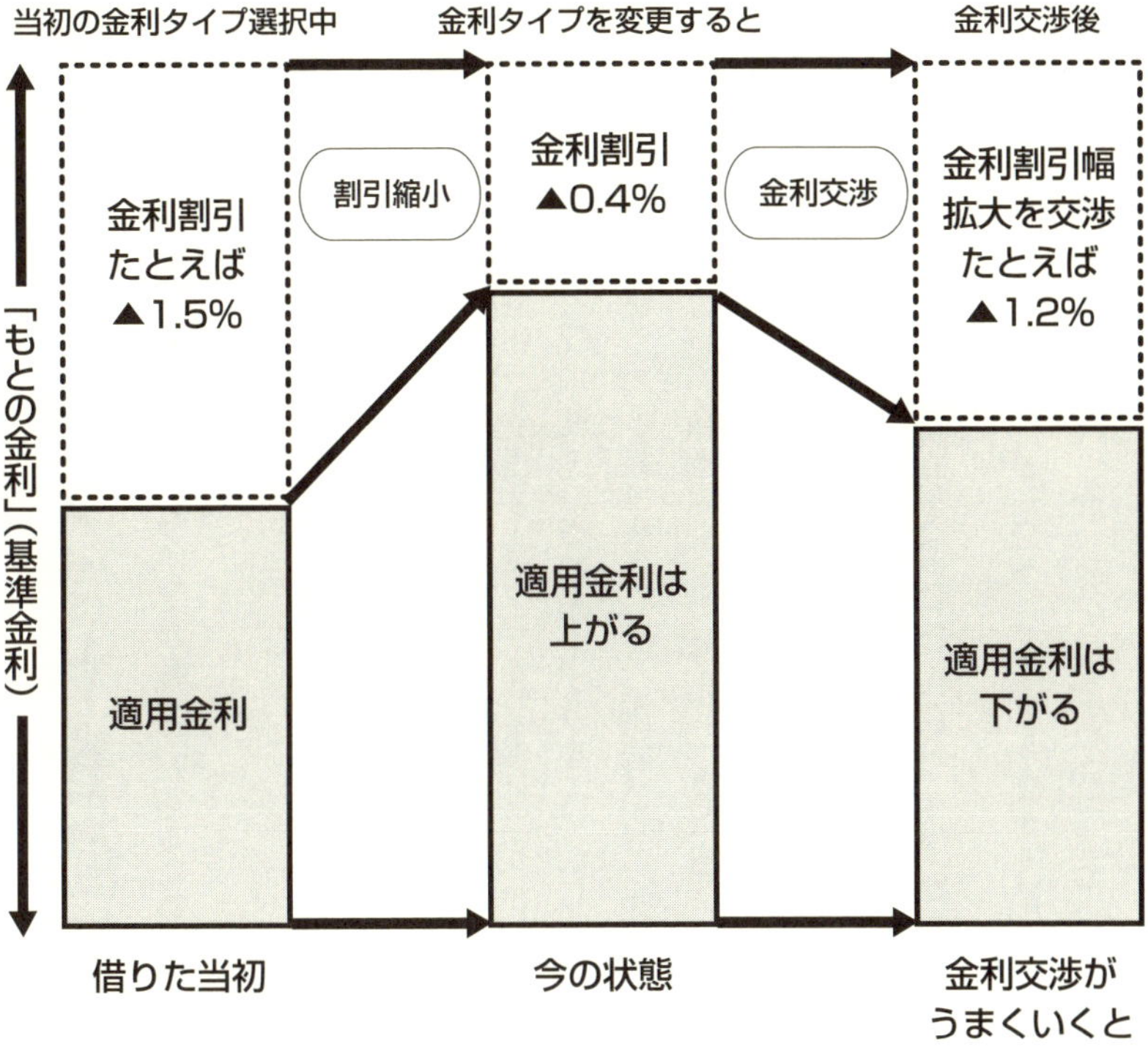

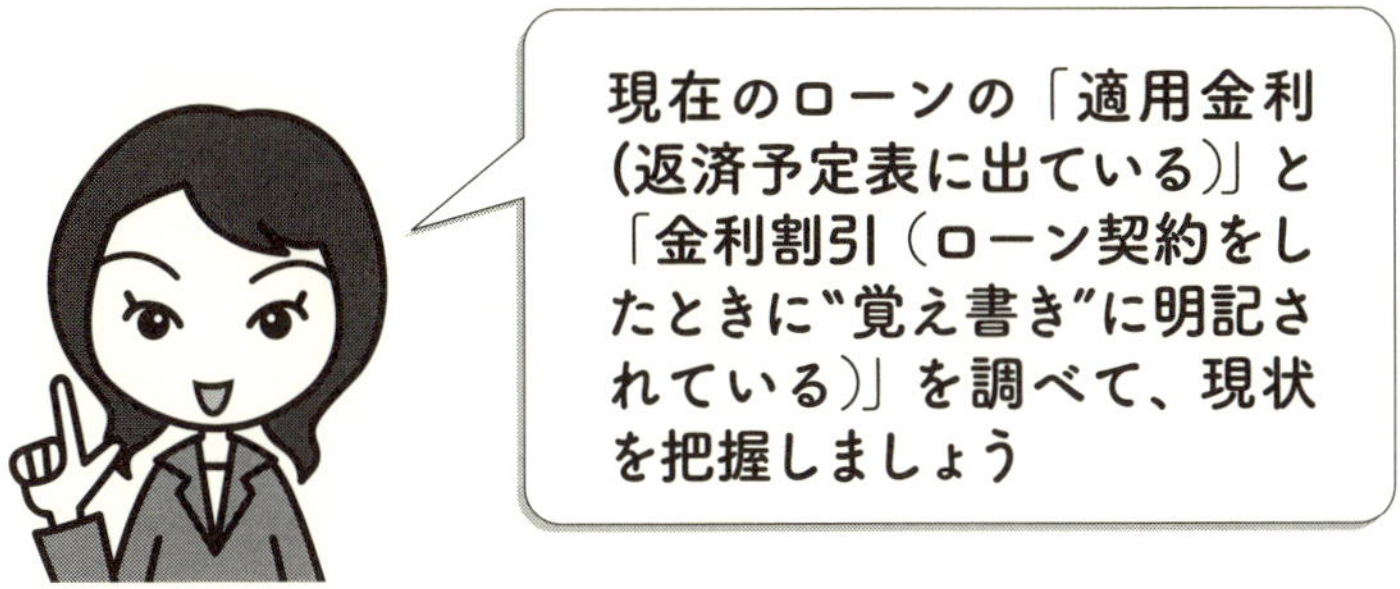

金利交渉と借り換え、どちらがおトク？ メリット、デメリットを徹底比較！

借り換えと、現在のローンの金利引き下げ。どちらも一長一短があるため、自分に合う方法を選択しよう

金利交渉と、借り換えを比較してみましょう（図6参照）。

「コスト（諸費用）」面では、金利交渉が圧倒的に有利。借り換えでは数十万円の諸費用がかかるのに対し、金利交渉はゼロです。それにかかる「手間」も同様に金利交渉の方が、時間を取らずにラク。**「適用金利」は、多くの場合、借り換えの方が低くなる**と思われます。

なぜなら、借り換えにはコストがかかり、金利交渉ではコストがかからないので、どちらを選んだとしてもローン契約者の利益が同じになるように、コスト分は割引しないというのが銀行の考えだからです。そのほか、その時々の銀行の事情や競争の実態により、金利交渉による割引幅は変わってきます。

見直し後の「使い勝手」の面は、借り換えに軍配が上がります。新しくローンを組み直すので、返済期間の短縮や、金利を組み合わせ「ミックス返済」を活用したりできます。「わが家に合ったローン」にしやすいのは、借り換えです。

金利交渉にはNGワードがある

「金利交渉」と「借り換え」は、それぞれ一長一短がありますが、まずは動いてみて、魅力的な方を選びましょう。銀行によっては、他行の借り換え試算表を見せて「他の銀行に乗り換える本気度」を見せないと、金利交渉には応じないといった内部ルールがあります。

他行で、諸費用も含めた借り換え試算をしてもらい、それを持って今の銀行で金利交渉を試みる。両方の金利と借り換えによる使い勝手等をトータルで考えて、見直し方法を決めるといいでしょう。

また、金利交渉を試みるときには「最近金利が下がっているので、借り換えを検討したい」「金利はもう少し低くなるのではないか」と言うのが大事。「最近、生活が厳しいから」とか、「収入がダウ

図6　金利交渉VS借り換え　どっちがおトク？

	金利交渉	借り換え
①コスト	○ 原則、コストはかからない	× 借り換え費用は、数十万円かかる
②かかる手間	○ 提出する書類は少なく、あまり手間はかからない	× 借り換え先の銀行に提出する書類を集めたり、何度か銀行に足を運ばなくてはならない
③金利	△ 借り換えで得られる金利までは低くならない仕組み	◎ 新規ローン並みの金利を得られる
④見直し後の使い勝手	△ 今の返済方法が続くので、金利ミックスにしたり、わが家に合った返済の仕方に変えたりはしにくい	◎ 借り換えをきっかけにミックス返済にしたり、わが家の事情に合わせたローンに組み替えることができる

ンしたので返済額を下げて欲しい」といった交渉の仕方はNGです。銀行は建前として金利交渉に応じていないことになっています（HPのどこにも記載はありません）。これまでちゃんと返していて、これからもちゃんと返す人にだけ交渉に応じることにしているので、ネガティブなことを言ってしまうとダメなのですね。

健康状態によっては借り換え不可

借り換えの際には新たに「団体信用生命保険」に加入しますが、健康状態によって団信に入れないと、借り換えができないこともあります。加入条件が緩和された「ワイド団信」が最近登場していますが、金利に0・3％が上乗せになります。金利交渉による適用金利と比較検討して決めます。

次ページからは借り換えのケーススタディをみていきましょう。

FP深田からのアドバイス

40代半ばでローンが2400万円も残っていることに着目（同じくらい残っている人は、読者にも多いはず)。

このまま何もしないと、70歳までローン返済が続きます。退職金で完済しようにも、1200万円近くもあると老後資金に影響がでますから、問題を先送りせずに、借り換えをしましょう。

子どもの教育費がかかる時期に入っているため、こまめな繰上げ返済より家計を見直して毎月１万円多く返すことを目指すのが現実的。すると、完済年齢は７年短くなり、60歳時残高も600万円以上減ります（見直し案A)。

教育費で貯めたお金以外に余裕資金があるなら、借り換え時に投入し借入額を減らすとより効果が高まります（見直し案B)。

見直し案B

借り換え時に、まとまった額を繰上げ返済し、完済年齢を70歳→60歳に大幅短縮!

借り換え時に余裕資金300万円を使い、借入額を2100万円とする。10年固定金利0.9%・残15年で借り換えると（11年目以降は金利3%に仮置き）60歳で完済

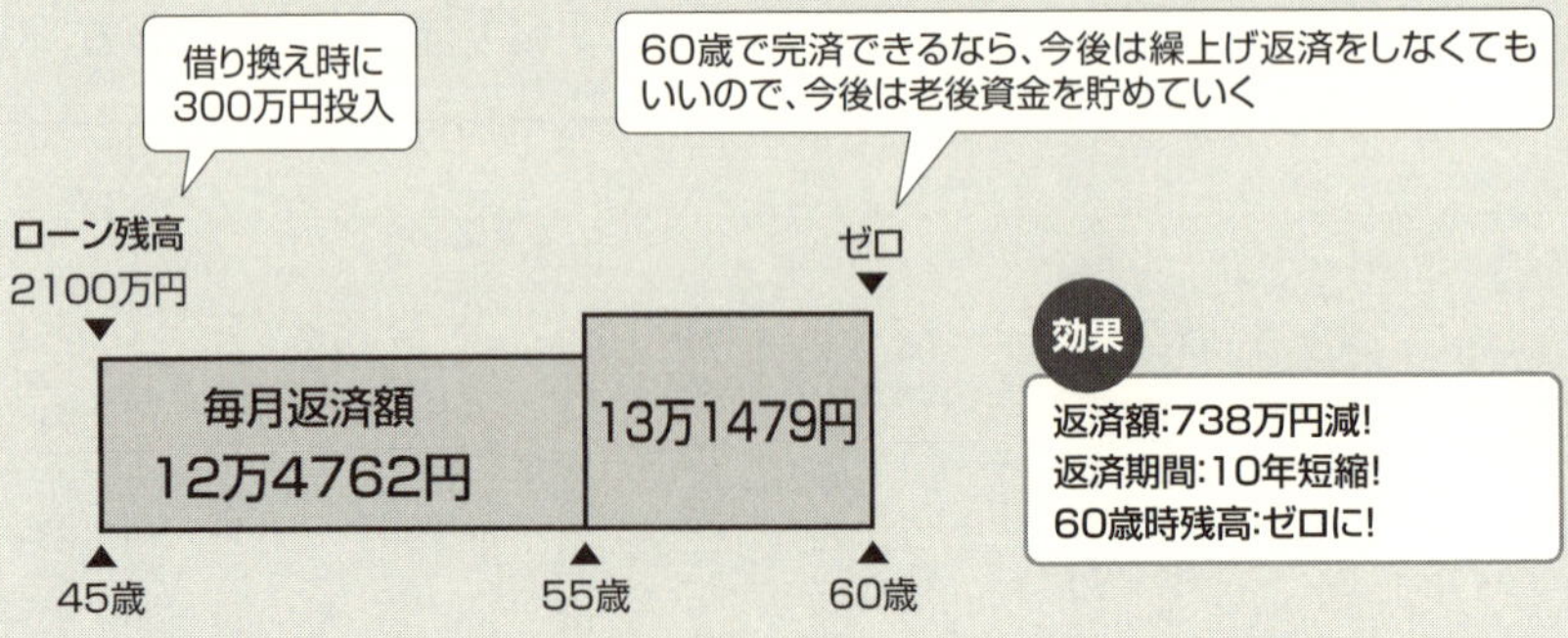

効果

返済額:738万円減!
返済期間:10年短縮!
60歳時残高:ゼロに!

見直しのポイント

✔ **余裕資金があるなら借り換え時に投入し、借り換え金額を減らす**

トクする借り換えのケーススタディ

ケース ❶ 現在45歳でローン残高は2400万円、10年前に10年固定・金利2.2%で借り、もうすぐ10年固定が終了する（このままほうっておくと、完済年齢は70歳）

◎現在のローン

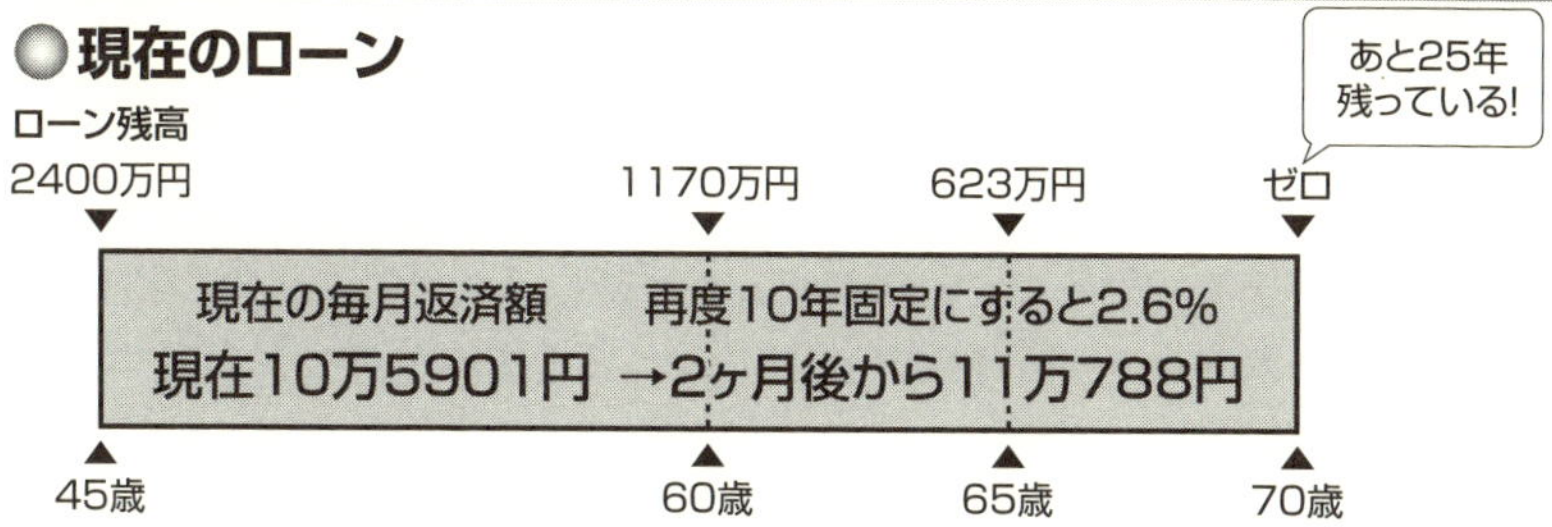

見直し案A

返済額は1万円アップするが、期間は7年短縮。利息は約714万円も減る!

10年固定金利0.9%・残18年で借り換えると（11年目以降は金利3%に仮置き）

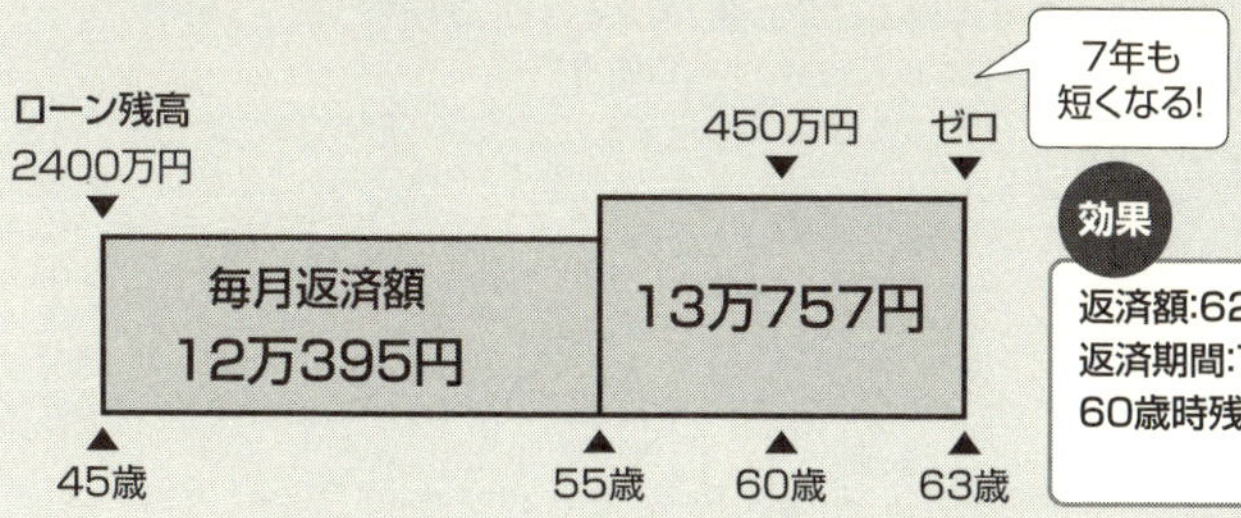

効果

返済額:624万円減!
返済期間:7年短縮!
60歳時残高:1170万円
→450万円に!

見直しのポイント

- ✔ 現在のローンは10年固定型が終了すると、金利割引が0.4%に縮小し、適用金利が2.6%になるので、金利を引き下げるために借り換える
- ✔ 完済年齢を少しでも60歳に近づけるために、返済額を1万円アップ

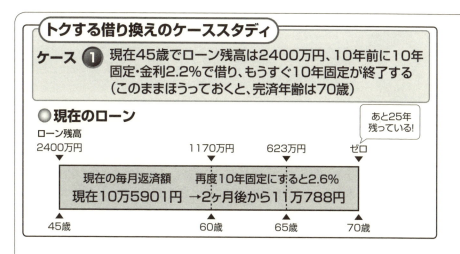

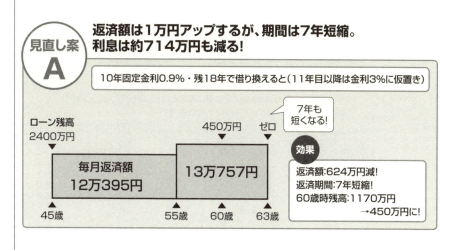

FP深田からのアドバイス

数年前に変動金利で4000万円借りたローンは今後の金利上昇リスクを持つため、固定金利が底であるうちに借り換えをしておきたいです。

見直し案Aは、60歳時の残高は少なく見積もっても1400万円以上なので、繰上げ返済で60歳までに完済するのは難しい。そこで見直し案Bではローンを２本に分け、まず借入額の少ない方の１本分の完済を目指します。60歳以降も返済が続いたとしても、月に約13万円払うより月に約10万円払う方がラクです。60歳になったら退職金や貯蓄を使ってローン残高の半分を「返済額軽減型」で繰上げ返済すると、毎月返済額は約５万円になります。全額を繰上げ返済して老後資金が減るよりいいでしょう。

見直し案B

10年固定金利を「金利ミックス返済」で2本組む。借入額の少ない方を早く返し、ローンを1本に

10年固定の2本を返済期間31年で借り換える（1000万円と2600万円）
（10年固定は、11年目以降に金利3%に仮置き）

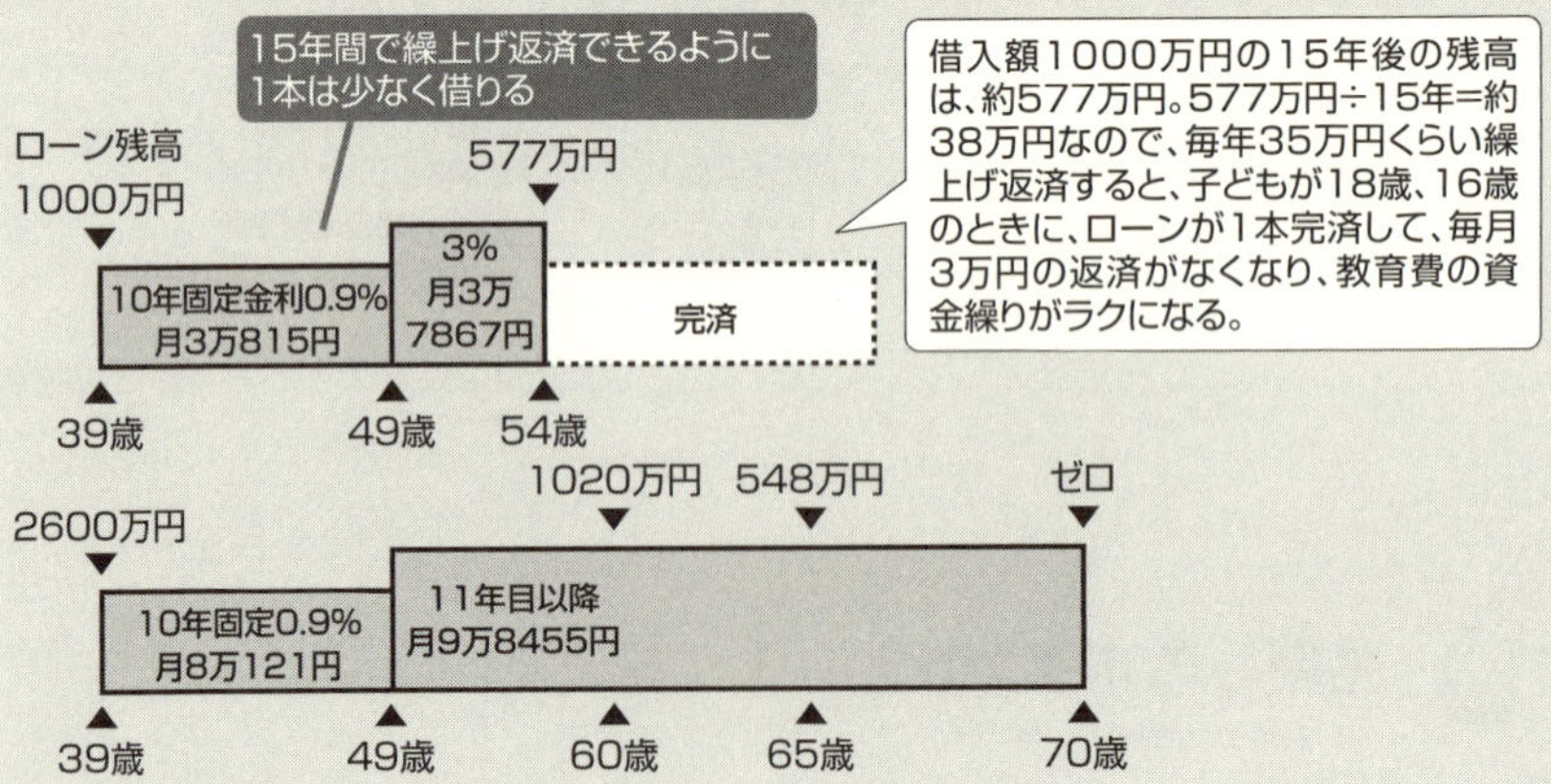

見直しのポイント

✔ **ローンを2本に分け、1本を繰上げ返済して完済すると、60歳以降に返済が残っても残り1本分で済む**

安心する借り換えのケーススタディ

ケース❷ 4年前に変動金利0.775%で4000万円を借り、現在のローン残高は3600万円！　今39歳で、完済年齢は70歳。3歳と1歳の子どもがいて、教育費ピークが15年後

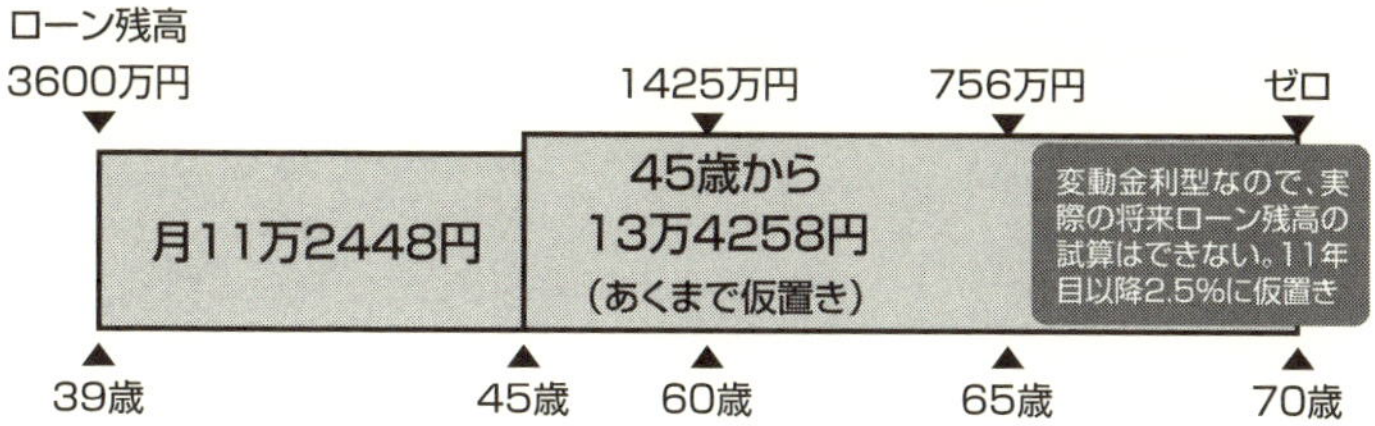

見直し案A

金利が低いうちに変動から10年固定金利に。将来は確定するが、返済期間は長いまま

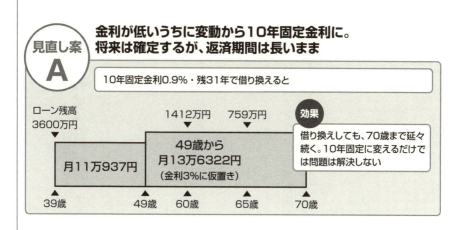

10年固定金利0.9%・残31年で借り換えると

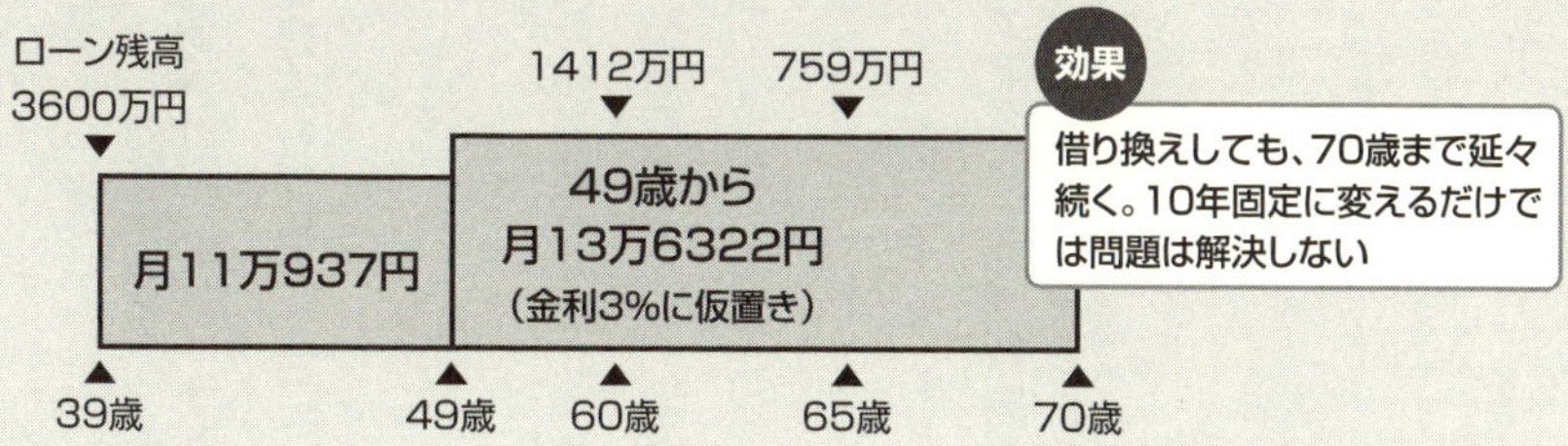

見直しのポイント

- ✔ **数年前に変動金利型で借りたローンを借り換えして「安心できるローン」にする**
- ✔ **10年固定金利に普通に借り換えをしても（見直し案A）、金利と返済額がアップするだけなので、工夫をしないとダメ**

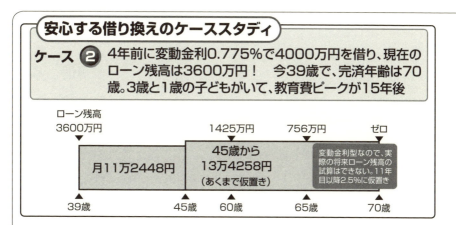

2パターンある繰上げ返済の仕組みを理解しよう!

繰上げ返済をすると、返済利息が減ってオトク。繰上げ返済の仕組みと使いこなし術を知っておきたい!

繰上げ返済するなら、「期間短縮型」がオススメ

繰上げ返済とは、毎月返済している金額以外の資金を使ってローンの残高を減らすこと。毎月の返済は、利息と元金に充てられますが、繰上げ返済した資金はすべて元金に充当されます。このため、もともと支払う予定であった利息を支払わなくて済む仕組みになっています。残高を一括で返済することを「全額繰上げ返済」、一部だけ資金を投入することを「一部繰上げ返済」と言います。ここでは、一部繰上げ返済について解説していきます。

図7のように、繰上げ返済には「期間短縮型(残りの返済期間が短くなる)」と「返済額軽減型(今後の毎回の返済額が少なくなる)」の2つの方法があります。どちらを選ぶといいかと聞かれると、私は**繰上げ返済するなら「期間短縮型」でとお答えしています。**

その理由はいくつかあり、まず、期間短縮して、60歳以降の返済負担を減らすため。また、「返済額軽減型」はかなりまとまった金額を投入しない限り、返済額軽減の効果が薄いから。たとえば、3000万円を金利1・5%、返済期間35年で借り、5年後に100万円を返済額軽減型で繰上げ返済すると、月々わずか3400円しか返済額は少なくならないのです。家計が厳しく貯蓄もできないときに、月々3400円の軽減のために100万円を使うより、イザというときのために100万円を取っておく方が家計運営上安心です。ソントクの面で見ても、同じ資金を繰上げ返済したときには「期間短縮型」の方が利息軽減効果は高くなります。また、実行時で言うと、早い時期(=残高が多い時期)に繰上げ返済した方が支払わなくて済む利息は多くなります。

図7　繰上げ返済には2つの方法がある

期間短縮型 **現在の返済額はそのままで、返済期間を短くする方法**

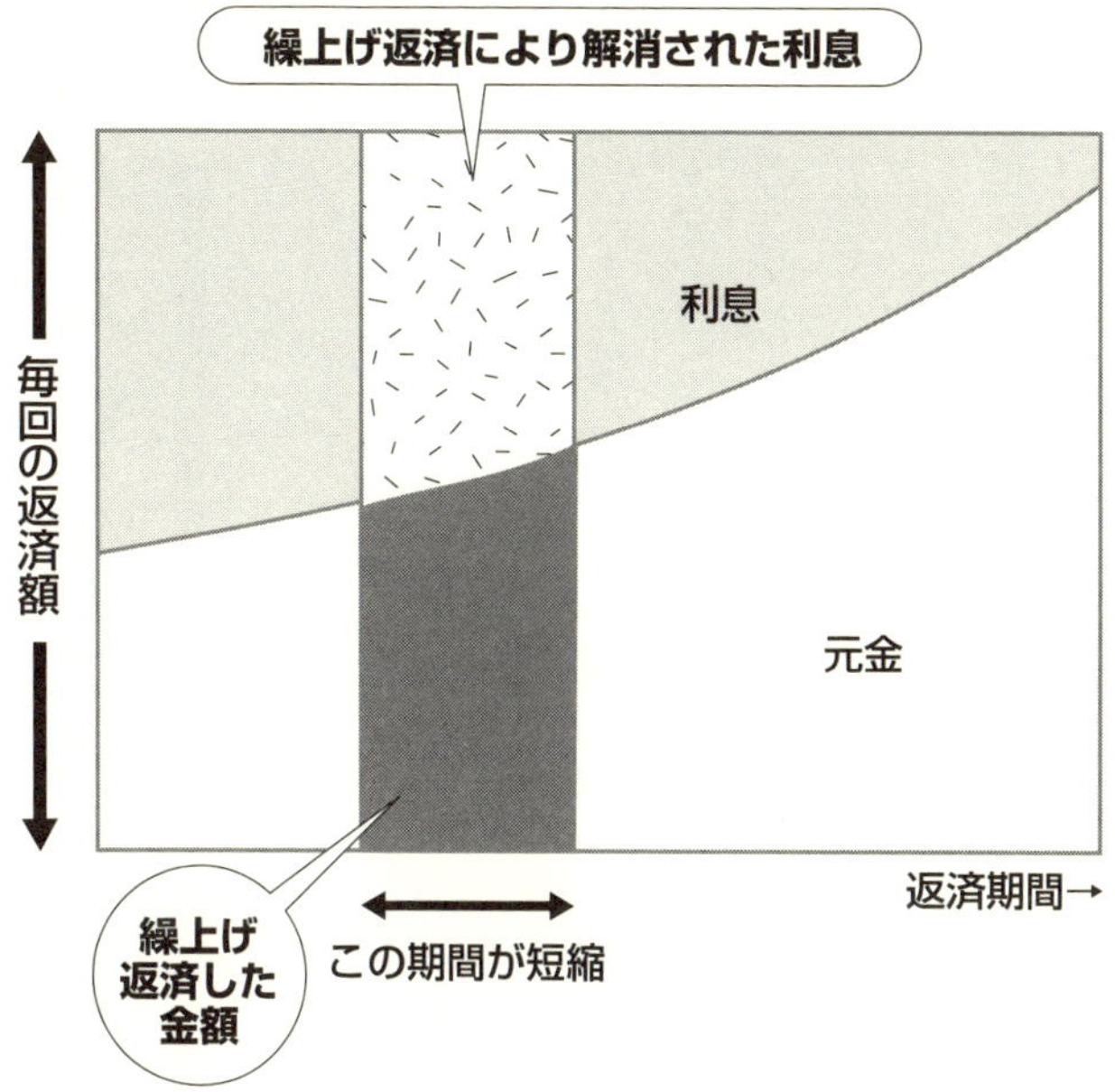

返済額軽減型 **返済期間をそのままにし、毎回の返済額を少なくする方法**

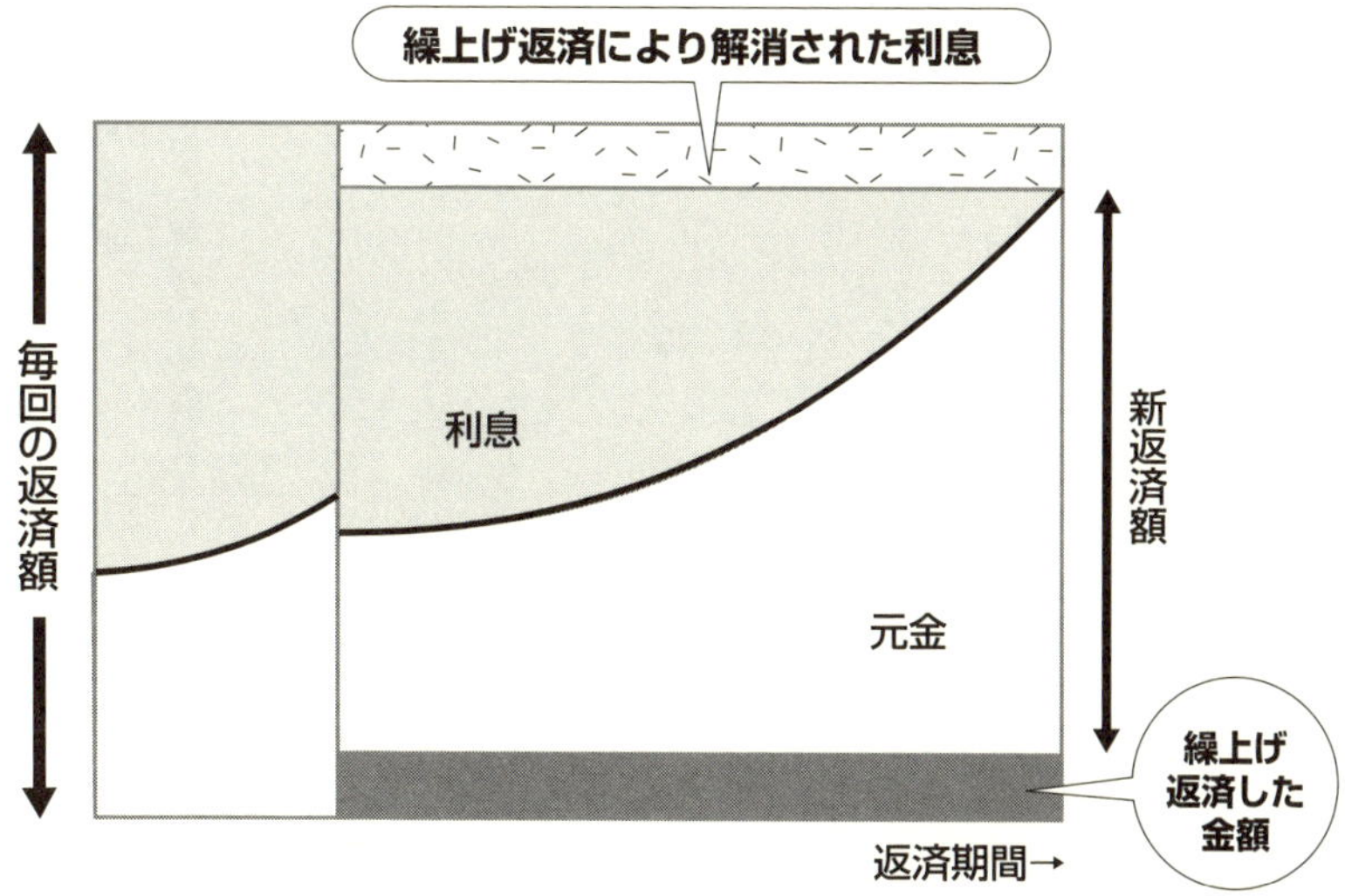

繰上げ返済貧乏は危険！子どもがいるなら教育費を優先！

お金に敏感な人ほど繰上げ返済をしがち。するといつまでたっても貯蓄が増えない危険な家計に！

計画シートで今後を見える化

　繰上げ返済を「おトクだから」とやり過ぎないように気をつけてください。定年までにローン残高を減らすことも大切ですが、繰上げしすぎて現役時代に「住宅ローン貧乏」になってしまうのは避けなくてはいけません。実は、繰上げ返済をすべきかどうかは悩ましい問題なのです。

　そこで「繰上げ返済計画シート」を作ってみます。毎年の予想貯蓄額と貯蓄残高を将来にわたって記入します。ところどころでも住宅ローン残高も記入すると、貯蓄とローンの残高のバランスを見比べながら、繰上げ返済の計画を立てることができます（記入のコツは図8参照）。

　マイホームを購入した直後は、頭金等で減った貯蓄の回復時期。当初3年程度は「繰上げ返済禁止期間」としましょう。「禁止期間」後は、家族構成によってプランは異なります。

　子どものいない（今後も予定はない）共働き夫婦なら、教育費で大きな出費の予定がないので、コンスタントに貯まっていく貯蓄の一部で繰上げ返済をするといいでしょう。イザというときの貯蓄は少なくとも３００万～４００万円は取っておきます。

　子どもがいる場合は、教育費作りが優先。子ども自身が多額の奨学金に頼らなくてもいいように、18歳までひとりにつき３００万円程度は貯めておきたいものです。教育費の積立をしつつ、それ以外の貯蓄が住宅ローン残高を超えるまで、繰上げ返済をしないというのもアリです。「繰上げ返済はおトクだから、しなくてはいけない」と思い込んでいる人が多いのですが、今は金利が低い状況ですから、無理に繰上げ返済をしなくてもいいのです。とにかく**「貯める」ことを優先しましょう。**

図8 「深田式」繰上げ返済計画シート

巻頭折り込みに
白紙シートあり

経過年数		0	1	2	3	4	5	6	7	8	9	10	11	12	13	14	15	16	17	18	19
家族の年齢	夫	35	36	37	38	39	40	41	42	43	44	45	46	47	48	49	50	51	52	53	54
	妻	34	35	36	37	38	39	40	41	42	43	44	45	46	47	48	49	50	51	52	53
	長男	5	6	7	8	9	10	11	12	13	14	15	16	17	18	19	20	21	22	23	24
	長女	3	4	5	6	7	8	9	10	11	12	13	14	15	16	17	18	19	20	21	22
ライフイベント支出		マイホーム購入 / ←繰上げ返済禁止期間（0〜3）→		長男小学校入学 / ←小学校時代は貯蓄額アップ可能（2〜7）→		長女小学校入学				長男中学校入学		長女中学校入学	長男高校入学		長女高校入学	←長男大学（1年目150万円）（14〜17）→		長女大学（1年目150万円）（16〜19）→			
(A)その年の収支（貯蓄額）		100	100	110	110	120	120	120	120	100	100	100	100	100	100	80	80	50	50	50	50
(B)ライフイベント支出																150	120	270	240	120	120
貯蓄残高（前年残高＋(A)その年の収支－(B)ライフイベント支出）		300	400	510	620	740	860	980	1100	1200	1300	1400	1500	1600	1700	1630	1590	1370	1180	1110	1040
住宅ローン残高（みずほ銀行のHPで試算/P75参照）		3000					2577					2126					1645				

フルタイムの共働きでない限り、コンスタントに繰上げ返済をするのは難しい。現状を知り、計画を立てることが大事です。

繰上げ返済後「最低限」残すべき貯蓄額

	30代	40代	50代
最低ライン	300万円＋教育費	500万円＋教育費	700万円＋教育費

まだ間に合う見直し

50代の見直しは、定年以降の収入がわかったところでプランを立てる！

退職金と定年後の給与、具体的にわかってからの2プランを紹介します。

60歳までは繰上げ返済を実行しない

50代で65歳以降も返済が続くローンを持つ人の見直し方法をご紹介します。

定年以降も働き続けるつもりでも、具体的な給与を50代のうちに知ることは難しいでしょう。ですから当面は、**教育費を優先しつつ、50代のうちは繰上げ返済を実行せずにその分を貯めておきます。**

60歳で退職金を受け取ったときに、一括返済しても老後資金を確保できそうなら、定年をきっかけに完済しましょう。

一括返済してしまうと老後資金が心許ない金額になってしまうなら次の2つの見直しプランから選択します。

たとえば、60歳時点でローンが約1100万円あり、返済は70歳まで続くとして（毎月返済額は10万円、金利1・5％）、それまでに貯めた貯蓄と退職金から、老後資金を差し引くと、500万円程度繰上げ返済に回せるとします。

60歳以降の給与収入が考えていたよりも多く、月10万円の住宅ローン返済を続けられそうなら、500万円で「期間短縮型」の繰上げ返済を実行します（プランA）。500万円を繰上げ返済すると、完済年齢は70歳から65歳に早まるため、年金生活までにローンは終わります。

60歳以降の収入は大幅ダウンで、ローン返済を続けると年間収支が赤字になりそうな場合は、500万円で「返済額軽減型」の繰上げ返済をし、毎月返済額を減額して、年間収支の赤字を防ぎます（プランB）。60歳からの返済額は、それまでの約半分、月5万円になります。

ただし、プランBでは返済期間は短くならないので、ローン返済は年金生活まで持ち越すことになります。65歳以降も働く、妻もパートなどで世帯収入アップに協力してもらうなど、プラスアルファの対策を取り、65歳時点でもう一度繰上げ返済する必要があります。

図9　60歳まで「ひたすら貯めて、そのときプラン選択」の方法もある

現在のローン

完済年齢70歳、返済額は月10万円、金利は1.5%、
60歳時残高は1100万円

プランA

再雇用後の60代前半の給料が大きく下がらず月10万円返済できそうなら、こちらのプラン

60歳時に500万円で「期間短縮型」の繰上げ返済をする

返済額月10万円

この分がなくなる

▲60歳　▲65歳　▲70歳

プランB

再雇用後の給料が大きく下がり、月10万円がキビシイなら、月5万円に返済額変更。70歳までがんばって働く

60歳時に500万円で「返済額軽減型」の繰上げ返済をする

返済額月10万円

この分が減る

返済額月5万円

▲60歳　▲65歳　▲70歳

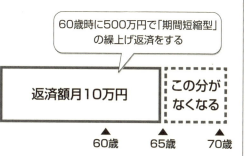

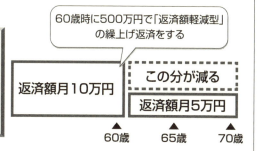

返済時の手数料は？

繰上げ返済で知っておきたい手数料と負担が減るローン返済のコツ

繰上げ返済の手数料は銀行によって差が。無料のケースもあり、こまめに繰上げ返済したい人は比較検討を

原則として、繰上げ返済には手数料がかかります。1990年代後半、私がFPになった頃は、繰上げ返済1回に付き2万〜3万円など、決して安くない手数料がかかりました。

その後、手数料無料とする金融機関が登場することで、競争が働き徐々に引き下げ傾向に。さらにインターネットの普及により「ネットバンキングで繰上げ返済すると、手数料を値引き（または無料）」と変化しています。

1万〜3万円もかかるなら、ある程度まとまった資金で繰上げ返済しないと「手数料負け」してしまいますが、現状のように無料、もしくは2000〜3000円であれば、10万円程度からの繰上げ資金でもOK。銀行のほとんどは繰上げ返済の最低金額を設けていないか、1万円からとしていますが「フラット35」は「100万円から」とハードルが高くなっています。ネットを使えば原則10万円からなのでこまめに繰上げするならネットを利用するといいでしょう。

複数ローンの場合は、まず1本完済すると家計にやさしい

「ミックス返済（66ページ参照）」など、複数のローンを組んだとき、どちらから繰上げ返済するといいのか質問を受けることがあります。原則は「金利の高いローン、または残高の多いローン」に資金を投入すると、払わなくて済む利息が多くなりおトク。ただし、今の金利状況では、異なる金利タイプのローンの金利差は大きくないので、「おトク」より「使い勝手」を優先しましょう。

たとえば、変動金利と固定金利を「金利ミックス返済」で借りている場合、変動金利型の方が金利は低いのですが、金利上昇リスクを持つ変動の方から返していくことをオススメしています。変動金利型は残高が多いほど金利が上がったと

図10　繰上げ返済手数料、徹底比較！

●住宅ローンの一部繰上げ返済手数料

※100万円未満を繰上げ返済した場合

金融機関名	手続き	変動金利型	固定金利選択型
三菱UFJ銀行	ネット	無料	
	店頭	1万5000円＋消費税	
みずほ銀行	ネット	無料	
	店頭	5000円＋消費税	1万円＋消費税
三井住友銀行	ネット	無料	
	店頭	1万5000円＋消費税	
ソニー銀行	ネット	無料	
	店頭	店舗での手続きはなし	
中央ろうきん	ネット	無料	
	店頭		
北海道銀行	ネット	無料	
	店頭		
七十七銀行	ネット	無料	
	店頭	5000円＋消費税	2万円＋消費税
北陸銀行	ネット	5000円＋消費税	2万円＋消費税
	店頭		
名古屋銀行	ネット	無料（ネットで申込みをし、郵送で手続き）	
	店頭	無料	
広島銀行	ネット	無料	
	店頭	1万円＋消費税	5万円＋消費税
伊予銀行	ネット	無料	
	店頭	5000円＋消費税	2万円＋消費税
福岡銀行	ネット	無料	
	店頭	5000円＋消費税	3万円＋消費税

きに金額的に影響が大きくなるので、残高を減らすことでリスクを軽減させることができるのです。

また、「金利ミックス返済」を活用して、どちらか1本の金額を少なめに借りた方を集中的に繰上げ返済して一定時期までに完済させるプランもオススメ。

たとえば、子どもたちの教育費がピークになるのが10年後なら、それまでに2本のローンのうち1本が完済すると、教育費の資金繰りがラクになります。60歳の定年までに全額完済するのはちょっと無理かも…というケースなら、借り換え時に2本で組んで、1本だけでも60歳で返済を終えると、60歳以降の毎月返済額は少なくなりますから、少なくなった収入でも返していくことができますね。**借りる段階で、「1本を○年後までに繰上げ返済で完済できる金額」を算出して、金額の割り振りをするといい**でしょう。

利息を減らす方法いろいろ

ローンは組みっぱなしではダメ！状況に合わせて増額、減額できる

自分の収入が増えた、または減ったときなど銀行に相談して返済額を変えることができる！

その他の見直し方法を見てみましょう。借り入れ当初、ボーナス返済の金額を多くしすぎて、ちょっと負担という人は、「ボーナス返済の取りやめ」や「ボーナス分と毎月分の割合変更」を使って、条件変更する方法があります。ボーナス返済の取りやめや、減額の条件変更をすると、毎月の返済が増額しますから、家計の状況をよくチェックしたうえで変更手続きをするのが大切です。

家計に少し余裕が出てきた、金利交渉により適用金利が引き下がり返済額が下がった人は、「返済額増額」を検討するといいでしょう。増額する金額や銀行のルールによっては「審査が必要」と言われる場合があります（返済額と収入の比率をチェックするためです）。

毎月1万円でも2万円でも増額すると、返済期間は短くなり、その分利息が軽減できますから、**増額返済はオススメ**です。「余裕ができたら繰上げ返済」と考えていても、日々のことに追われて確実に実行できる人は意外に少ないものです。「審査が必要」と言われたら、臆せず審査してもらいましょう。

図11のケースのAさんは、奥さんが働くようになったので、毎月約2万円増額すると、返済期間は7年も短くなり、利息が約166万円も軽減できることになります。

ミックス返済を利用しているなら

ミックス返済でローンを2本組んでいるケースで、返済額を増額するなどして1本が先に完済したとします。それが子どもの教育費負担が重い時期なら、完済したローンの返済がなくなった分、家計運営はラクになりますね。

子どもがいない、もしくは収入がアップし余裕があるなら、残りの1本の返済額を増額するとローンの完済時期が早まります。銀行に相談してみましょう。

図11　ローンの返済方法はいろいろある！

その他にもこんな見直し方法がある

見直し方法	効果
ボーナス返済の取りやめ	ボーナスが減った、年俸制になった場合などに有効。 ただし、毎月返済分は増えるので家計チェックは欠かせない
ボーナス返済分の減額	
返済額増額	残りの返済期間が短縮され、支払利息も軽減される
一部の銀行で行う「返済額増額指定サービス」	返済期間を変えずに一定期間（3年間、5年間など）だけ、返済額を増額する方法。支払利息が軽減される。詳しくはP122

返済額増額の効果は？

Aさんのケース
妻が働くようになったので、返済開始後5年経ったところで
毎月の返済額を約2万円増額。
（当初の借入額3000万円・返済期間35年・金利1.5%のケース）

	変更前	変更後
毎月返済額	9万1855円 →	11万2386円

月に2万円増額するだけで、
返済期間は7年短縮！
利息は約166万円も軽減！

ローン返済で絶対NGなのが「延滞」。収入減などの状況になったらまずは相談

収入減など困難な状況になったら銀行へ相談。また残高不足の「うっかり延滞」も気をつけて

収入の大幅減少や失業により、現状の返済が困難になりそうなときは、できるだけ早くローンの借入先に相談しましょう。金融機関が用意している対処メニューを紹介する前にぜひ知っておくべきなのが「延滞は絶対に避けなくてはいけない」ことです。銀行によっては1回の延滞で「金利割引」がストップして翌月から適用金利がはね上がる規約を持つところもあります。また、他行への借り換えの際、過去1~2年分の通帳のコピーを求められますが、これは「延滞」していないかどうかをチェックするため。**1回でも延滞していると、借り換えが難しくなる**と思っていた方がいいでしょう。延滞は百害あって一利なし。残高不足による「うっかり延滞」も避けるべく、口座残高には気をつけましょう。

銀行で提案される「返済額の減額」とは

住宅ローンの返済が苦しくなって相談に行くと、まず「現在の収支状況」と「返済が苦しくなった原因」を聞かれます。原因によって対策が異なるため、詳しく尋ねられることになります。そのうえで、見直し方法の提案を受けることになりますが、大きく次の2種類があります。

①「一定期間の返済額減額」

返済が苦しくなった原因が一時的なものなら、その間だけ返済額を減額する方法。たとえば、ボーナスカットによる収入減に加え、子どもが2人大学生で教育費の捻出が難しいといったケースなら、教育費がかからなくなるまでの間、返済額を減らするというもの。ここで注意したいのは、減額期間が過ぎ、元の状態に戻ると、減額前の返済額より増えることです。たとえば、毎月の返済額が10万円で、2年間6万円に減額したとすると、減額期間終了後は12万円になるといった具合です（金額はケースによって異なる）。

図12　返済額の引き下げには2種類ある

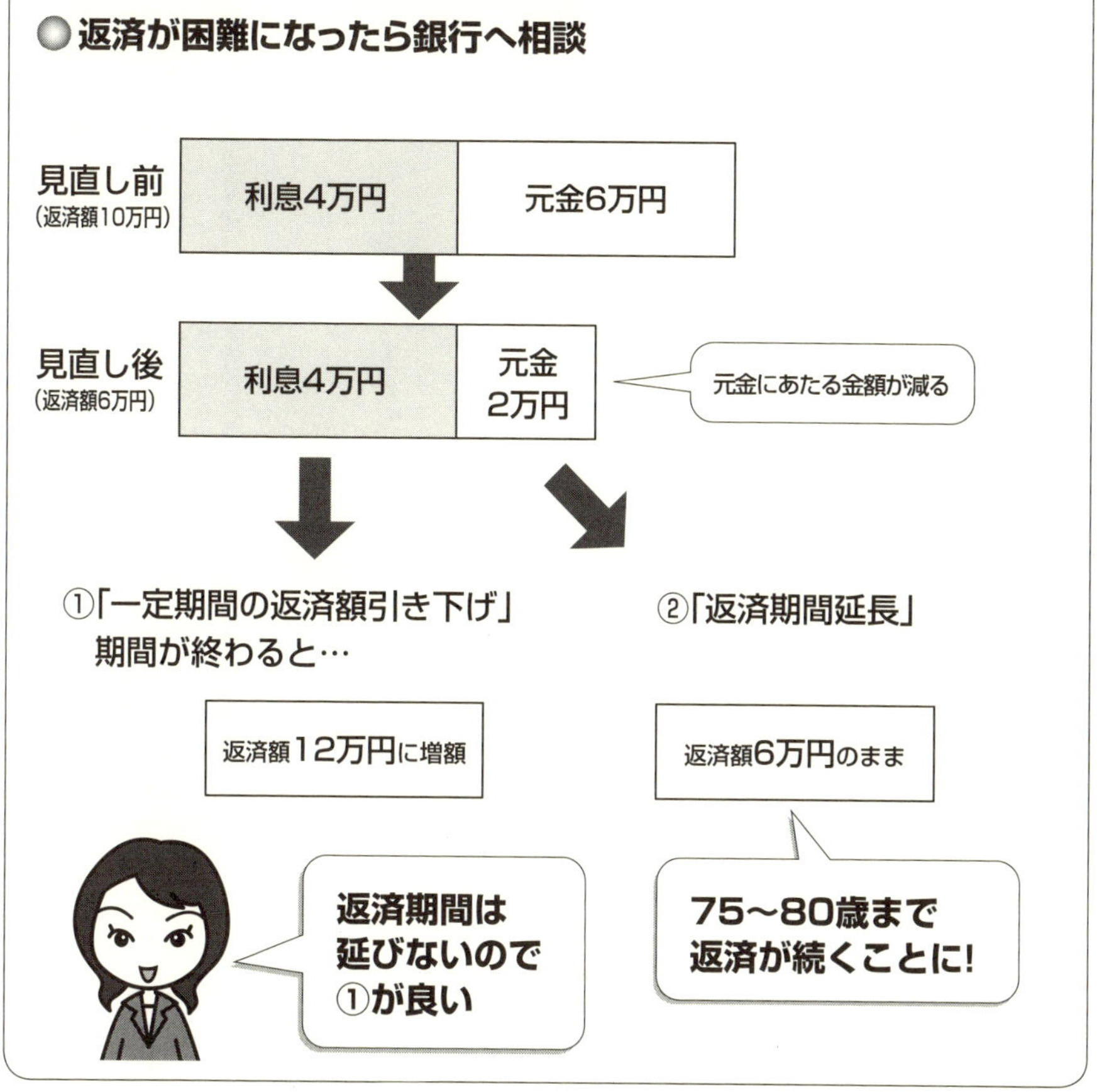

②「返済期間延長による返済額減額」

減額期間を定めずに返済額を下げる、つまり返済期間を延長する方法。「中小企業金融円滑化法」（現在は終了）の施行をきっかけに、見直し後の返済期間は、最長で50年、または団信脱退年齢（80歳）までのいずれか短い期間というのが一般的になりましたが、老後に返済のアテがない限り、返済期間の延長は避けた方がいいでしょう。

　いずれの見直し方法をとったとしても、毎月発生する利息は減額されない点に注意。つまり、返済額を減らすということは、毎月の返済の元金充当額を減額することなので、トータルでの利息負担が増えるということなのです。

　最近は、どこの銀行も丁寧に相談に乗る体制が整っています。延滞する前に、まずは銀行へ相談に出向くことが重要だと覚えておいてください。

家計見直しも効果大！

生命保険、通信費、車、使途不明金…。家計の見直しで返済がラクになる！

ローンを見直す前に家計全体を見直し。まずは家計全体を俯瞰して、年間の支出と収入を把握しよう！

ローンを見直す前に家計を見直す

「家計が苦しいからローンを見直したい」と思う気持ちは理解できますが、ローンは返済額を下げると、その分将来に負担を先送りする仕組みなので、ローンを見直す前に家計全体を見直すことを提案します。実は、家計にはまだまだ見直す余地が残されているのです。

見直しポイントを見つけるために家計全体を俯瞰するには、85ページの「年間決算シート」に書き込んでみるのが一番。この表に書き込んでいくことで、それぞれの費目の年間支出や、何に使ったかわからないお金が浮き彫りになります。

支出の中で見直しの余地が大きいのは生命保険料です。多い人だと年間50万～60万円の保険料を払っていますが、内容を理解し、納得して契約している人は残念ながらごくわずか。これをきっかけに保険の見直しに取り組みましょう。

住宅を購入すると、「団体信用生命保険」をつけるため、契約者が死亡・高度障害状態の場合には保険金でローンの残債が一括返済されます（「フラット35」や旧公庫ローンは任意加入なので、加入の有無を確認）。死亡した場合の住居費の心配がなくなることから、住宅を購入すると死亡保障額を減らすことができます。

現在の保険の内容を把握して、保険料が割安なネット生保や通信販売で加入できる保険に乗り換えると、大きな節約につながります。死亡保障を考えるとき、公的な遺族年金や死亡退職金、万が一の際の家族の収入などを考慮して保険金額を決めると無駄がありません。一生涯払**う保険料を1000万円以上節約できる**ケースも珍しくないのです。

家計の項目で増大している「通信費」

ここ数年、家計の中でも増え続けているのが「通信費」。ここだけを抜き出し、

図13　家計見直しの大きなチェックポイント

1. 家計の実態を年間で把握している？→手取り年収と年間支出を把握しよう（第2章を参照）
2. 生命保険料は多くない？→保障額を下げる、割安な保険に入り直すなどの対策をとる
3. 家族携帯電話料はどのくらい？→携帯電話よりもローンの返済を優先しよう
4. 「何に使ったかわからないお金」は年間どのくらい？→使途不明金を探し出し、今後の予算に役立てる
5. 本当に返済に困ったとき、車を手放せば年間いくらぐらい浮く？

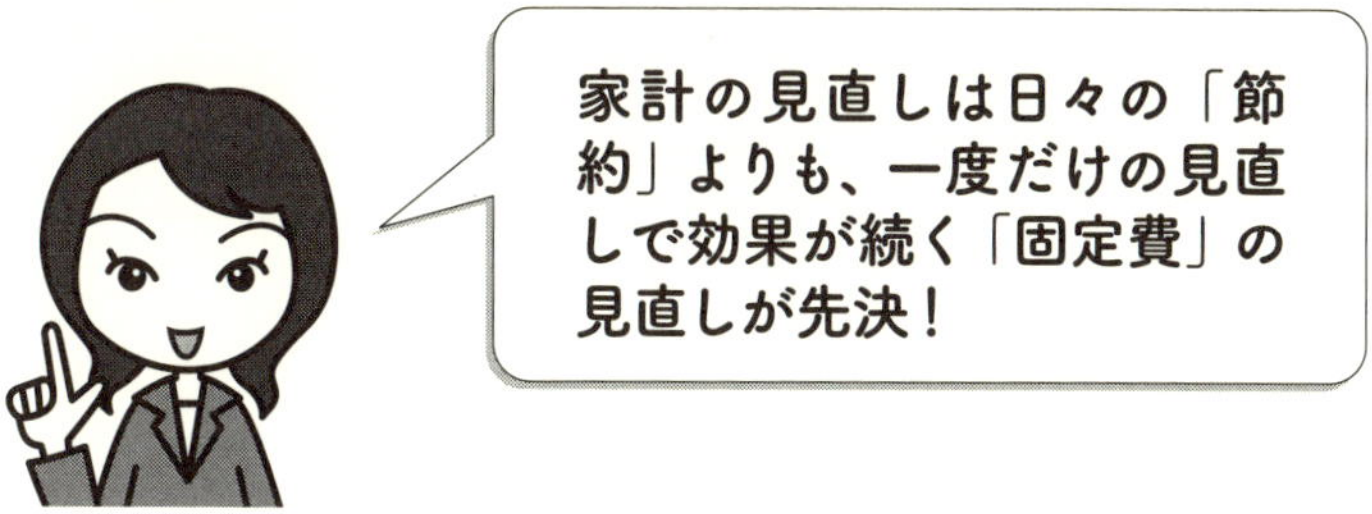
家計の見直しは日々の「節約」よりも、一度だけの見直しで効果が続く「固定費」の見直しが先決！

年間合計額を出してみてください。自宅の固定電話、家族の携帯電話、インターネットのプロバイダー、テレビの有料放送などにかかるお金を年間で見ると、30万〜40万円にものぼる家計は少なくありません。ひとつずつは、月数千円でも、まとめて年間で見ると見過ごせない支出（しかも固定費）ですから、家族会議で不要なものをやめましょう。

ほかに大きなところでは車にかかるお金。駐車場代、ガソリン代、自動車税、自動車保険、車検費用などですが、これも年間で見ると40万〜50万円でしょう。買い換えの時には、100万円以上のお金が出ていきます。最近は「カーシェアリング」が普及して、必要なときだけ割安に車を借りることができるようになりました。「持たずに借りる」のも選択肢に加えて生活を見直してみてはいかがでしょうか。

COLUMN

30代、40代は、親が言うお金のアドバイスを聞いてはいけない

「お金の常識」は、時代や経済環境によって変化します。不動産やマイホームに関しては、「家賃はもったいない」「住宅は資産」という考えが長い間の「常識」でした。ですから、親世代は「早く家を買いなさい」「家を買って一人前」と、子どもにマイホーム購入をせかします。

しかし、高度経済成長時代からバブル景気までは、不動産価格は上がる一方でしたから、「住宅は資産」になりえました。ローンを組んで家を買ったとしても、住宅価格の上昇と給料アップにより、ローンの負担はどんどん軽くなっていったのです。

親世代が若い頃、マンションから一戸建てに買い換えできたのは、買ったマンションが値上がりしたからです。マンションを売却する際、ローンを一括返済しても現金が残ったケースは少なくありません。その現金を次の一戸建て購入の頭金にして、再度ローンを組むといったことができたのが、今の60代以上の人たちです。

こうした経験をすると、「借金も財産のうちだから、早く家を買いなさい」と子どもに言いたくなるのも無理はありませんね。

しかし、これらの考え方は「過去の常識」となっています。今後は不動産価格の確実な上昇は見込めませんし、高度経済成長期のような給料の上昇はさらに期待できません。「借金も財産のうち」と考えられる材料がなくなった今は、マイホームを資産と考えないほうがいいでしょう。

ローンを組んでマイホームを購入するのは、「家賃の前払い」と考えてください。老後に年金だけの収入の中から家賃を払うのは不安と感じる人が多いと思います。マイホームを購入し、60歳、65歳までにローンを払い終えると、住居費は管理費や修繕積立金、固定資産税だけとなり、家賃を払うより負担が少なくなります。「家賃の前払い」となるように、60歳や65歳までに払い終えるローンを組むことが大切なのです。

経済環境が変わってしまったのですから、親世代のお金のアドバイスは、聞き流したほうがよさそうです。

巻末付録

失敗しないローン選びはここから始めよう！

シートに書き込むだけであなたにぴったりの住宅ローンが見つかる！

自分の年金支給開始年齢をチェックしよう

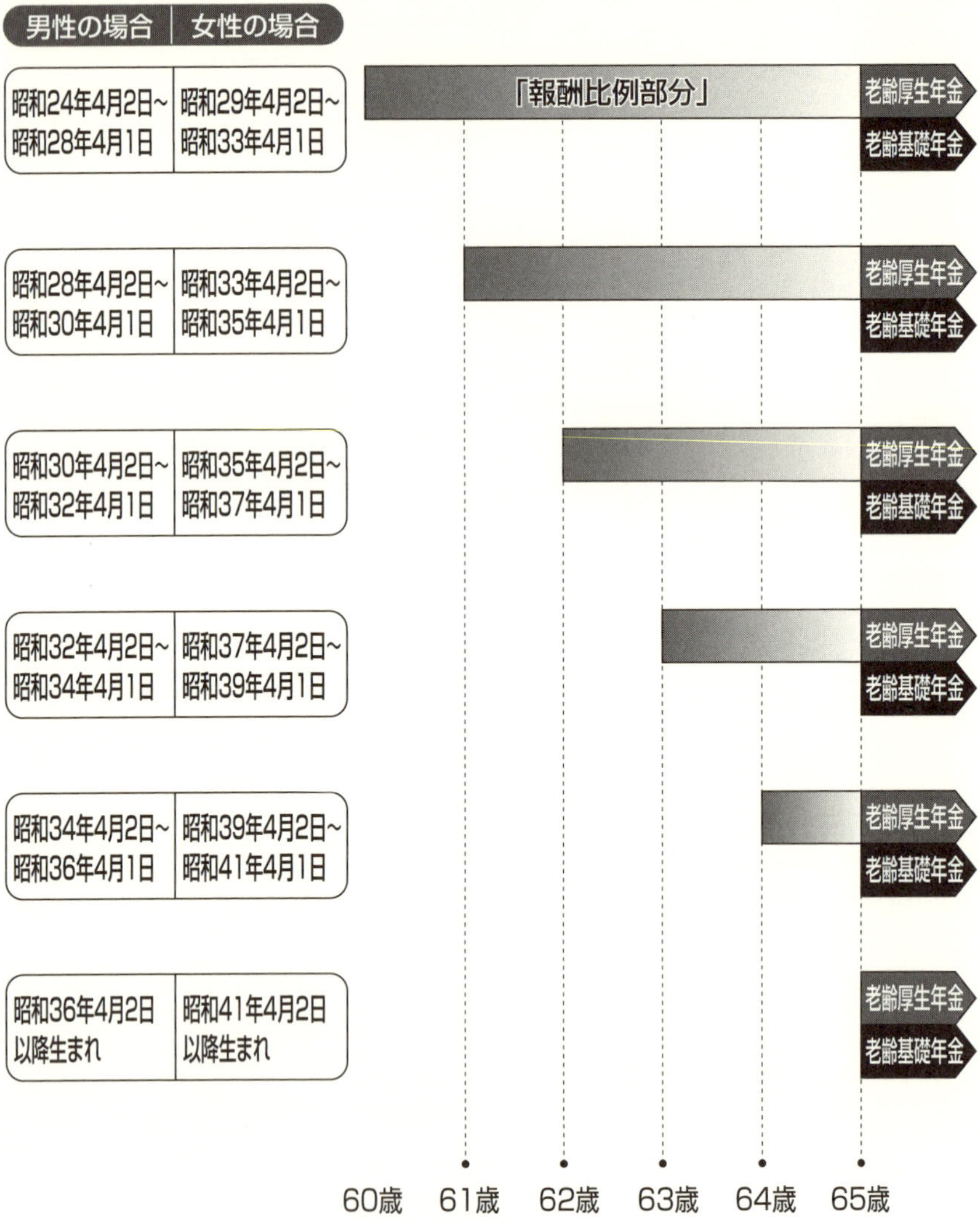

- 年金の支給開始年齢は若い人ほど遅くなる
- 「報酬比例部分」の金額は65歳以降の「老齢厚生年金」の金額とほぼ同じ

年間の住居費チェックシート

	毎月の支出	年に数回の支出
□団信保険料		円
□固定資産税		円
□管理費	円	
□修繕積立金	円	
□駐車場代	円	
□火災・地震保険料		円
●ローン以外の住居費の合計額(ア)		円
□住宅ローンの返済額	円	円
●住宅ローンの年間返済額(イ)		円
小計	月支出 円	年数回支出 円
●年間の住居費の合計(ア)+(イ)		円

※このページ以降の白紙シートのPDFをプレゼント。ダウンロード方法は219ページをご参照ください。

年間決算シート

（記入例は85ページ参照）

項目	内容	毎月（A）	年数回（B）	年間（A×12ヶ月+B）
基本生活費①	公共料金、通信費、新聞代など、口座引き落としなどで金額が把握できる支出			
基本生活費②	食費、日用品などお財布支出			
住居費	家賃や住宅ローン、固定資産税、管理費・修繕積立金、火災・地震保険料など			
教育費	子どもの教育費			
車維持費	駐車場代、税金、ガソリン代、自動車保険料、車検費用等			
保険料	生命保険、医療保険などの保険料			
その他の支出	冠婚葬祭や夫婦のこづかい、趣味等にかかる費用、旅行費用、耐久消費財など			
	支出合計額（C）			

世帯の手取り収入（D）			
貯蓄可能額（D）−（C）			

フラット35選びのためのチェックシート

（記入例は115ページ参照）

チェックポイント	金融機関名【　　　　　】	金融機関名【　　　　　】
適用金利	金利【　　　%】 （フラット35S適用住宅 当初【　　　%】 引き下げ終了後【　　　%】）	金利【　　　%】 （フラット35S適用住宅 当初【　　　%】 引き下げ終了後【　　　%】）
融資手数料	□定額:【　　　　円】 □定率:融資額の【　　%】	□定額:【　　　　円】 □定率:融資額の【　　%】
融資手数料を含む総支払総額を比較するには	住宅金融支援機構「フラット35」のHP→「金利情報」「都道府県等から検索」−「借入金利の検索結果」 ※「総支払額の低い順」など並べ替えができます	
フラット35以外のローンと組み合わせができるか	□できる □できない	□できる □できない
融資実行日	□全営業日 □毎10日前後から月末までの全営業日 □月に数日	□全営業日 □毎10日前後から月末までの全営業日 □月に数日

資金出所内訳表

（記入例は169ページ参照）

日付	用途	どこから出した？			どこへ支払った？		
		金融機関名	名義	金額	相手先	支払い方法	領収書
/			夫・妻 その他（　）			現金・振込	あり・なし
/			夫・妻 その他（　）			現金・振込	あり・なし
/			夫・妻 その他（　）			現金・振込	あり・なし
/			夫・妻 その他（　）			現金・振込	あり・なし
/			夫・妻 その他（　）			現金・振込	あり・なし

おわりに

最後までお読みいただき、ありがとうございました。

私は、金融機関等に属さない「独立系ファイナンシャルプランナー」として、23年前から個人の方のお金まわりのご相談を受けています。

中でも「住宅ローン」は、私の専門分野のひとつであり、家計全般のアドバイスにつながるマイホーム購入の資金計画のご相談は大好きな仕事です。

このところ、以前ローンのご相談に来られた方が再訪されることが増えています。ご相談内容は「金利が一段と下がったから、ローンを見直したい」、「子どもの教育費が予想外に重く、家計を見直したい」、「退職が迫ってきたので今後の生活設計を立てたい」とさまざまなのですが、みなさん「最初の相談時のアドバイス通り、固定金利を選んで良かったです」と言います。

金利は、大きな流れで見ると10年以上下がり続けています。しかし、一時的に金利が上がり、テレビや新聞などで「金利急上昇！　住宅ローン金利はどうなる？」と話題になる時期もありました。

相談に来られた方は「変動金利で借りていたら、金利上昇のニュースのたびにドキドキしていたかも。固定金利で心の平穏を得られました」と言います。実際、マイホーム購入後は仕事や子育てで毎日が忙しく、やること、考えることがいっぱいあるようです。

これからマイホームを購入するみなさんの目の前の宿題は、安心できる住宅ローンを組むことです。住宅ローンは、借りるときに真剣に取り組んでおくと「見直し要らずのローン」にできます。

本書を読んでみなさんが「見直し要らずのプラン作り」に取り組んでくれたら、FPとしてこんなにうれしいことはありません。プランを作ることで知識が身につき、お金や将来の不安が少しでも減ることを願っています。

最後になりますが、ダイヤモンド社書籍編集局第二編集部の木村香代さんには、読者の視点でわかりやすく伝えるためのアドバイスをたくさんいただきました。心からお礼を申し上げます。

深田晶恵

本書の読者にお役立ちシートのPDFを特別にプレゼント

「住宅ローンはこうして借りなさい・改訂7版」の読者に本書掲載の「お役立ちシート」PDFをプレゼントします。
http://www.fp-clue.com/loan-book-sheet.html
から、書き込み式お役立ちシートのPDF一式がダウンロードできます。
なお、PDFにはパスワードがかかっており、
loan1901fukata
を入力するとPDFが開けます（1901は数字）。印刷してご活用ください。

［著者］
深田晶恵（ふかた・あきえ）
ファイナンシャルプランナー（CFP）、（株）生活設計塾クルー取締役。1967年、北海道生まれ。外資系電機メーカーを退職後、96年にFPに転身。現在は、特定の金融機関に属さない独立系FP会社である「生活設計塾クルー」のメンバーとして、一人ひとりの将来設計に応じたマイホーム資金計画や、資産運用、保障設計の相談業務を行っている。日経WOMAN、ダイヤモンド・オンライン、講談社マネー現代等でマネーコラムを連載中。
国土交通省「住宅ローン商品改善ワーキングチーム」および「消費者保護のための住宅ローンに係る情報提供検討会」、住宅金融普及協会「住宅ローンアドバイザー運営委員会」委員を歴任。こうした委員会で金融機関と不動産事業者に住宅ローンのリスクの説明を義務づけるガイドライン作りを提唱するのがライフワーク。
主な著書に『サラリーマンのための「手取り」が増えるワザ65』『定年までにやるべき「お金」のこと』『30代で知っておきたい「お金」の習慣』『「投資で失敗したくない」と思ったら、まず読む本』（いずれもダイヤモンド社）、『共働き夫婦のための「お金の教科書」』『図解老後のお金安心読本〜定年後の不安がなくなる！』（共に講談社）他多数。

㈱生活設計塾クルー　電話03-5805-2050　http://www.fp-clue.com/

住宅ローンはこうして借りなさい　改訂7版

2019年1月16日　第1刷発行

著　者——深田晶恵
発行所——ダイヤモンド社
〒150-8409　東京都渋谷区神宮前6-12-17
http://www.diamond.co.jp/
電話／03·5778·7234（編集）　03·5778·7240（販売）
装丁————萩原弦一郎（256）
イラスト——千葉さやか（Panchro.）
製作進行——ダイヤモンド・グラフィック社
印刷————勇進印刷（本文）・新藤慶昌堂（カバー）
製本————宮本製本所
編集協力——黒坂真由子
編集担当——木村香代

ISBN 978-4-478-10720-1

◆ダイヤモンド社の本◆

増税、消費税アップ、教育費高騰で「下流老人」が増えている！今すぐそなえたい「お金」のこと

老後は「なんとかなる」と思っている人は「下流老人」予備軍です！　定年までに住宅ローンが完済できない、50代後半になっても子どもの教育費がかかる、年間にいくら貯蓄できているのか、すぐにわからない、こんな人は要注意！　今から定年までに、お金のことを知って将来の安心を手に入れましょう！

平均寿命83歳!　貯金は足りる?
定年までにやるべき「お金」のこと

年金200万円で20年を安心に生きる方法

深田晶恵［著］

●四六判並製●定価（本体1400円＋税）

http://www.diamond.co.jp/